普通高等教育规划教材

U0665484

推 销 技 术

Marketing Skills

主　编：赵忠芳

副主编：王玉璋　　杨兆农

编　委：（排名不分先后）

赵忠芳　　王玉璋　　杨兆农

刘凤兰　　孙　伟　　解宝苗

扈秀峰　　丁宜鹏　　周亚辉

周　波

中国原子能出版社

图书在版编目（CIP）数据

推销技术/赵忠芳主编. —北京：中国原子能出版社，
2012. 12

ISBN 978 – 7 – 5022 – 5810 – 8

Ⅰ. ①推… Ⅱ. ①赵… Ⅲ. ①推销 Ⅳ. ①F713. 3

中国版本图书馆 CIP 数据核字（2012）第 315366 号

推 销 技 术

出版发行	中国原子能出版社（北京市海淀区阜成路 43 号　100048）
责任编辑	窦思佳
技术编辑	冯莲凤
责任印制	潘玉玲
印　　刷	济南精致印务有限公司
经　　销	全国新华书店
开　　本	787 mm×960 mm　1/16

印　张　18.75　　　　　　　　　　　　字　数　314 千字

版　次　2012 年 12 月第 1 版　2012 年 12 月第 1 次印刷

书　号　ISBN 978 – 7 – 5022 – 5810 – 8　　　定　价：35.00 元

网址：http://www.aep.com.cn　　　　E-mail：atomep123@126.com

发行电话：010 – 68452845

前　　言

推销是一门科学，更是一门艺术。据不完全统计，中国有 9000 万大军活跃在推销第一线。这个数字不但说明推销队伍的庞大，也说明推销这个工作确实是一个可以为人们提供广阔发展空间的职业。据预测，21 世纪最富有、最有潜力的职业之一就是做一个产品推销员。教材本着理论够用原则，采用校企合作的方式，由经验丰富的企业一线人员参与编写，教材体例经过专业人士的论证，在教学实践中加以验证和完善。重点突出人员销售的各个流程环节，以学习任务为导向，强化学生的专业知识和社会实践的结合，让学生通过在各种模拟中掌握人员销售的有关知识。同时以时间为序来明确各个阶段的学习任务，充分让学生了解推销的流程，掌握推销的方向，完成推销的任务，达到推销的目的。与国内外已出版的同类书籍比较，本教材具有以下特点：

（1）先进性。本书紧扣 21 世纪新时代、新背景的特点，广泛借鉴和吸收了大量的国内外最新推销实践和推销理论的研究成果，基本上反映了推销理论及职业技能的最新发展方向和趋势。

（2）实用性。书中许多推销理论和职业技能来自于推销实践专家和一线推销员的经验总结或体会；在教材的设计上，我们把推销理论和技能按实际推销业务流程进行设计。并在大部分业务环节上列入具体的推销情景，使教师和学习者更能身临其境地领会和体验推销基本原理和技术操作要领；在操作性较强的职业技能上，给出对应的操作范例或案例，使学生和教师有了学习和教学的具体参照范本。

（3）系统性。本教材体例经过专业人士的论证，从头至尾采用同一个推销情境，从推销人员的应聘，到最终人员的考核管理，一步一步形成一体，系统性特别强。

　　本书编者由具有多年高职市场营销及相关专业"推销"教学经验的专业教师以及具有丰富实践经验和能力的企业工作人员共同完成；由赵忠芳担任主编，王玉璋、杨兆农（企业经理）任副主编，刘凤兰、孙伟、解宝苗等编。同时，在编写的过程中，我们在广泛参阅和吸纳大量国内外最新推销理论和实践研究成果的基础上，深入企业，调查了解基层推销员的职业素质要求和业务情况，并征询和借鉴了许多一线业务员和销售管理人员的意见和看法，对推销的有关专业技术进行了一定程度的修正和补充，使本书的结构、内容和编写方法更加贴近实际推销员职业能力的要求。

　　本书在编写过程中，参考了大量资料，并从网站、公开发表的书籍和报刊上选用了一定的案例和资料，特向有关单位和个人表示感谢。由于编者水平有限，编写时间仓促，书中疏漏与不妥之处在所难免，敬请有关专家和读者批评指正。

赵忠芳
2012 年 12 月 16 日

目 录
CONTENT

项目一
认识推销

1. 理解推销的概念和特点
2. 掌握推销的要素和原则
3. 了解推销的过程
4. 熟悉推销方格理论和推销模式

学习任务

任务名称：寻找工作，进行自我推销。

任务具体描述：

假设你是一名大学毕业生，到福特汽车4S店应聘汽车推销员，你如何能让自己成功受聘？

完成任务提示：为了让学生完成以上情景任务，老师可安排以下驱动项目：

1. 辩论：推销是令人尊敬的职业还是低贱的职业。

具体操作：将学生分成两组，分别作为正反方。正方观点：推销是令人尊敬的职业；反方观点：推销是低贱的职业。

辩论结果：通过正反方的激烈辩论，加深对推销工作的认识与思考，引导学生正确看待推销工作。

2. 讨论：推销成功的要素和方法有哪些？

具体操作：通过教材资料、网络等途径，丰富学生的知识，然后进行分组讨论，小组组长传达小组的看法，教师点评总结；

讨论效果：掌握理论知识的同时达到仁者见仁、智者见智的效果。

3. 课堂模拟：去福特汽车4S店应聘汽车推销员。

具体操作：将学生每四人一组，分成不同的组，每组找一名学生扮演应聘者，三名学生扮演4S店的招聘人员，进行现场模拟。模拟完成后进行小组自评、互评，最后由老师点评。

模拟效果：锻炼学生的应变能力、沟通能力、团队合作能力，为以后的真正应聘与工作做基础。

学习内容

引 例

据权威部门统计，世界上90%以上的巨富，是从推销员干起的。很多大公司的高层管理人员也都曾有过作为推销员的经历。

李嘉诚是华人当中名副其实的首富，其创业初期有过一段不寻常的推销经历。出生于广东潮安县一个书香门第之家的李嘉诚，11岁时在读完两年小学后便辍学，在他舅舅的南洋钟表公司做杂工。后来，他到一家五金厂做推销员时，挑着铁桶沿街推销，靠着一双铁脚板，走遍了香港的角角落落，从不放弃任何一笔可做的生意。李嘉诚凭着坚韧不拔的毅力，建立了销售网络，赢得顾客的信誉，也深受老板器重。再后来，因为塑胶业的蒸蒸日上，李嘉诚开始推销塑胶产品，由于他肯动脑筋，又很勤奋，在塑胶产品推销过程中大显身手，业绩突出，20岁便被提升为业务经理，而且也使李嘉诚淘得了第一桶"金"，同时也练就了企业家的才能，为日后进军塑胶业和构建其庞大的企业帝国打下了坚实的基础。

　　乔·吉拉德是世界上最伟大的销售员，他连续12年荣登吉斯尼记录大全"全球销售第一"的宝座，他"连续12年平均每天销售6辆车"的汽车销售纪录至今无人能破。乔也是全球最受欢迎的演讲大师，曾为众多"世界500强"企业精英传授他的经验，全球数百万人被其演讲所感动，为其事迹所激励。然而，谁能相信，35岁以前的他却诸事不顺，干什么都以失败告终。他换过40余种工作，仍一事无成，甚至当过小偷，开过赌场。他从事的建筑生意也惨遭失败，身负巨额债务，几乎走投无路。

　　日本明治保险公司推销员原一平，是日本寿险业的泰斗，亿万富翁，被日本人称为"推销之神""世界上最伟大的推销员"。谁会想到他当年进入明治保险公司做一名"见习推销员"时，连办公桌都是自备的，穷得连午餐都吃不起，没钱搭电车，只能走路上班，甚至晚上露宿公园。

　　以上几个案例都充分说明，是推销成就了他们的人生。许多成功人士的共同特点之一就是靠推销起家，靠推销的技艺走上成功的道路。

任务一 什么是推销

当人类社会第一次出现商品这个概念时，推销就应运而生了，所以推销的历史十分悠久，它与商品同呼吸、共命运。可以这样说，推销伴随着商品的产生而产生，并伴随着商品的发展而发展，商品生产越发达，推销就越为重要。但是随着商品经济和科学技术的不断发展以及社会的不断进步，新的内容和方式又被注入推销活动，使推销活动焕发出新的生机与活力。所以说，推销是一个既古老又年轻的概念。

推销既是一门科学也是一种艺术。推销是一门科学，提高推销业绩，需要推销员扎扎实实地掌握科学的推销原则和方法。推销是一门艺术，它要求推销员灵活地运用推销的原则和方法，灵活掌握推销的技巧。

一、推销的含义

推销的含义有广义和狭义之分。从广义的角度来看，推销泛指人们在社会生活中，通过一定的渠道进行信息传递和交流，把自己的意愿、观念、思想等传递给对方并使对方接受和采纳，从而使双方都满意的活动。应该说，在我们的日常生活中处处充满着推销，如街道上沿途叫卖的小商贩和街头路边各种各样的招牌广告；演员向观众推销艺术以及政治家推销其政治观点等诸如此类的活动，都是推销。再如，孩子要求母亲给他半小时的时间玩游戏；母亲要求小孩多吃青菜；老师要求学生上课认真听讲；员工要求老板加薪等这些都是推销的表现形式。因此，推销是一种人人都熟悉的社会现象，是每个人都在进行的活动。一个人只要生活在这个世界就要和形形色色的人发生各种各样的联系，产生各种各样的交往。你要生存，要取得成功，就要不断推销自己，用你的推销技巧获得别人的理解、支持、好感、友谊、爱情以及事业上的合作。

就狭义而言，推销是指推销人员直接与潜在顾客接触、洽谈、介绍商品、进行说服，促使其采取购买行动的活动。指市场营销组合 4Ps 中促销组合（Promotion）里边的人员销售（Personal Selling）。

本书所要研究的是狭义的推销。在现实生活中，有些人认为推销就是想方设法卖出商品，赚取利润，把产品销售出去就是推销的唯一目标，这其实是对推销的错误理解。正确理解推销的含义应注意以下几个方面的问题。

1. 推销就是发掘并满足顾客的需求，帮助和说服顾客购买

推销的目标是双重的，既要售出产品，又必须满足顾客的需要。推销是卖和买的统一，没有顾客的"买"，也就不可能有推销员的"卖"，美国施乐公司推销专家兰迪克说："明确顾客的真实需求，并说明产品或服务如何满足这一需求，是改善推销，将推销成绩由平均水平提高到较高水平的关键"。所以，推销员要将产品推销出去，就必须了解顾客现实和潜在的需要，刺激顾客的需求欲望，促使顾客自觉购买。

2. 在推销过程中，推销人员运用一定的方法和技巧还是非常必要的

推销是科学、是艺术，同时也是一种技能。因此推销人员在推销过程中必须掌握推销的基本原理和基本技能，在此基础上发挥个人的主观能动性，灵活运用各种推销方法和技巧，才能有效达成交易。

3. 推销是一种"双赢"的公平交易活动

推销人员和推销对象是推销活动的两个重要方面，都有各自特定的利益和目的。推销员要想获得利润，就必须从顾客的利益出发，使顾客从购买产品中获得利益，所谓"买者欢喜，卖者得意"。要想使生意做得好，就要使买卖双方都满意，如果单从任何一方出发考虑问题，任何生意都不可能成交。

【小资料】

有一艘船航行在大海上，有几个国家的商人正在船上开会。这时候船漏水了。眼看着船要下沉，全船的人都十分惊恐。于是，船长把船员叫过来对他说："快，通知船上的商人都穿上救生衣，跳进海里去。"过了一会儿，船员过来了，向船长汇报说他们都不愿往水里跳。船长说："真是个笨蛋，看我的。"一会儿船长回来了，对船员说，他们都已经跳进海里了。船员们围着船长问："您用了什么样的方法让他们都跳下去呢？"船长说："我用的是心理学的方法。我对英国人说，跳下去是绅士风度的体现；对法国人说，跳下去是很浪漫的；对德国人说，跳下去是命令；对意大利人说，跳下去是不被基督教禁

止的；对美国人说，跳下去，因为你是被保过险的。"

二、推销的特点

推销活动需要推销人员巧妙地融知识、天赋和技能于一身，推销人员在推销过程中要掌握推销活动的特点，灵活运用多种推销技巧，才能取得推销活动的成功。概括起来，推销活动的特点有以下几个方面。

1. 推销对象的特定性

谁是本公司产品的潜在顾客？谁需要购买本公司的产品？这是推销活动首先要解决的问题。推销人员不可能漫无边际或毫无目的地寻找顾客，也不可能随意地向毫不相干的人推销商品，否则，推销就成为毫无意义的活动。在明确了推销对象之后，再有针对性地向推销对象传递信息并进行说服工作。因此，推销总是有特定对象的。任何一位推销员的任何一次推销活动，都具有这种特定性，都不是盲目的。

2. 推销方式的灵活性

虽然推销的对象具有特定性，但由于顾客受经济、文化、年龄、性别、职业、地位、收入等各种因素的影响，所以推销对象的需求是千变万化的。推销活动必须适应这种变化，灵活运用推销原理和技巧，恰当地调整推销策略和方法。因地制宜、灵活机动的战略战术，是推销活动的一个重要特征。

3. 推销手段的说服性

说服是推销的重要手段，也是推销活动的核心环节。由于推销的对象是人，而不同的人有不同的心理活动，因此为了赢得顾客对推销人员和推销产品的信任，进而使顾客愿意接受推销的产品，推销人员必须周到、耐心地向顾客介绍商品的特点和优点，说服顾客接受推销人员的观点及所推销的商品或劳务。

4. 信息沟通的双向性

在推销活动中的信息沟通是信息传递与反馈的双向沟通过程。在实际工作中，推销人员反馈的市场信息常常是企业领导做出正确经营决策的重要依据。推销人员在向顾客提供有关产品、企业及售后服务等方面信息的同时，还必须随时观察顾客的反应，调查了解顾客对企业产品的意见与要求，及时听取顾客的建议和意见，并且将顾客的意见与建议及时反馈给企业。因此，推销是一个信息双向沟通的过程，推销人员不仅是企业信息的发布者，而且是市场信息的反馈者。

5. 推销过程的服务性

亚洲著名培训师林伟贤先生曾问世界销售大王乔·吉拉德："服务这个词怎么拼写"时，乔·吉拉德回答说："推销就是服务!"由此说明推销既是说服顾客购买的过程，也是为顾客服务的过程。服务贯穿于整个推销过程。

6. 买卖双方的互利性

如前所述，现代推销是一种互惠互利的双赢活动，必须同时满足买卖双方的不同要求。在推销过程中，推销人员不仅要考虑到自己的利益，更要照顾到购买者的利益，只有这样，才会有长久、稳定的顾客和生意，只有买与卖双方都有积极性，实现"双赢"，才能达到交易的目的。

【小案例】

有位销售外围硬件设备的顶尖销售员正给顾客拨打电话，追踪硬件的售后情况，并趁此向这位顾客推销他可能需要的其他设备。请看以下两幕：

第一幕：他说："您好，是琼斯女士吗？我是ABC公司的史密斯，有空吗？……我是您的新销售代表。关于您刚购买的123型机，现在运行得怎样？……很好，我打电话来主要是想作个自我介绍，并留下我的名字和电话号码，以便你有需要时和我联系，比如说要添加设备、另买软件等等。有笔吗？"

请注意，这位销售员打电话时完全按自己认定的结果去谈，并自信与琼斯女士的关系已很融洽，足以使她回电话。总之，带有太多的设想。

第二幕：还是这名销售员，但在电话中谈的却是："您好，我是ABC公司的史密斯，请问贵姓？……特纳先生。这是个服务电话。请问您的新系统运转如何？……听起来还不错，而且您的团队都在学着用了。在学习的进程中您需要什么支持？……看来您在公司中什么都不缺。那还有没有新员工要学这一系统？……人还不少嘛。恐怕那么多用户不能共用一个系统了……啊，还以为您知道呢。那您还需要什么来支持未来的运行环境？……添加设备的价格是XXX美元。是的，不便宜，您现在有这个预算吗？……哦，很好，要做好这个预算，还有些什么需要我效劳的？……当然，我会把价格和规格传真给您，还有别的需要吗?"

【分析提示】在第一幕中,销售员的眼中根本没有顾客。第二幕却不同,买卖双方相互协作、相互信任,关系甚为融洽。这位销售员是在服务顾客,这就是双赢。

三、推销的三要素

推销要素是指构成推销活动过程的内在基本因素,它包括推销人员、推销对象和推销产品三个基本要素,这三个要素是推销活动得以实现的必要因素。在这三个要素中,推销人员和推销对象是商品推销活动的主体,推销产品是商品推销活动的客体,是被推销员所推销、被推销对象所接受的有形或无形的商品(如图 1-1 所示)。

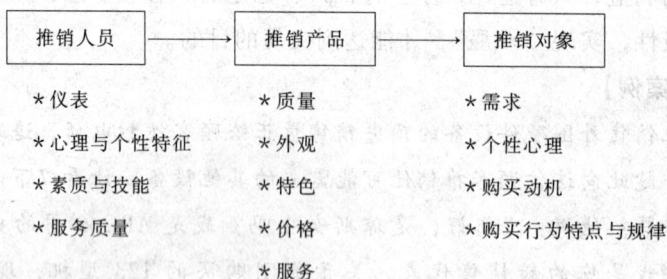

推销人员	→	推销产品	→	推销对象
*仪表		*质量		*需求
*心理与个性特征		*外观		*个性心理
*素质与技能		*特色		*购买动机
*服务质量		*价格		*购买行为特点与规律
		*服务		

图 1-1 推销活动三要素

(一)推销产品

所谓推销产品,是指推销人员向推销对象推销的各种有形和无形商品的总称,包括商品、服务、观念等。推销品是推销活动的客体。从现代营销学的角度来看,我们向顾客推销的是整体产品,而不仅仅是具有某种实物形态和用途的物理学意义上的产品。所谓整体产品是指能提供给顾客满足某种需求和欲望的有形或无形的任何东西,既包括物理特性如形态、体积、质量、味道、色彩、式样等一切有形物品,也包括意识特征如思想、观念、主意、服务等无形的东西。作为推销活动的一个基本因素,推销产品定会影响推销活动的各个环节和方面,如推销产品的性质、质量、体积、价格等,都会影响推销活动的具体方式及难易程度。因此,在推销活动中,如果对推销产品的特性、用途乃至维修保养方面的知识不了解,根本无法胜任推销工作。

【小案例】

在一次展销会上，一位顾客看中一台机器，想了解一下用什么钢材制造的，轮子朝哪个方向旋转，推销员却回答不出。客户十分不满地说："你来推销产品，自己都弄不明白，别人敢买吗？"

【分析提示】 这个例子说明，推销员只有了解自己的产品，才能圆满地回答顾客提出的疑问，从而消除顾客的异议；才能详细地向顾客说明产品能带给顾客什么利益，产品能满足顾客哪些需要；也只有充分了解自己的产品，才能指导顾客如何更好地使用、保管产品，以便顾客重复购买。作为一名合格的推销员应当做到：了解产品性能的程度使内行人感到惊讶；了解产品用途的程度使顾客感到惊讶。

（二）推销人员

推销人员是指主动向推销对象销售商品的推销主体，这里主要指专门从事商业性推销工作的专业推销人员，包括各种类型的推销人员。推销人员的主要任务就是通过走访顾客，发掘顾客的需要，在为顾客服务的同时，说服顾客购买企业的产品或服务。在商品经济活动中，只有把商品的使用价值与顾客的现实需要紧密联系在一起，才能实现商品从生产领域向消费领域的转移，而推销人员在这种转移过程中起着桥梁和纽带的作用。在推销的三要素中，推销人员是最关键的要素，是推销的灵魂，在整个推销过程发挥着重要作用。这就要求推销人员必须具备良好的素质、丰富的知识和经验，同时能够熟练地运用各种推销方法和技巧。

推销是与人打交道的工作，在推销活动中，有时人比产品更重要。在推销活动中，推销人员要想成功地推销商品，首先要成功地推销自己。推销的成败，往往取决于你的服务精神和服务态度，顾客往往在喜欢你的为人、个性、风格的前提下，才会进而购买你的产品。调查表明，顾客在购买商品时，特别是在选择何种品牌的商品时，并不是因产品质量的概念才决定的，而是因为对推销员的好感。据美国纽约销售联谊会统计表明：71%的人之所以从你那里购买，是因为他们喜欢你、尊重你、信任你。一旦顾客对你产生了喜欢、信赖之情，自然会喜欢、信赖和接受你的产品。反之，如果顾客喜欢你的产品但不喜欢你这个人，买卖也很难做成。现代推销强调的一个基本原则是：推销，首先是推销你自己。所谓推销你自己，就是让顾客喜欢你、尊重你、信任你、接受你，对你抱有好感。顾客的购买意愿深受推销员的诚意、热情和勤奋精神的影响。推销员只有首先把自己推销给顾客，顾客乐意与推销员接触，愿意听推销员介绍时，才会为推销员提供一个推销产品的机会。推销中的一条推销戒律是：一开口就谈生意的人，是二流推销员。在实践中，一些推销员一见顾客就问"买不买"或"要不要"，这些推销员基本上都会碰壁的。原因就在于，在顾客没有接受你这个人之前谈论产品、推销，顾客本能的反应就是推诿、拒绝，让你及早离开。

【小案例】

某食品研究所生产一种饮料，一名女大学生前往一家公司推销，拿出两瓶样品怯生生地说："这是我们刚研制的新产品，想请你们销售。"经理好奇地打量了一眼这个文绉绉的推销员，正要一口回绝，却被同事叫去听电话，就随口说了声："你稍等。"打完了一个漫长的电话，经理已忘记了这件事。这样，这位推销员整整坐了几个小时的冷板凳。临下班时，经理才发觉这位等回话的大学生，感动得要请她吃饭。面对这个腼腆的姑娘，经常与吹得天花乱坠的推销员打交道的老资格经理，内心一下子感到很踏实，当场拍板进货。

【分析提示】 这个案例说明，推销员在与顾客交往中，他首先要用人格魅力吸引顾客。

（三）推销对象

推销对象，又称购买者或顾客，包括各种现实、潜在顾客以及购买决策者等。推销对象是推销人员推销的目标，是说服的对象。推销对象也是推销活动的主体之一，直接参与推销的过程，没有推销对象就不会有推销活动。作为推销对象的顾客至少应具备两个条件：一是存在着对某种商品和劳务的需求；二是有足够的货币支付能力。依据购买者所购商品的性质及使用目的的不同，我们把推销对象分为个体购买者和组织购买者。个体购买者购买商品的目的是为了满足个人和家庭生活的需要，而组织购买者的购买目的是为了生产、转售等需要。顾客是推销的核心，一切推销活动都是紧紧地围绕着如何满足顾客需要而展开的。根据推销对象的特点不同，推销人员所采取的推销策略和技巧也有差异。推销员必须树立正确的推销观念：满足需要第一，赢利第二。

任务二 推销的原则与过程

一、推销的原则

推销人员在推销活动中，必须坚持以顾客为中心，把握好自己的言行举止，灵活运用推销的方法和技巧，这就要求推销人员必须坚持几条基本原则，切实领会这些原则的精神并付诸实践。

（一）需求第一

这是由市场营销观念决定的。市场营销观念要求以消费者为中心，重视消费者需求，谋求长远利益。现代推销必须贯彻这个思想，不能搞强力推销。

> "推销就是创造需求！"
>
> ——美国营销专家克拉克

推销过程就是帮助顾客满足其需要的过程。推销员不应该单纯向顾客推销产品，而应借助于所推销的产品，想尽一切办法唤起并刺激顾客，你的产品越符合顾客的基本需要，就越容易被顾客接受。一切推销策略的运用，都应该以满足顾客的需要和解决顾客的问题为前提，在此基础上来达到企业获利的目的。推销员的努力不应放到如何去"卖"上，而应协助顾客满足其需要，使他们得到想要的东西，之后自己才能赚钱。因此推销员要了解顾客的需要，说服顾客，使他们相信你所推销的商品确实能满足他们的需要。所以说，找到顾客的真正需要，并且帮助顾客找到满足需要的最佳方式才是销售中最重要的秘诀。

（二）诚信为本

诚信的基本含义是诚实、守信，在人际交往中表现为言行一致、言而有信、表里如一、信守承诺等，人与人之间、团体与团体之间，如果没有诚信，不讲信用，那将是不可想象的，诚信是任何一个民族都要遵守的一种基本道德。诚信的基本表现是：在推销过程中不提供伪劣产品，不从事欺骗性活动，不传播虚假信息等等。推销人员千万不要为了引诱顾客订货而向顾客许下不能履行的诺言，这种做法产生的后果是不堪设想的。推销人员只有兑现承诺，以诚信为基础，才能树立良好形象，取得消费者信任。

【小案例】

有一位求职者到一家公司求职，由于各方面条件都不错，很快便从众多的应聘者中脱颖而出。面试的最后一关，由公司的总裁亲自主持。当这位求职者刚一跨进总裁的办公室，总裁便惊喜地站起来，紧紧握住他的手说："世界真是太小了，真没想到会在这遇到你，上次在东湖游玩时，我女儿不慎落水，多亏你奋不顾身及时相救。我当时忘了询问你的名字。你叫什么？"这位就职者被弄糊涂了，但他很快想到总裁是认错人了。于是，平静地说："总裁先生，我从没有救过什么人，你一定是认错人了。"但无论这位求职者怎么说，总裁依然一口咬定自己没有记错。求职者也犯起了倔劲，就是不肯承认自己救过总裁的女儿。过了一会儿，总裁才微笑着说："你的面试通过了，明天就来公司上班。"

原来，这是总裁导演的一场测试。在这位求职者前面进来的几位都将错就错，乘机揽功，结果全被淘汰。

【分析提示】 许多事实都证明：成功，往往与诚实结伴而行。

（三）推销产品利益

产品利益是产品整体概念的核心内容，也是顾客购买决策的基本利益点。从顾客角度来说，顾客不是为产品的特性所打动，而是为产品的特性给他带来的利益所吸引，他们购买的不是产品本身，而是通过产品能让他们享受到的那些利益与满足，如地位、威望、个性化、安全、舒适、经济、尊敬等等。因此推销人员不应单纯地推销抽象的产品，更重要的是要推销产品带给顾客的利益。不论你推销的是什么产品，顾客所购买的是你的产品为他们带来的利益和好处，或产品能满足顾客什么样的需要。这是推销员要取得成功必须认识的一个基本原则。如，化妆品推销人员推销的是"美丽"，只有针对顾客的求美心理开展推销，才能打动顾客。药品推销人员推销的是"健康"，只有针对顾客治疗疾病、预防疾病和保持健康的购买目的来开展推销，才能增强说服力；如果你是保险推销员，你的介绍应该是"若自己发生意外，心爱的家人生活能够得到充分的保障"等。

【小寓言】

老狼山姆在沙漠中遇见了迷路的狐狸。狐狸说："山姆先生，如果你肯做我的向导，找到通往绿洲的标志，我愿意用四两黄金和这颗五克拉的钻戒买你身边的那桶水。"老狼山姆兴奋地答应了。经过两天的旅途奔波，他们找到了通往绿洲的标志，而山姆的水也用完了，"狐狸先生，你能不能给我点水喝！"老狼哀求道。"可以的，不过，你得用我那四两黄金及五克拉的钻戒来换，而且如果你想多喝点，你还得多付出些代价！"老狼山姆以一桶不值钱的水换得了一笔财富，可是最后却不得不为了宝贵的生命付出了更高的代价。

案例中，为什么一桶水要拿四两黄金及五克拉的钻戒来变换？生活中，推销员不也是无时无刻不在遇上此类问题吗？为什么有人为一顿饭一掷千金，却会对另外的商品斤斤计较？为什么某些人不屑一顾的产品，而有人却愿付出巨大的代价以得到它？答案其实很简单：顾客是否购买，取决于他对商品的需求程度，即商品带给他的利益。

推销产品给顾客带来的利益是推销活动的本质所在，推销人员只有围绕推销的本质开展推销活动，同时配合使用各种推销方法的技术，才能为推销成功奠定良好的基础。

（四）互利双赢

互利双赢，是指在推销过程中，推销员要以交易能为双方都带来较大的利益或者能够为双方都减少损失为出发点，不能从事伤害一方或给一方带来损失的推销活动。推销人员在努力实现互利双赢原则时，必须善于与顾客加强沟通，认识顾客的核心利益。

现代推销活动提倡"双赢"，提倡要和顾客建立长期关系，而不是一锤子买卖。在推销活动中，推销员不能只顾自己的利益而损害顾客的利益。那种采取坑蒙拐骗、恐吓威胁、强行兜售的手段是与现代推销理念格格不入的。在实际推销中，许多推销人员都以自我为中心，在处理问题时，最先想到保护自身的利益，有时为了自身利益而不惜损害顾客利益，这种行为无异于"自杀"。

要提高销售业绩，推销员必须考虑顾客的利益。只有站到顾客的立场上为顾客着想，才能推销成功。正像一位推销专家指出的那样：推销是一种压抑自己的意愿去满足他人欲望的世界。

推销是一种双赢活动，推销员得到利润，顾客得到了产品利益。推销是买卖双方都得利的公平交易活动。要想使生意做得好，就得使买卖双方都满意，任何一方都不能受到损失。

二、推销的一般过程

推销既是一个商品交换过程，又是一个信息传递过程，同时还是一个心理活动过程。可以说推销过程是上述三个过程的统一。尽管推销活动的形式多种多样，但大多数有效的推销都存在一定的规律性。如果我们从推销人员与顾客接触的时间顺序来看，推销活动应该包含推销准备、寻找顾客、约见顾客、接近顾客、推销洽谈、处理顾客异议以及成交等几个阶段，如图1-2所示。

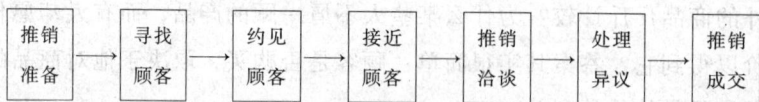

推销准备 → 寻找顾客 → 约见顾客 → 接近顾客 → 推销洽谈 → 处理异议 → 推销成交

图1-2 推销的一般过程

以上每个过程的具体内容我们将在以后的章节分别进行讲述。

任务 三 推销方格理论

美国著名管理学家布莱克（Blake）和蒙顿（Moton）在其管理方格（Managerial Grid）理论的基础上，根据推销员对顾客与销售的关注程度，提出了推销方格（Sale Grid）理论。该理论是管理方格理论在推销领域中的运用，在西方被誉为是推销学理论的一大突破。该理论分为推销方格和顾客方格两部分。推销方格是研究推销活动中推销人员的心理活动状态；顾客方格则是研究顾客在推销活动中的心理活动状态。大量工作实践表明，要做好推销工作，必须了解买卖双方对推销活动的态度。

一、推销方格理论

（一）推销方格的含义

推销人员在推销活动中要考虑两个方面的具体目标：第一，设法说服顾客购买商品，顺利完成推销的任务；第二，竭力迎合顾客心理，以便与顾客建立良好的人际关系。这两个目标的侧重点是不同的，前者的侧重点是"销售"，后者的侧重点是"顾客"。推销人员对待这两个目标的态度与关心程度就构成了不同的推销态度，用图形表现出来，就形成了"推销方格"（如图1-3）。推销方格中显示了由于推销员对"顾客"与"销售"关心的不同程度而形成的不同的心理状态。

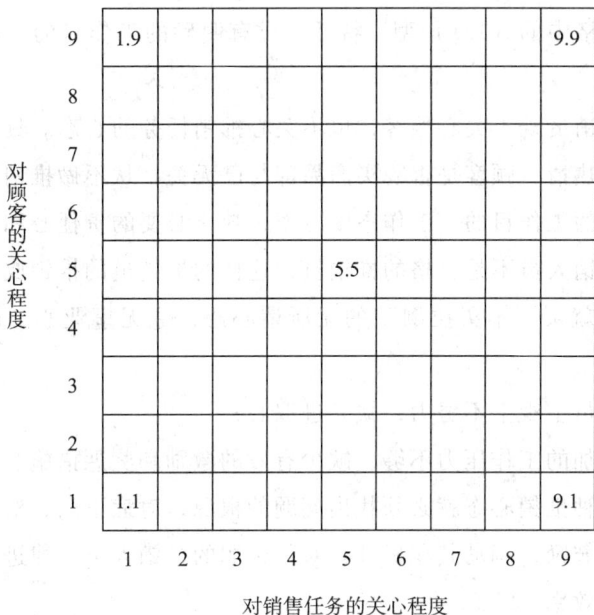

图 1-3 推销方格图

图中纵坐标表示推销人员对顾客的关心程度，横坐标表示推销人员对销售任务的关心程度。横纵坐标各分为9等份，坐标值越大，表示关心的程度越高。每个方格分别代表各种推销人员的不同的推销心理活动状态与态度。推销方格理论形象地描绘出推销人员对顾客的关心程度和对完成推销任务的关心程度的 81 种有机组合，为有效地协调推销活动中推销人员与顾客既相互联系又相互制约的关系提供了一个形象直观而又明晰具体的框架。

推销方格理论的作用可以帮助推销人员更清楚地看到自己在推销工作中所存在的问题，认识自己的推销心态，进一步提高自己的推销能力；推销方格理论还有助于推销人员更深入地了解自己的推销对象，掌握顾客的心理活动规律，进而有针对性地开展推销工作。推销人员只有深刻地认识自己和自己推销对象的心理态度，才能正确地把握推销工作的分寸，争取推销工作的主动权，恰当地处理与顾客之间的关系，提高推销效率。

（二）推销方格与推销心态类型

1. "无所谓"型

即推销方格中的（1.1）型。特征：没有明确的工作目的，缺乏进取心和成就感。

表明了推销员既不关心顾客，也不关心推销任务的心态。具体表现是：他们对顾客缺乏热情，顾客是否购买商品都与己无关，从不做推销调研和总结工作；没有明确的工作目的，工作态度冷漠，缺乏必要的责任心和成就感。具有这种心态的推销人员不是合格的推销员，这样的推销员的推销成效也最差。他们抱着"要买就买，不买拉倒"的无所谓心态，毫无事业心。产生这种心态的原因：

①推销人员主观上不努力，缺乏进取心；

②公司施加的工作压力不够，缺少有效的激励和奖惩措施。

要改变这种推销心态就必须找出问题的根源，对症下药，对适合做推销工作的人员进行鼓励，调动其积极性；对不称职的推销人员一律进行撤换，以提高推销工作的效率。

2. "解决问题型"

即推销方格中的（9.9）型，也称满足需求型。特征：能够正确权衡两个方面，积极进取，是理想的推销员。

这种心态是理想的推销心态，既投入全力研究推销技巧，关心推销效果，又重视最大限度地解决顾客困难，注意开拓潜在需求和满足顾客需要，在两者结合上保持良好的人际关系，使商品交换关系与人际关系有机地融为一体。其具体表现是：有强烈的事业心和责任感，工作积极主动，真诚关心和帮助顾客；他们对自己、推销品、顾客、推销环境和顾客的需要有充分的了解，积极寻求使顾客和推销人员的需求都能得到满足的最佳途径；他们注意研究整个推销过程，追求在最大限度地满足顾客的各种需求的同时取得最佳的推销效果。这种类型的推销人员能在帮助顾客解决问题的同时完成自己的推销任务。满足顾客的真正需要是他们的中心，辉煌的推销业绩是他们的目标。这种推销心态才是最佳的推销心态，处于该种心态的推销人员才是最佳的推销人员。

3. "顾客导向"型

即推销方格中的（1.9）型。特征：对顾客过于迁就，不关心公司的销售目标。

处于这种推销心态的推销人员只关心顾客，不关心销售任务。具体表现是：忽视了推销活动是由商品交换与人际关系沟通两方面内容结合而成的事实，单纯重视并强调人际关系，对顾客以诚相待，可能成为顾客的良好参谋甚至好朋友，恪守"宁可做不成生意，也决不得罪顾客"的信条。产生这种心态的原因：

①不想在公司干了，希望从客户那儿获取好处；

②性格软弱，心肠太好。

这类推销员重视生意不成仁义在，但忽视推销技巧，不关心或羞于谈起货币与商品的交换。这种极端的心态也不是良好的推销心态，它不易取得推销成功。

4. "推销导向"型

即推销方格中的（9.1）型。特征：有强烈的成就感，不关心顾客的需求；咄咄逼人，自视过高。

这种推销人员的心态与顾客导向型正好相反，只关心销售任务的完成，不关心顾客的实际需要和利益。具体表现为：具有强烈的成就感与事业心，工作热情高，以不断提高推销业绩为追求目标；他们很少了解顾客的需要，分析顾客心理，只是为完成推销任务千方百计地说服顾客购买，不惜采用一切手段强行推销，甚至不惜败坏职业道德，不择手段地推销商品，这种心态也是非常不可取的。这类推销人员也不是理想的推销人员，因为他们虽有积极的工作态度，短期内可能也会取得较高的推销业绩，但由于他们只是想尽一切办法将商品推销出去，忽略与顾客之间的关系，也就不可能与顾客建立一种长期的合作关系，严重时还会损害公司及产品的形象。

5．"推销技巧导向"型

即推销方格中的（5.5）型，也称干练型。特征：能够正确权衡两个方面，稳扎稳打；折衷，务实。

这种心态较为折衷，既关心推销任务的完成，又不非常重视推销；既关心顾客的满意程度，与顾客进行沟通，但不求完全为顾客服务，他们注意两者在一定条件下的充分结合。具体表现是：对推销环境充分了解，充满信心；推销心态平衡，工作踏实；讲究运用推销技巧和艺术；注意研究顾客心理和积累推销经验，在推销中一旦与顾客意见不一致，一般采取妥协，避免矛盾冲突。他们能够非常巧妙地说服一些顾客购买。从现代推销理论分析，这种心态对推销不求甚解，可能成为一位业绩卓著的推销员，但却难以创新，不易成为推销专家或取得突破性进展。因此这类推销人员也不是理想的推销人员。

二、顾客方格理论

（一）顾客方格的含义

推销过程是推销人员与顾客的双向心理作用的过程。在推销活动中，推销人员的推销心态和顾客的购买心态都会对对方的心理活动产生一定的影响，从而影响其交易行为。因此，推销人员还必须深入研究分析顾客的购买心理，有针对性地开展推销活动。

顾客在与推销人员接触和购买的过程中，会有两个具体的目标：一是希望通过与推销人员进行谈判，讨价还价，力争以较少的投入，获取尽可能大的收益，购买到称心如意的商品；二是希望得到推销人员的诚恳热情而又周到的服务，与推销人员建立良好的人际关系。在这两个目标中，前者注重"购买"，后者注重"关系"。但是不同的顾客对这两方面的重视程度是不同的。有的顾客可能更注重购买商品本身，而另一些顾客则可能更注重推销员的态度和服务质量。布莱克与蒙顿教授依据顾客对这两方面问题的关心程度不同，建立了顾客方格图（如图 1-4 所示）。

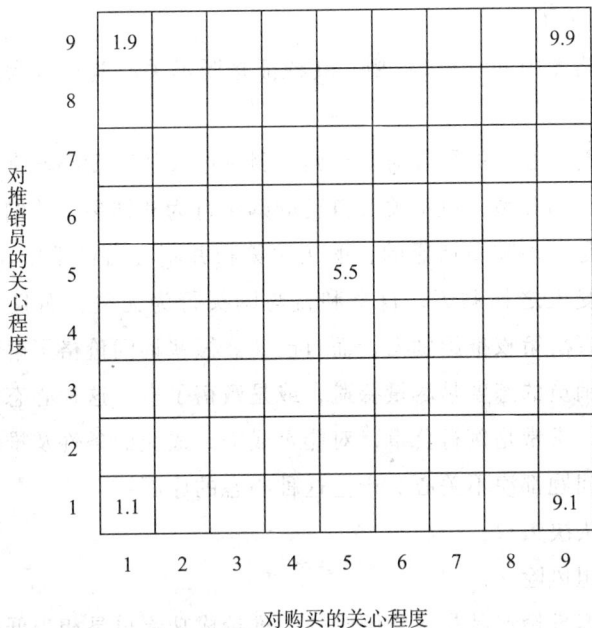

图 1-4 顾客方格图

横坐标表示顾客对自己完成购买的关心程度，纵坐标表示顾客对待推销人员的关心程度，也是 9 个等级。顾客方格图中的纵坐标表示顾客对推销人员的关心程度，横坐标表示顾客对购买任务的关心程度。纵、横坐标从低到高依次划分为 9 等份，其坐标值都是从 1 到 9 逐渐增大，坐标值越大，表示顾客对推销人员或购买的关心程度越高。顾客方格中的每个方格分别表示顾客各种不同类型的购买心态。

顾客方格形象地描绘出顾客对推销人员及自身购买任务的关心程度的 81 种有机组合，它作为研究顾客购买行为和心态的理论，对推销人员了解顾客态度，与顾客实现最佳的配合，学会如何应付各种不同类型的顾客，争取推销工作的主动权，提高推销工作的效率具有重要意义。

（二）顾客方格与顾客心态类型

在众多的顾客心态中，其中具有代表性的有以下 5 种类型，即漠不关心型；软心肠型；防卫型；干练型；寻求答案型。

1. 漠不关心型

即顾客方格图中的（1.1）型。其特征是既不关心购买行为，也不关心推销人员。

处于这种购买心态的顾客对上述两个目标的关注程度都非常低，既不关心自己与推销人员的关系，也不关心自己的购买行为和结果。他们当中有些人的购买活动有时是被动和不情愿的，购买决策权并不在自己手中。具体表现是：多数情况下是受人之托购买，自身利益与购买行为无关，而且不愿意承担责任，往往把购买决策权推给别人，而自己愿意做些询问价格了解情况的事务性工作。对待推销员的态度是尽量躲避，或是敷衍了事。这种心态的顾客把购买活动视为麻烦，常常是例行公事，对能否成交、成交的条件及推销人员及其所推销的产品等问题都漠不关心。产生这种心态的原因：

①没有购买决策权；

②害怕承担风险。

向这类顾客推销产品是非常困难的，推销成功率也是相当低的。对待这种类型的顾客，推销人员应先从情感角度主动与顾客接触，了解顾客的情况，再用丰富的产品知识，结合顾客的切身利益引导其产生购买欲望和购买行为。

2. 寻求答案型

即顾客方格中的（9.9）型，也称专家型。特征是自信，理智，心态开放，具有领导人风范。

处于这类购买心态的顾客既高度关心自己的购买行动，又高度关心与推销人员的人际关系。通常这类顾客有较高的购买技术，他们在购买商品之前，对市场进行广泛的调查分析，既了解商品质量、性能、规格，又熟知商品的行情，他们根据自己的实际需要来决定是否购买，购买行为非常理智。具体表现是：购买时不会轻易受别人左右，十分愿意听取推销人员的观点和建议，并对这些观点和建议进行分析判断，善决策又不独断专行。他们充分尊重和理解推销人员的工作，不给推销人员出难题或提出无理要求，把推销人员看成是自己的合作伙伴，最终达到买卖双方都满意的目的。这种购买心态的顾客是最成熟、最值得称道的顾客。最有可能的对象是事业成功人士。

对这类顾客，推销人员应了解顾客的需求所在，设法成为顾客的参谋，主动为顾客提供各种服务，尽最大努力帮助他们解决问题，实现互惠互利，买卖双赢。推销策略：理智对理智，不需过多推销。

3. 软心肠型

即顾客方格图中的（1.9）型，也称情感型。特征是花钱买"和气"，容易被说服。

处于这种购买心态的顾客非常同情推销人员，对于自己的购买行为与目的则不太关心。具体表现是：该类顾客往往感情重于理智，对推销商品本身则考虑不多，容易产生冲动，易被说服和打动；重视与推销人员的关系，重视交易现场的气氛，缺乏必要的商品知识，独立性差等。存在这种心态的顾客更侧重关心推销员对他们的态度，不能有效地处理人情与交易之间的关系。只要推销员对他们热情，表示出好感时，便感到盛情难却，即便是一时不太需要或不合算的商品，也可能购买。这种类型的顾客在现实生活中并不少见，如一些老年人以及性格柔弱、羞怯的顾客都属于此种类型。因此，推销人员要特别注意感情投资，以情感人，努力营造良好的交易气氛，顺利实现交易的成功。同时，推销员也应避免利用这类顾客的软心肠，损害顾客的基本利益。推销策略：不能欺骗顾客。

4. 防卫型

即顾客方格图中的（9.1）型，也称购买利益导向型。特征：提防心理强。产生这种心态的原因有：

①偏见；

②有过受骗上当的经历。

处于这种购买心态的顾客与软心肠型的购买心态恰好相反，他们只关注自己的购买行为和个人利益的实现，不关心推销人员，甚至对推销人员抱有敌视态度。他们不信任推销人员，担心受骗上当，怕吃亏，本能地采取防卫的态度。具体表现是：对推销人员态度冷漠敌对，心存戒心，处处小心谨慎，讨价还价，精打细算，事事提防，绝不让推销人员得到什么好处。这种顾客一般比较固执，不易被说服。因此这类顾客的生意也比较难做，即使最终成交，企业的盈利也微乎其微。他们拒绝推销人员，并不是对推销品没有需要，完全是出于某种心理原因。对这类顾客，推销人员不能操之过急，应首先推销自己，消除顾客的偏见，赢得顾客对自己的信任，然后再转向推荐推销品。推销策略：以诚感化；一旦去除偏见或成见，完成推销应不难。

5. 干练型

即顾客方格图中的（5.5）型，也称公正型。特征：相对冷静，自信且固执，身份和虚荣心需求，做人"有味口"。

处于这种购买心态的顾客既关心自己的购买行为，也关心与推销人员的人际关系。具体表现是：乐于听取推销人员的意见，自主做出购买决策。这是一种比较合理的购买心态，具有该种心态的顾客一般都很自信，甚至具有较强的虚荣心。他们有自己的主见，不愿轻信别人，当然更不会受别人的左右。对待这类顾客，推销人员应设法用客观的事实进行说服，让他自己去做出判断和决策。推销策略：强调产品身份或社会地位有用性；推销难度可能很大。

三、推销方格与顾客方格的关系

推销的成功与失败，不仅仅取决于推销人员的工作态度，布莱克教授总结出了推销方格与顾客方格的关系。从前面介绍的推销方格和顾客方格我们知道，推销人员与顾客的心态有多种多样，在实际推销活动中，任何一种心态的推销人员都可能接触到各种不同心态的顾客。那么，推销人员与顾客的哪两种心态类型的搭配会实现推销活动的成功呢？

图1－5反映了推销方格与顾客方格之间的内在联系。图中"＋"表示成功，"－"表示失败，"0"表示推销成败的概率相等。

顾客类型 推销类型	1.1	1.9	5.5	9.1	9.9
9.9	+	+	+	+	+
9.1	0	+	+	0	0
5.5	0	+	+	－	0
1.9	－	+	0	－	0
1.1	－	－	－	－	－

图1－5　推销方格与顾客方格搭配图

从搭配图中可以看出，（9.9）型心态的推销人员无论与哪种心态类型的顾客相遇，都会取得推销成功。因此，企业要想赢得广阔的市场，就应积极培养（9.9）型心态的推销人员。

推销人员能否协调好与顾客的关系，事关销售的成功与失败，推销人员的销售心态和顾客的购买心态共同决定了销售的成败。

从现代推销学的角度看，趋向于（9.9）型的推销心态和购买心态比较成熟和理想，推销活动的成功率较高。但这并不是说其他类型的推销心态和购买心态的搭配就不能取得理想的效果。在错综复杂、千变万化的推销活动中，没有哪一种推销心态对所有顾客都是有效的，同样，不同的购买心态对推销人员也有不同的要求。因此，成功推销的关键取决于推销心态与购买心态是否吻合。由此可见，推销人员的销售活动能否成功，除了自身的努力以外，还要看顾客是否愿意配合、推销人员能否准确地把握顾客购买的心态等。如果推销专家遇到一位无论如何也不愿意购买推销品的顾客，即使他有再高明的推销技巧，也很难成功。相反，如果一位迁就顾客型的推销人员遇到一位软心肠型的顾客，双方都特别关心对方，尽管推销人员不算是一个优秀者，但他依然能够取得销售的成功。

从推销人员的角度来看，推销人员越是趋向于问题解决型，其销售的能力就越高，达成销售的可能性就越大。因此，要成为一位出色的现代推销人员，健康的销售心态是不可缺少的。所以，推销人员应树立正确的销售态度，要加强培训与锻炼，调整与改善自我销售心态，努力使自己成为一个能够帮助顾客解决问题的问题解决型推销人员。

正确把握销售心态与购买心态之间的关系是非常重要的。不同类型的推销人员遇到不同类型的顾客，应采取不同的销售策略，揣摩顾客的购买心态，及时调整自己。

任务四 推销模式

所谓推销模式就是推销专家根据推销活动的特点及顾客购买活动各阶段的心理演变应采取的策略，总结出来的一套程序化的标准推销模式。推销模式来自于推销实践，具有很强的可操作性，是现代推销理论的重要组成部分。推销模式的产生使推销有了可以依据的理论、步骤与法则，促进了推销效率的提高。推销模式的种类有很多，这里主要介绍五种模式，这五种模式应用最广泛，即爱达（AIDA）模式、迪伯达（DIPADA）模式、埃德帕（IDEPA）模式、费比（FABE）模式、"吉姆"（GEM）模式。

一、"爱达"模式（AIDA 模式）

（一）"爱达"模式的含义

"爱达"模式是世界著名的推销专家海因兹·姆·戈德曼总结出来的推销公式，是在《推销技巧——怎样赢得顾客》一书中首次提出来的。它被认为是国际成功的推销公式。"爱达"是四个英文字母 AIDA 的译音，也是四个英文单词的首字母。根据消费心理学研究，顾客购买的心理活动可以分为四个阶段，即注意（Attention）、兴趣（Interest）、欲望（Desire）和行动（Action）。

它的具体涵义是指一个成功的推销员必须把顾客的注意力吸引或转变到产品上，使顾客对推销人员所推销的产品产生兴趣，这样顾客欲望也就随之产生，尔后再促使顾客采取购买行为，最后达成交易。

（二）"爱达"模式操作实务

"爱达"模式比较适用于店堂的推销，如柜台推销、展销会推销；适用于一些易于携带的生活用品与办公用品的上门推销，也适用于新推销人员以及首次接触顾客的推销。具体操作步骤如下：

引起消费者的注意→唤起消费者的兴趣→激起消费者的购买欲望→促成消费者的购买行为

1. 引起消费者注意（Attention）。引起注意是指推销人员通过推销活动刺激顾客的感官，使顾客对推销人员和推销品有一个良好的感觉，把顾客的心理活动、精力、注意力等吸引到推销人员和推销品上来。通常人们的购买行为都是从注意开始的，因此，推销的第一步就是先要引起顾客的注意。顾客的注意分为有意注意和无意注意。推销人员一定要通过积极努力，强化刺激，唤起顾客的有意注意，使顾客愿意把注意力从其他事情转移到推销上来。

2. 唤起消费者兴趣（Interest）。唤起消费者兴趣是指唤起消费者对推销活动及推销品的兴趣，或者说是诱导消费者对推销的积极态度。兴趣与注意有着密切的关系。兴趣是在注意的基础上发展起来的，反过来又强化注意。兴趣也与需要有密切的关系。消费者对推销的兴趣都是以他们各自的需要为前提的。因此，要很好地诱导消费者的兴趣，就必须深入分析消费者的各种需要，让消费者认识到购买所能带来的好处。推销人员要利用各种方法向消费者证实推销品的优越性，以此引导他们的购买兴趣。一般来说，诱导消费者兴趣的最基本的方法是示范表演法和情感沟通法。

3. 激发消费者购买欲望（Desire）。激起消费者购买欲望是指推销人员通过推销活动的进行，在激起消费者对推销品的兴趣后使消费者产生对推销品强烈拥有的愿望，从而导致消费者产生购买的欲望。在推销过程中，刺激消费者的购买欲望可分为三个步骤进行。推销人员首先提出推销建议，在得到消费者反应之后，找到症结所在，然后有针对性地进行理由论证，多方诱导消费者的购买欲望，直至达成交易。

4. 促成消费者购买行为。促成消费者购买行为是指推销人员要不失时机强化消费者的购买意识，培养消费者的购买意向，促使消费者最终产生购买行动。促成消费者购买行动是"爱达"模式的最后一个步骤，它是全部推销过程和推销努力的目标，也是对前三个目标的总结和收获。这一过程要求推销人员在推销活动中必须抓住机会，坚定消费者的购买信心。消费者从产生购买欲望，到采取购买行动，还需要推销人员运用一定的成交技巧来施加影响，以促成消费者尽快做出购买决策。如何有效促成交易，我们在以后的章节中将有详细论述。

【小示范】

某推销员敲开了一家顾客的门，下面是他运用"爱达"公式成功推销其产品的过程：

推销员："您好，我是喜乐公司的王涛，我带来了一种新型的调料盒，您看，就是这种。"

顾客："调料盒？我家有，不买！"

推销员："那您的调料盒一定有好几件喽？"

顾客："那当然。你看，这是花椒盒，这是味精盒，这是……"

推销员：“真不少，看来您对烹调很内行啊，光调料盒就排了这么一大溜，挺占地方吧？”

顾客：“为了吃得可口，没办法。”

推销员：（开始示范产品）“您看，这种调料盒，能分装十种调料，可以挂起来，对，就挂这。您看，既卫生，又好看，不占地方，使着特别方便，如果用它，您的厨房就更利索了。”

顾客：“是不错，多少钱？”

推销员：“5元钱，一种调料盒仅5元钱，挺便宜的。”

顾客：“确实不贵。”

推销员：“那就把这套给您留下吧？”

顾客：“好。给你钱。”

二、“迪伯达”模式（DIPADA 模式）

（一）“迪伯达”模式的含义

迪伯达公式是海因兹·姆·戈德曼根据自身推销经验总结出来的新公式，被认为是一种创造性的推销方法。“迪伯达”是六个英文字母 DIPADA 的译音。这六个英文字母分别为六个英文单词 Definition（发现）、Identification（结合）、Proof（证实）、Acceptance（接受）、Desire（欲望）、Action（行动）的首字母。它们表达了迪伯达公式的六个推销步骤。

（二）迪伯达模式的操作步骤

第一步，Definition：准确地发现顾客的需要与愿望。

第二步，Identification：把推销品与顾客需要结合起来。

第三步，Proof：证实所推销的产品符合顾客的需要。

第四步，Acceptance：促进顾客接受所推销的产品。

第五步，Desire：激起顾客的购买欲望。

第六步，Action：促成顾客采取购买行动。

迪伯达公式较适用于：生产资料市场产品、老顾客及熟悉顾客、无形产品及开展无形交易（如保险、技术服务、咨询服务、信息情报、劳务市场等）、顾客属于有组织购买，即单位购买者等产品或顾客的推销。由于“迪伯达”

模式紧紧抓住了顾客需要这个关键性的环节，使推销工作更能有的放矢，因而具有较强的针对性。

【小示范】

某手表生产商对一些手表零售商店的销售状况进行了调查，发现商店的售货员对推销该厂的手表不感兴趣，手表零售商的销售策略也有问题。厂方决定开办一所推销技术学校，并派出厂里的推销代表（包括萨姆纳·特伦顿在内），到各手表零售商店进行说服工作，目的是使他们对开办推销技术学校产生兴趣和积极配合，如，安排人员参加学习等。特伦顿来到了一家钟表店，运用迪伯达公式对表店的负责人进行了成功地推销。下面是特伦顿与表店负责人迪尔的对话：

特伦顿："迪尔先生，我这次来这里的主要目的是想向你了解一下商店的销售情况。我能向你提几个简短的问题吗？"

迪尔："可以。你想了解哪方面的情况？"

特伦顿："你本人是一位出色的推销员……"

迪尔："谢谢你的夸奖。"

特伦顿："我说的是实话。只要看一看商店的经营状况，就知道你是一位出色的推销员。不过你的职员怎样？他们的销售业绩与你一样吗？"

迪尔："我看还差一点，他们的销售成绩不太理想。"

特伦顿："完全可以进一步提高他们的销售量，你说呢？"

迪尔："对！他们的经验还不丰富，而且他们当中的一些人现在还很年轻。"

特伦顿："我相信，你一定会尽一切可能帮助他们提高工作效率，掌握推销技术，对吗？"

迪尔："对。但我们这个商店事情特别多，我整天忙得不可开交，这些，你是知道的。"

特伦顿："当然，这是难免的。假如我们帮助你解决困难，为你们培训商店职员，你有什么想法？你是否愿意让你的职员学习和掌握：怎样制定销售计划、赢得顾客、增加销售量、唤起顾客的购买兴趣、诱导顾客做出购买决定等技巧。使他们像你一样，成为出色的推销员。"

迪尔："你们的想法太好了。谁不愿意有一个好的销售班子。不过如何实现你的计划?"

特伦顿："迪尔先生,我们厂为你们这些零售商店的职员开办了一所推销技术学校,其目的就是训练这些职员掌握你希望他们掌握的技能。我们特别聘请了一些全国有名的推销学导师和高级推销工程师负责学校的培训工作。"

迪尔："听起来很不错。但我怎样知道他们所学的东西正是我希望他们学的呢?"

特伦顿："增加你的销售量符合我们的利益,也符合你的利益,这是其一。其二,在制定训练计划时,我们非常希望你能对我们的教学安排提出宝贵的意见和建议。"

迪尔："我明白了。"

特伦顿："给,迪尔先生,这是一份课程安排计划。我们把准备怎样为你培训更好的销售人员的一些设想都写在这份材料上。你是否把材料看一下?"

迪尔："好吧,把材料交给我吧(特伦顿向迪尔介绍了计划)。"

特伦顿："我已经把你提的两条建议都记下来了。现在,你还有什么不明白的问题吗?"

迪尔："没有了。"

特伦顿："迪尔先生,你对我们这个计划有信心吗?"

迪尔："有信心。办这所学校需要多少资金,需要我们分摊吗?"

特伦顿："你只需要负担受训职员的交通、伙食、住宿费用。其他费用,包括教员的聘金、教学费用、教学工具等等,统统由我们包了。我们初步计算了一下,每培训一位推销员,你最多支付45英镑。为了培养出更好的推销员,花费45英镑还是值得的。你说呢?假如经过培训,每位受训职员的销售量只增加了5%的话,你很快就可以收回所支付的这笔费用了。"

迪尔："这是实话。可是……"

特伦顿："假如受训职员的推销水平只是你的一半……"

迪尔："那就很不错了。"

特伦顿："迪尔先生,我想你可以先派3位有发展前途的职员参加第一届训练班。这样,你就知道训练的效果如何了。"

迪尔："我看还是先派两位吧。目前我们这里的工作也比较忙，不能多派了。"

特伦顿："那也是。你准备先派哪两位去受训呢？"

迪尔："我初步考虑派……，不过，我还不能最后决定。需要我马上做出决定吗？"

特伦顿："不，你先考虑一下，下周一告诉我，好吗？我给你留两个名额。"

迪尔："行，就这么办吧！"

三、"埃德帕"模式（IDEPA 模式）

"埃德帕"是五个英文字母 IDEPA 的译音。"埃德帕"模式是"迪伯达"模式的简化形式，它适用于有着明确的购买愿望和购买目标的顾客。这五个英文字母分别为五个英文单词的第一个字母。它们表达了埃德帕公式的五个推销步骤：

一、Identification：确认顾客需要，把推销品与顾客需要结合起来。

二、Demonstration：向顾客示范合适的产品。

三、Elimination：淘汰不宜推销的产品。

四、Proof：证实顾客已做出的选择正确。

五、Acceptance：促使顾客接受产品，作出购买决定。

在采用该模式时不必去发现和指出顾客的需要，而是直接提示哪些产品符合顾客的购买目标，这一模式比较适合于零售推销。

四、费比模式（FABE 模式）

费比模式是由美国奥克拉荷马大学企业管理博士、台湾中兴大学商学院院长郭昆漠先生总结并推荐的推销模式。"费比"是 FABE 的译音，FABE 则是英文字母 Feature（特征）、Advantage（优点）、Benefit（利益）、Evidence（证据）的第一个字母，这四个英文字母表达了费比模式的四个步骤。

一、Feature：把产品的特征详细介绍给顾客；

二、Advantage：充分分析产品的优点；

三、Benefit：尽数产品给顾客带来的利益；

四、Evidence：以证据来说服顾客购买。

费比模式的突出特点是：事先把产品特征、优点及带给顾客的利益等列出来印在卡片上，这样就能使顾客更好地了解有关内容，减少顾客异议的内容，节省顾客产生疑问的时间。正是由于费比模式具有这一特色，它受到了不少推销人员的推崇，帮助不少企业取得了销售佳绩。

五、"吉姆"模式（GEM 模式）

吉姆是英文单词推销品（Goods）、企业（Enterprise）、推销人员（Man）的第一个字母的组合 GEM 的译音。"吉姆"模式旨在帮助培养推销人员的自信心，提高说服能力。其关键是"相信"，即推销人员一定要相信自己所推销的产品（G），相信自己所代表的公司（E），相信自己（M）。吉姆模式认为：实现推销成交是推销品、企业、推销人员三个因素综合作用的结果。

1. 相信推销品（G）

推销人员应对推销品有全面、深刻的了解，同时要把推销品与竞争产品相比较，看到推销品的长处，对其充满信心。而推销人员对产品的信心会感染顾客。

2. 相信自己的企业（E）

要使推销人员相信自己的企业和产品，企业和产品的信誉是基础。而信誉是依靠推销人员与企业的全体职工共同创造的。企业和产品的良好信誉，能激发推销员自信和顾客的购买动机。

3. 相信自己（M）

推销人员要有自信。推销人员应正确认识推销职业的重要性和自己的工作意义，以及未来的发展前景使自己充满信心，这是推销成功的基础。

总之，推销人员在推销过程中应深入研究顾客对推销的心理认识过程，同时十分注重自己的态度与表现，才能成功地进行推销。

◤ 学习小结

● 推销是指企业的推销人员直接与潜在顾客进行接触、沟通、洽谈，采用帮助或说服等手段，促使顾客采取购买行为的活动过程。

● 推销既是一门科学也是一门艺术。推销已经成为我们生活中不可或缺的内容。在市场竞争日趋激烈的今天，推销已经成为企业经营成败的关键环节。

● 推销的原则是满足需求、推销产品利益、互利双赢、诚信为本。

● 推销活动的三个基本要素是推销人员、推销产品和推销对象。

● 推销工作具有特定性、双向性、互利性、灵活性、服务性、说服性。

● 推销工作应该遵循满足需求、推销使用价值、尊重顾客、互利双赢、信守承诺、公平竞争的原则。

● 推销方格理论，着重研究了推销人员与顾客的关系和买卖心态，率先提出来的一种新的方格理论，它是推销学基础理论的一大突破。推销人员向顾客推销的过程实际上是双向沟通的过程。由于二者都是站在自己的立场上看问题，因而他们对推销与购买有不同的认识。同时，在交往中双方彼此会对对方产生一定的印象和看法。他们会形成各自不同的心理态度会直接地影响推销效果。推销方格理论分为推销方格和顾客方格两部分。

● 推销模式是指根据推销活动的特点及对顾客购买活动各阶段的心理演变应采取的策略，归纳出一套程序化的标准推销方式。推销模式来自于推销实践，具有很强的可操作性，是现代推销理论的重要组成部分。推销模式有很多的种类，最有代表性且应用最广泛的有四种模式，即爱达（AIDA）模式、迪伯达（DIPADA）模式、埃德帕（IDEPA）模式、"吉姆"（GEM）模式、费比（FABE）模式。

复习思考题

1. 什么是推销？推销有哪些特点？
2. 现代推销活动应该遵循哪些基本原则？
3. 什么是推销方格理论？
4. 什么是推销模式？简述"爱达"模式步骤

实 训 题

1. 自我介绍训练：在班上进行自我介绍，要求简明扼要，但要突出自己的个性和特点。

2. 以"爱达"模式来设计推销小品。进行推销模拟表演。

案例分析题

推销大师乔·吉拉德的故事

闻名遐迩的汽车推销员乔·吉拉德，以15年共推销13000辆小汽车的惊人业绩，被《吉尼斯世界纪录大全》收录，并荣获"世界最伟大的推销员"的称号。成功的秘诀何在？

一、生意遍布于每一个细节

乔有一个习惯性细节：只要碰到人，左手马上就会到口袋里去拿名片。去餐厅吃饭，他给的小费每次都比别人多一点点，同时放上两张名片。因为小费比别人多，所以人家肯定要看看这个人是做什么的。他甚至不放过看体育比赛的机会来推销自己，在人们欢呼的时候，他把名片抛洒出去，就如同天女散花。

二、面部表情的魅力

乔·吉拉德特别强调面部表情的重要性，他认为：要把自己推销出去，面部表情也很重要——它可以拒人千里，也可以使陌生人立即成为朋友。笑容可以增加人的面值，他说："当你微笑时，整个世界都在微笑，要是一脸苦相的话，没有人愿意理睬你"。

三、热爱自己的职业

乔·吉拉德认为，成功的起点是热爱自己的职业。他说："我打赌，如果你从我手中买车，到死也忘不了我，因为你是我的"。许多人宁可排长队也要见到乔·吉拉德，买乔·吉拉德的车。吉尼斯世界大全核查其销售纪录时说：最好别让我们发现你的车是卖给出租汽车公司，而确实是一辆一辆卖出去的。他们试着随便打电话给人，问他们是谁把车卖给他们，几乎所有人的答案都是

"乔"。令人惊奇的是，他们脱口而出，就像乔就是他们的好友。

四、猎犬计划

乔·吉拉德有一句名言："我相信推销活动真正的开始在成交之后，而不是之前。"乔有一种"猎犬计划"：借顾客之力，寻找新的顾客。成交后，乔总是把一叠名片和猎犬计划说明书交给顾客，并告诉顾客，如果他介绍别人来买车，每卖一辆他会得到25美元的酬劳。这还不算，以后他每年都会收到乔的一封附有猎犬计划的信件，提醒他乔的承诺仍然有效。

五、体验式销售

乔的诀窍，还在于想方设法让顾客体验新车的感觉。他会让顾客坐进驾驶室触摸、操作一番，如果顾客住在附近，他还会建议其把车开回家，让他在家人和邻居面前炫耀一番。这样，凡是试过车的，几乎没有不买的。即使当时不买，以后也会买。乔认为，人都喜欢自己尝试、接触、操作，人都有好奇心，让顾客参与其中能更好地吸引他们的感官和兴趣。

问题：

1. 乔·吉拉德是属于什么类型的推销员？他为什么会有骄人的业绩？

2. 乔·吉拉德的成功给了你哪些启发？你是如何看待推销工作的？

项目二
岗前培训

1. 明确推销人员的职责
2. 熟悉推销人员应具备的素质
3. 掌握推销人员应具备的能力

学习任务

任务名称：推销员正式上岗前的准备。

任务具体描述：

假设你通过前面的努力，终于应聘成功，成为福特汽车4S店的推销员，公司要求员工上岗前必须进行系统的岗前培训，你设计一下要接受哪些培训才能让自己有资格上岗？

完成任务提示：为了让学生完成以上情景任务，老师可安排以下驱动项目：

1. 问卷调查：推销人员应具备的素质与能力。

具体操作：将学生分组，各小组通过二手资料搜集以及实地调查（各小组要调查不同的行业），总结整理出关于汽车推销员及其他行业推销员应具备的素质与能力。

调查结果：比较不同行业间推销人员素质与能力的共性及差异性。

2. 聘请企业销售经理进行题为"企业需要什么样的推销人员"的专题讲座。

3. 游戏：心理拓展训练游戏。

具体操作：沟通小技巧、为盲人指路等游戏。

游戏效果：锻炼学生的应变能力、沟通能力，真正做到先行后知、寓教于乐。

学习内容

引 例

在 20 世纪 80 年代的我国台湾，有三个大学生小王、小周和小吴。他们毕业后在一家英国公司工作，都是做推销员。

小王把它当做自己的事业，坚持在实践中学习提高，经常花费双倍的时间，精力和脑力解决市场中的问题，积极思考，乐观开朗；小周也是把它当作自己的事业，但往往为自己的失误找些借口逃避责任；小吴则把它当作谋生的手段，只完成公司规定的分内事。

20 年后，小王被聘为一家大公司销售部门总裁，小周被聘为一家公司销售部门的负责人，小吴则在另一家公司仍然从事推销工作。

引例说明，推销人员的态度决定一切。推销事业需要推销人员全力以赴，具备优良的品德和素质。

任务一 推销人员的职责

推销人员是推销活动的主体，是联系企业与顾客的桥梁和纽带。对企业来说，"推销员是企业的火车头"，如果把企业比作一列火车的话，那么，这列火车行驶速度的快慢则取决于推销人员。对顾客而言，推销员是企业形象的象征。虽然由于推销对象的差别，对销售工作和推销人员的要求不同，推销人员的具体活动也不尽一致，但一些基本的销售工作是绝大多数销售人员都应该完成的，属于推销人员的职责。推销人员的主要职责介绍如下。

一、收集信息资料

销售人员在实际推销前必须先收集有关的信息资料，包括有关商品销售、竞争对手和市场现状及发展趋势等。

销售人员必须了解和掌握与销售工作密切相关的信息和资料，必须掌握有关商品的全部知识，能向客户说明购买本商品所能得到的利益及服务；必须了解和掌握与销售工作密切相关的信息和资料，如企业的基本销售目标、经营方式、信贷条件和交货期限等；必须掌握有关产品的全部知识等，以便在适当的时间和地点向顾客推销商品时，能向顾客说明购买和使用本企业产品所能得到的效益及产品的售后服务情况，并做好示范，启发购买。总之，推销人员对客户信息方面的情况掌握越多，越能把销售工作做好。

【小案例】

1973 年，扎伊尔发生叛乱。这件事对远在日本东京的三菱公司来说，似乎并无多大关系。

但三菱公司的经理们却认为，与扎伊尔相邻的赞比亚是世界重要的铜矿生产基地，对此不能掉以轻心，于是命令情报人员密切注视叛军动向。

不久，叛军向赞比亚铜矿转移。

接到这一情报后，他们分析交通将因此而中断，此举势必会影响世界市场上铜的价格。

当时，世界铜市场对此毫无反应，三菱公司趁机买进一大批铜，待价而沽。

时隔不久，果然每吨铜价上涨 60 多英镑，三菱公司转手之间赚了一大笔钱。

三菱在 128 个国家建有 142 个分支机构，雇员多达 3700 多名。其情报中心每天接收到世界各地发回的电报 4 万份，电话 6 万多次，邮件 3 万多件。

【分析提示】市场分析的前提是及时准确的信息。正是凭借着无处不在的信息网，使得三菱常常能比别人先走一步，争得商机。

二、制订销售计划

销售人员掌握了必需的信息资料之后，就应着手做销售的准备工作，制订销售计划。

1. 预计可能购买

根据购买者的潜在购买的可能性程度，把购买者划分成若干等级。客户购买商品的可能性取决于多种因素，其中主要包括商品的特性和利益能满足购买者需求的程度。

2. 安排重点访问

推销人员应确定重点访问对象，尽量排除那些不可能达成交易的面谈。

3. 拟定访问计划

要做好向客户充分介绍商品的准备、步骤和方式等，甚至要逐字逐句地准备好访问面谈的内容和提纲。

4. 确定访问路线

应尽量减少路途上的时间，增加销售活动时间。

三、销售产品，开拓市场

推销商品是推销人员的主要职责，也是推销工作的核心。这项职责要求推销人员通过与购买者的直接接触，争取引起购买者的注意和兴趣，促进购买者的购买欲望；利用示范产品、提供产品鉴定证明、请购买者亲自试用产品等方法，以取得顾客信任；善于正确处理反对意见；运用其推销艺术，分析解答客户的疑虑，最终达成交易。

寻找目标市场与开拓新的市场，是推销人员的推销职责，也是主要工作。推销人员不仅要了解和熟悉现有客户的需求动态，还要能够寻求新的目标市场，发展潜在客户，从事市场开拓工作。为此，推销人员必须具有相当的开拓能力、善于寻找并发现机会，能够成功地找出潜在客户，并通过真诚的工作将产品推荐给顾客。

【小案例】

一位已近暮年的商人，为了在四个儿子中挑选出自己基业的继承人而决定做一个测试：让他们在一天的时间内向寺庙里的和尚们推销梳子。

早晨，四个儿子身背梳子分头而去。

不一会儿的工夫老大便悻悻而归："这不是明摆着折腾人吗？和尚们根本就没有头发，谁买梳子？"

中午老二沮丧而回："我到处跟和尚讲我的梳子是如何如何的好，对头发护理是多么多么的重要，结果那些和尚都骂我是神经病，笑话他们没有头发，赶我走甚至要打我。这时候我看到一个小和尚头上生了很多癞子，很痒，正在那里用手抓。我灵机一动，劝他买把梳子挠痒，还真管用，结果就卖出了一把。"

下午老三得意的回来："我想了很多办法，后来我到了一座高山上的寺庙里，我问和尚，这里是不是有很多人拜佛？和尚说是的，我又问他，如果礼佛的人头发被山风吹乱了，或者叩头时头发散乱了，于佛尊敬不尊敬？和尚说当然不尊敬。我说你知道了又不提醒他，是不是一种罪过？他说当然是一种罪过。于是我建议他在每个佛像前摆一把梳子，香客来了梳完头再拜佛。一共12座佛像我便卖出去一打！"

晚上老四才满身疲惫的归来，不仅所带梳子悉数卖光，还带回了与寺庙签署的厚厚订单以及与寺庙合资成立梳子厂的协议，看到大家惊诧不已，老四解释说："我找到当地香火最旺的寺庙，直接跟方丈讲，你想不想给寺庙增加收入？方丈说当然想啦。于是我就给他出主意说，在寺庙最显眼的位置贴上告示，只要给寺庙捐钱捐物就有礼物可拿。什么礼物呢，一把经得道高僧开光并刻有寺名的功德梳。这个梳子有个特点，一定要在人多的地方梳头，这样就能梳去晦气梳来运气。于是很多人捐钱后就梳头又使很多人去捐钱，这样所有的梳子都卖出去了还不够。"

【分析提示】成功者都有一双发现"商机"的慧眼。

四、跟踪顾客，提供服务

在商品销售出去以后，销售人员还必须保持经常的联系并继续为其服务；定期了解客户的意见和建议。商品推销活动的过程也是为顾客提供服务的过程，服务包括售前服务、售中服务和售后服务。做好服务工作是增加产品价值，提高产品竞争力的重要手段。推销人员除了直接的销售产品外，还应该为顾客提供如业务咨询、技术性协助、融资安排，准时交货等等服务。

推销人员将产品推销出去，并不是推销工作的结束。顾客购买商品并使用后，会对商品有一定的评价，这些评价会直接影响到企业及产品的声誉，关系到企业的未来及产品的市场生命。在产品销售出去以后，推销人员还必须与顾客保持经常的联系并继续为其服务，进行定期回访，进行节日问候等；定期了解顾客对产品的意见和建议，并采取改进措施，充分履行安装、维修、退换货等服务方面的保证。推销成功后，能否保持和重视与顾客的联系，是推销活动能否持续发展的关键。为此，推销人员应做好几个方面的工作：第一、确定主要客户的名单，建立客户档案，对重点顾客进行分析和管理；第二、与顾客继续保持联系，同顾客定期接触，了解他们对商品的满意程度；第三、保存销售记录，作为市场信息，为决策者进行营销决策提供依据。

【小案例】

甘道夫是全美十大杰出业务员，历史上第一位一年内销售超过 10 亿美元的寿险业务员，被称为"世界上最伟大的保险业务员"。甘道夫在全美 50 个州共服务了超过一万名客户，从普通工人到亿万富豪，各个阶层都有。

甘道夫说："你对你的客户服务愈周到，他们与你的合作关系就会愈长久。不管你推销的是什么，这个法则都不会改变。"

优质的服务可以排除顾客可能有的后悔感觉。大部分的顾客喜欢在买过东西后，得到正面的回应，以确定他们买了最正确的产品。

每当完成一笔交易时，甘道夫总会寄上答谢卡给他的客户，即使是最富有的客户。甘道夫有许多成功，富有的客户，他们拥有豪华汽车和别墅。他们什么都不缺，然而，他们仍然喜欢收到这些卡片。大部分的客户每年都会收到生日卡片，甘道夫总会在生意促成时，记住客户的生日，然而在适当时机寄一张卡片给他。

此外，每当客户向他买保险一周年时，甘道夫就会亲自登门拜访。作为一名保险推销人员，他会详细记住客户的资料，比如亲戚尚在或已故，结婚或离婚，企业的经营状况等。此外，他还会寄给客户一些可能对他有用的杂志或报道。

【分析提示】整天在外奔走的许多推销员，他们的产品及服务与你大同小异。你唯一可以让你的客户将你与其他推销员隔开来的方法，就是提供比他们更好的服务。

五、沟通信息，树立形象

销售产品是销售人员的首要任务，但并不是唯一的任务，因为销售任务是长期的，信息沟通的目的就是为了促进长期销售。推销活动实际上就是推销人员与顾客双方的双向信息沟通过程，沟通交往的意识实质上也可以说是推销人员的一种现代信息意识。推销一方为了吸引更多的客户，让更多的顾客接受自己的产品，就需要构建一个信息交流的网络，一方面在推销过程中搜集社会各界和广大用户的意见、评价和建议，做到"外情内达"；另一方面作为企业的代言人，推销人员需要运用各种传播媒介和传播手段，向外界准确、及时地传递有关产品信息，做到"内情外达"。因此，这就要求推销者掌握信息传播的基本规律和方式，具备熟练的传播沟通的技巧。

塑造形象的意识是整个现代推销意识的核心。良好的形象和信誉，是企业的一笔无形资产。销售人员在与顾客沟通过程中，代表的不是推销员自己，其一言一行、一举一动都代表着产品形象和企业的形象，推销员的素质和专业水平如何，是顾客判断企业形象的最直接的标准和依据。企业形象的好坏对企业的销售业绩有着关键性的影响。因此，推销员要时刻记住宣传企业的形象，处处维护企业的形象，不要为一时的小利而损害企业的形象。具有强烈的塑造形象意识的推销人员，清醒地懂得用户的评价和反馈对于自身工作的极端重要性，他们会时时刻刻像保护眼睛一样维护企业的声誉和形象。

【小案例】

乔·吉拉德把所有新近认识的人都视为自己潜在的客户，对于这些潜在的客户，他每年大约要寄上12张贺卡，每次均以不同的色彩和形式投递，并且在信封上尽量避免使用与他的行业相关的名称。

一月份，他以一幅精美的喜庆气氛图案作为贺卡封面，同时配以"恭贺新禧"几个大字，下面是一个简单的著名：雪佛莱轿车，乔·吉拉德上。"此外，再无多余的话，也绝口不提买卖的事。

二月份，贺卡上写的是："请您享受快乐的情人节!"下面仍是简短的署名。

三月份，贺卡写的是："祝您巴特利库节快乐"，巴特利库节是爱尔兰人的节日。也许你是波兰人或是捷克人，但这都无关紧要，关键是他不忘向你表示节日的祝福。

然后是四月、五月、六月……

不要小看这几张小小的贺卡，它们所起的作用并不小。不少客户一到节日，往往会问夫人："过节有没有人来信?"

"乔·吉拉德又寄来一张卡片!"

这样一来，乔·吉拉德每年就有12次机会把名字在愉悦的气氛中带到每个家庭。

乔·吉拉德从没说一句："请你们买我的汽车吧!"但这种不讲推销的推销；反而给人们留下了最深刻、最美好的印象。等到他们打算买汽车的时候，往往第一个想到的就是乔·吉拉德。

【分析提示】时时注意与顾客沟通，给顾客留下美好的印象，让你的潜在客户打算购买时，第一个想到的就是你。这是推销的最高境界。

任 务 二　推销人员应具备的素质

推销人员是公司开拓市场的先锋，是公司形象的重要代表，必须具备一定的基本条件。据美国有关资料显示，超级推销员比普通推销员的业绩高出 300 倍。一般来说，推销员的业绩分布呈正态分布，大体是 2∶6∶2，即在所有推销人员中，业绩很好的占 20%，业绩一般的占 60%，业绩很差的占 20%。那么，是什么原因导致在环境、产品等外部条件差不多的情况下，推销人员的业绩差异呢？实践证明，在环境、产品等外部条件区别不大的情况下，推销业绩的显著差距主要是由推销人员自身素质的差异造成的。杰出的推销员自有他的杰出之处，有了优秀的素质，才可能有优秀的推销业绩。

【小资料】

优秀的推销员究竟是一些什么样的人呢？首先，优秀的推销员与长相无关，推销成功的人并不是长得漂亮的人；第二，优秀推销员也并不都是学历高的人（如日本"推销之神"原一平只有小学毕业）；第三，优秀推销员也不分年龄大小，如李嘉诚 17 岁干推销即创出优异成绩，齐藤竹之助 57 岁干推销，7 年后就创出世界第一的业绩；第四，优秀推销员也和性格是否内向外向无关。如美国年销售额达 10 亿美元的乔·坎多尔弗是典型的内向性格的人，他形容自己是"嗳嗳嚅嚅，见人低头不敢高声说话"。许多人认为优秀推销员是吃苦耐劳的人，这种认识不错，但一位推销专家告诫："勤奋的双脚要走在正确的道路上。"

所谓推销人员的素质，是指推销人员胜任推销工作的综合能力，它包括推销人员应具备的思想素质、业务素质、心理素质和身体素质。现代公司十分重视推销人员的素质，一个理想的推销人员应具备以下素质。

一、思想素质

（一）热爱推销工作，有强烈的推销意识

现代推销人员最首要的思想素质就是热爱自己所从事的推销工作，有强烈的推销意识。所谓推销意识，是一种时刻具备的强烈的达成交易的潜在心理。只有热爱本职工作，才会有内驱力，才会感觉到工作的意义，才会用饱满的热情感染顾客。一位专家说，"所有优秀的推销员都有一个共同点：有成为杰出之士的无尽动力。"这种强烈的内在动力可以通过锤炼和磨练形成，但却不是能教会的。日本企业界曾经做过调查得出这样的结论：成绩差的推销员都是因为不爱自己的职业，或不爱自己的企业或不爱自己所推销的商品，总之是因为

缺乏内在动力而造成的；成绩好的推销员都有一个共同的特点，即爱企业、爱工作、爱推销的商品。《哈佛商业评论》杂志高度概括地将最优秀推销员的素质精炼成两条：一是能够设身处地的感受到顾客的感受；二是自发地促成交易的强烈愿望与信心。

【小案例】

松下幸之助小时候家境贫寒，9岁那年，因无钱上学，母亲送他到大阪的一家火盆店当小伙计。松下到大阪独立生活后不久，火盆店倒闭了，他转到自行车店当学徒。少年松下勤奋、诚实，做事肯动脑筋，受到老板和大师傅们的喜爱。但是，由于他年纪小，老板只让他干杂活，从不让他做"重要的"事情。松下一边打杂，一边留心学手艺。师傅们干技术活时，他看在眼里，记在心上，进步很快。就这样干了好几年。

当时，店里最重要的事情是推销自行车。那时，一部自行车的价格，按个人收入比例折算，比现在一部小轿车的价格还贵。这样昂贵的东西怎能委托一个孩子去推销呢？然而，少年松下渴望推销。每当老板或大师傅们向顾客推销自行车的时候，他总是羡慕地站在一旁，认真地看着，听着。他梦想自己有一天也能推销自行车。

机会终于来了。一天，一位富商派人到店里来，打算买一辆自行车。富商急于想看货，大师傅们都不在，老板只好对15岁的松下说："你去试试吧。"这真是天赐良机，少年松下兴奋极了。他振奋精神，吃力地背起一辆自行车（那时自行车交货前不准骑行），信心十足地送到富商家。

见到买主后，少年松下立即尽一切所知，不厌其烦地介绍自行车的性能和优点。虽然他平时留心记住了师傅们对顾客说的话，但由于是第一次实践，所以说起来很费劲，讲话结结巴巴。不过，他的满腔热情始终洋溢在整个推销的过程中。

好不容易才讲完，最后，他鞠了一躬，有礼貌地对富商说："这是品质优良的自行车，请您买下吧，拜托了！"

那位富商面带微笑听完少年松下吃力的介绍后，抚摸着他的头说："真是个热心可爱的好孩子。好吧，我决定买下了，不过，要打九折。"在当时，讨价还价、买商品打折扣是习以为常的事。少年松下立即点头答应了。松下的推销梦想实现了。当他欣喜若狂，飞也似地跑回店里向老板报告这一"好消息"时，谁知老板立即变了面孔，扳着脸说："谁叫你以九折出售的？你再去买主家，告诉他，只能减价5%。"一瓢凉水浇到了满腔热情的松下头上，他一下子惊呆了，心里充满了委屈。他想，以前店里不止一次以九折出售自行车，为什么他不能用这个价格推销自行车呢？但是，学徒是没有资格与老板论理的。

老板的命令不能违抗，但要松下改变承诺，到买主那里去讨价，也实在难以启齿。他只好嗫嗫嚅嚅地请求老板答应以九折出售。说着说着，泪水夺眶而出，一时难以抑制，竟然放声大哭起来。

这样一来，老板也不知如何是好，因为他面对的毕竟是一个孩子。

这时，富商等得不耐烦了，他派人来了解了情况后说："即使只减价5%，也买定了。只要这个孩子仍在这家店里，我以后绝不到别的店里买自行车。"

一个只读了四年小学的少年，第一次尝试推销，不仅把货物推销出去了，而且还订下了"继续购买"的口头合同，这个成绩是了不起的！

【分析提示】

少年松下，他渴望干推销这件"重要的"事时间已久，一旦遇到机会，"渴望"就变成前进的动力，使好梦成真。强烈的推销愿望使松下先生的每次推销均获成功，年复一年的积累，竟推销出一个举世闻名的松下公司。

（二）高度的工作责任感

推销工作是一项崇高的职业，推销员是企业利润的实现者，是顾客的良师益友，是企业的形象代表。推销人员必须具有高度的责任感，才能想方设法为顾客排忧解难，千方百计完成销售任务，才能在推销活动中处处维护企业的形象，与顾客保持融洽、良好的关系，不会因个人利益而损害顾客利益。只有具备高度的责任感，才能正确处理好社会、企业与顾客的关系。在当今市场条件下，商品供应充足，卖者之间竞争激烈，推销员要想赢得顾客，不仅要向顾客提供满意的产品，而且必须切实树立为顾客服务的思想，视顾客为"衣食父母"，在行动上要设身处地为顾客着想。因此，推销人员必须有一种强烈的责任心，才能做好推销工作。

（三）良好的道德品质

推销活动是一项塑造形象、建立声誉的崇高事业。它要求从业人员必须具有优秀的道德品质，诚实严谨、恪尽职守的态度和廉洁奉公、公道正派的作风。良好的道德素养是现代企业推销人员必备的一个基本条件。推销员良好的道德品质主要体现在两个方面：一是对企业的忠诚，二是对顾客的诚实。诚实对于企业的销售来说无疑是非常关键的，诚实应当包括：真实的反映情况、不歪曲事实、能够及时地察觉问题的真相等，这些都是诚实的范畴。许多企业都将这一条作为优秀销售人员的首要要素。

推销人员首先要忠诚于国家和企业的利益，避免私下交易或出卖国家、企业的利益。即使离职去别的企业或自己创业，也不能故意损害原来企业的利益。推销员多是单独行动，经常在一种无人管束状态下工作，又多与钱财打交道，因此，推销员必须有良好职业道德，有自我约束力，决不能干一些出卖企业利益的事，否则，个人收入再多，推销手段再高明，也只能算是一个贪婪的推销员。

从顾客的角度来看，绝大多数顾客认为诚实是销售人员的根本要素，对于顾客来说诚实的概念应当解释为："真诚、实在"更为贴切。这就要求销售人员不光在外表体现实在，在内涵上也要体现真诚、实在，并将此作为重要的追求目标。现代推销是说服推销而不是欺骗推销。因此，推销的第一原则就是诚实。吉拉德指出，诚实是推销之本。只有以真诚的态度与顾客接触，才能使顾客对推销员产生信赖。诚实也是赢得顾客好感的最好方法，顾客都希望自己的购买决策是正确的，希望从交易中得到好处和利益，害怕蒙受损失，当顾客觉察到推销员说谎、故弄玄虚时，出于对自己利益的保护，就会对交易活动产生戒心，结果可能使推销员失去生意。推销员要做到诚实须注意：

（1）介绍产品实事求是，切忌夸大其辞或片面宣传。如一位推销员向顾客介绍某种新产品的性能时，既讲优点，又讲缺点，最后还讲他们提高产品质量的措施。诚实的态度赢得了用户的信赖，订货量远远超出生产能力。

（2）遵守诺言。推销员常常通过向顾客许诺来打消顾客的顾虑。如许诺承担质量风险，保证商品优质，保证赔偿顾客的损失；答应在购买时间、数量、价格、交货期、服务等方面给顾客提供优惠。推销员一旦许下诺言，就要不折不扣地实现诺言。为了赢得一时交易的成功而随便许诺，其结果必定是永远地失去顾客。

【小案例】

唐纳德·道格拉斯在创业初期时，十分希望东方航空公司能购买他制造的首架喷气式飞机。为此，他专程去拜访东方航空公司总裁雷肯巴克。

雷肯巴克告诉他：这种新型的 DC-8 型喷气式客机能够同波音 707 抗衡，可是 DC-8 喷气式客机同波音 707 一样，噪音都太大。

因此，雷肯巴克说，如果道格拉斯能保证降低噪音，他就能击败竞争对手取得订单。

道格拉斯同工程师经过认真研究后，再次去见雷肯巴克，第一句话就说："说实话，先生，我不能确保噪音降低。"

"我也不能。"雷肯巴克说，"但我很想知道的是，你是不是可以对我诚实无欺。"

接着，雷肯巴克告诉道格拉斯："你现在得到了 1.65 亿美元的订单，能着手建造飞机，试着把引擎的噪音降低吧！"

【分析提示】客户最不能容忍的就是欺骗，然而有些推销员为了达到目的，轻易许诺满足客户不切实际或不可达到的要求，但最终结果与许诺不符时，也就失去了客户的信赖，相反，实事求是地告诉客户事情，往往能赢得客户。

（四）百折不挠的进取精神

人们常说，只要有 1% 的成功可能性就要用 100% 的努力去争取，推销活动也是如此。推销活动以人为工作对象，而人的心理和需求又是复杂多变的，这就使得推销工作具有很大的难度。再者，相对于企业的其他工作来说，推销是一种相对比较自主和自由的职业，推销人员可以自主选择推销对象，自由地开展推销活动，所以受到的约束最少，全靠自己的自觉性。因此，推销工作需要推销人员必须具备百折不挠进取精神和坚忍不拔的毅力。在现实生活中，为什么条件基本相同的推销员，有些人出类拔萃，而有些人却业绩平平？这与推销员的个人努力和进取精神有很大关系。

【小案例】

吉拉德在《北美日报》上班时，要求报社安排他当广告业务员，不支薪水，只从广告费中抽取佣金。办公室里所有的人都认为他必定会失败，因为这种推销工作需要最出色的推销才能。

吉拉德回到自己的办公室，拟出一份名单，列出他打算去拜访的客户类别。然后，他开始逐一拜访这些客户。在去拜访这些客户之前，吉拉德走到公园，把名单上的客户念了100遍，然后对自己说："在本月之前，你们将向我购买广告版面。"

第一天，他和15个"不可能的"客户中的两个人达成了交易。在第一个星期的剩下几天中，他又做成了5笔交易。到了那个月的月底，他与名单上的14个客户达成了交易，只剩最后一位。

在第二个月里，他没有做成任何交易，他除了去继续拜访那最后一位坚决不登广告的客户之外，再没有去拜访任何新客户。那家商店一开门，他就进去请那位商人登广告，而每天早晨那位商人一定说："不"。那位商人却是不打算购买任何广告版面，但吉拉德却坚持不懈。每一次，当那位商人说"不"时，吉拉德就假装没有听到，而是继续前去拜访。到了那个月的最后一天，对这位坚持不懈的年轻人连续说了29天"不"的那位商人说话了。他说："年轻人，你已经浪费了一个月的时间来求我买你的广告版面，我现在想知道你为什么这样浪费你的时间？"

吉拉德回答说："我没有浪费我的时间，我是在上学，而您就一直是我的老师，我一直在训练自己的自信心。"

愣了一会儿，这位商人说道："我也要向你承认，我也等于是在上学，而你就是我的老师。你教会了我坚持，对我来说，这比金钱更有价值。为了向你表示我的感谢，我要向你定购一个广告版面，当作是我付给你的学费。"

【分析提示】"只要功夫深，铁杵磨成针"，在锲而不舍、百折不挠的努力下许多看似不可能的推销都会被实现。

二、文化素质

推销工作是一项极富挑战性的工作，推销人员除了具备过硬的思想素质外，还要具有较宽广的知识结构和文化素质。推销员需要接触众多的顾客，而顾客的心态和想法各不相同，在推销活动中，推销员必须在较短的时间内迅速做出判断和分析，从而确定推销的方式和技巧。推销员具备的文化知识越丰富，推销成功的可能性就越大。推销员的文化素质，主要表现在以下几方面的知识掌握上。

（一）企业方面的知识

掌握企业知识，一方面是为了满足顾客这方面的要求，另一方面是为了使推销活动体现企业的方针政策、达成企业的整体目标。企业知识主要包括：企业的历史、企业的方针政策、企业的规章制度、企业的生产规模和生产能力、企业在同行中地位、企业的销售策略，企业的服务项目、企业的结构方式等。

（1）企业的历史。推销员应掌握企业的创建时期、发展历程、经营指导思想、经营方针和策略、企业发展的背景知识以及发展过程中的名人轶事等。掌握这些知识不但可以使推销员在与顾客交谈时，显得知识渊博，有利于提高推销员自身的形象，而且让顾客在了解产品的同时，也了解了企业，增强顾客对企业和产品的信心。

（2）企业的规模和生产能力。推销员要熟悉企业的规模和生产能力的大小。企业规模的大小可以通过以下指标反映：①企业的市场占有率；②企业原材料的运用；③日产量和年产量；④企业员工人数；⑤工厂、办公室的规模、数量；

（3）企业的组织机构和领导层。推销员应了解企业的组织构架，熟悉与销售有关的部门和人员；了解企业领导层的职务、姓名、行业地位等。

（4）企业的规章制度。推销员要熟悉企业的各项规章制度和政策，如企业的价格政策、赊销规定、服务措施等。

（5）企业的财务状况。推销员在与顾客签订合同、顾客支付产品预付款的时候，要了解企业的资产和负债状况。熟悉财务状况有助于交易活动的成功。

（二）产品方面的知识

推销员不是技术专家，也不是产品开发设计人员，不可能透彻了解有关产品的全部知识。推销员掌握产品知识的最低标准是顾客想了解什么、想知道多少。顾客在采取购买行动之前，总是要设法了解产品的特征，以减少购买的风险。通常，越是技术上比较复杂、价值或价格高的产品，顾客要了解的产品知识就越多。掌握产品知识，是为了更好地了解自己的推销客体，更好地向用户介绍产品，从而增强自己的推销信心和顾客的购买信心。

推销员应掌握的产品知识包括以下内容：

（1）产品的技术性能。包括产品使用的原材料；推销品的性能数据（尤其是推销工业用品时）；产品规格、外观、型号；产品特色、用途等；产品寿命等。

（2）产品的生产制作流程与方法。了解产品的工艺流程、生产工序、所用材料、质量控制方法等。如果顾客因价格或发货时间提出异议时，推销员就能用所熟悉的产品生产流程解释其原因。例如，价格略高一些，是因为比同类产品多了哪些工序或特殊处理等。

（3）产品的使用和维修方面的知识。许多商品在推销过程中，顾客往往需要推销员进行示范操作，推销员必须掌握商品的操作步骤和方法，另外对一般性的技术问题应能及时排除。

（三）市场方面的知识

市场是企业和推销员的基本舞台，了解市场运行的基本原理和市场营销活动的方法，是推销获得成功的重要条件。推销员掌握的市场知识应当是非常广泛的，但并不要求推销员对这些学科知识要有很深的掌握，对一些基本的常识要有所了解。这些学科知识包括市场营销学、市场调查与预测、经济法、广告学、企业管理、经济学、金融学等，尤其要懂得市场知识，掌握市场调查、预测、商务谈判和推销的技巧。

（四）顾客方面的知识

推销员需要掌握的顾客方面的知识主要是购买心理和购买行为方面的知识。因此，应掌握有效心理学、人际关系学、公共关系学以及社会学等方面的知识，以便能科学地分析顾客的购买心理和行为，并选择恰当的推销策略和技巧。

【小案例】

书店里，一对年轻夫妇想给孩子买一些百科读物，推销员过来与他们交谈。以下是当时的谈话摘录。

客户：这套百科全书有些什么特点？

推销员：你看这套书的装帧是一流的，整套都是这种真皮套封烫金字的装帧，摆在您的书架上，非常好看。

客户：里面有些什么内容？

推销员：本书内容编排按字母顺序，这样便于资料查找。每幅图片都很漂亮逼真，比如这幅，多美。

客户：我看得出，不过我想知道的是……

推销员：我知道您想说什么！本书内容包罗万象，有了这套书您就如同有了一套地图集，而且还是附有详尽地形图的地图集。这对你们一定会有用处。

客户：我是为孩子买的，让他从现在开始学习一些东西。

推销员：哦，原来是这样。这个书很适合小孩的。它有带锁的玻璃门书箱，这样您的孩子就不会将它弄脏，小书箱是随书送的。我可以给你开单了吗？

（推销员作势要将书打包，给客户开单出货。）

客户：哦，我考虑考虑。你能不能留下其中的某部分比如文学部分，我们可以了解一下其中的内容？

推销员：本周内有一次特别的优惠抽奖活动，现在买说不定能中奖。

客户：我恐怕不需要了。

【分析提示】这位推销员的失误在于：不明白客户购买此书的动机；没有掌握一些产品介绍技巧；自始至终以自己为主，忽略客户的感受。

（五）竞争方面的知识

要成功地进行推销活动，推销员还必须了解同行业竞争对手和竞争产品的情况，知己知彼，才能百战不殆。推销员需要了解的竞争方面的信息包括：整个行业的产品供求状况；企业所处的竞争地位；竞争企业的市场策略、目标市场、生产规模；竞争产品的特色、服务、价格、付款方式等。竞争情况掌握的越清楚，推销员在推销活动中就越主动和自信，推销成功的可能性就越大。

【小案例】

小王是A品牌摩托车生产企业的销售人员，主要负责区域市场客户的开发和管理。一次，他在河南某一地级市开发客户时，客户张先生就是否经销A品牌摩托车提出自己的忧虑：全国大城市都发布了"禁摩令"，据说河南的郑州、新乡等城市近两年就会实施，经营摩托车的前景不容乐观；而且，目前市场上销售的摩托车品牌有十几个，质量、性能、价格和售后服务差异很大。小王从事摩托车销售已有三年多了，他很诚恳地向张先生表示："您的忧虑很有道理。"然后，小王利用自己对本行业深入的了解，透彻地分析了国家目前对摩托车行业的有关政策以及摩托车行业的发展趋势，指出这不是一个夕阳产业，而是一个朝阳产业，目前南方一些原已"禁摩"的城市现在逐步"开禁"。他又向张先生详细地介绍本企业的历史、现状、产销量、有关政策支持、营销网络建设，并分析客户经营前景。终于打消了张先生的顾虑，爽快地签下了经销合同。

【分析提示】推销员是顾客的参谋，只有熟悉市场情况，才能得到客户的信任。

三、心理素质

心理素质渗透在人们的各种活动中，影响着人们的行为方式和活动质量。从推销的角度讲，心理素质是指推销员在推销过程中应具备的心理品质。推销员成天与人打交道，要经受无数次的挫折与打击，要应付形形色色的推销对象，必须加强心理训练，培养正确的推销态度和心理品质。根据美国有关研究机构的抽样调查表明，销售业绩优秀的人群与销售业绩一般的人群之间的平均智商值是基本相当的，而反差最大的能力是遇到困难与失败时，能保持情绪稳定，以高昂的精神状态去面对环境的压力。

良好的心理素质是对推销员的第一要求。推销是最容易遭遇挫折的职业，推销员经常会受到拒绝、冷落、挖苦、嘲讽、打击与失败，每一次挫折都可能导致情绪的低落，自我形象的萎缩或意志的消沉，最终影响业务的拓展，或者干脆退出竞争。在市场竞争激烈的环境中，推销人员若没有良好的心理素质，无论其他方面的条件多么的好，也难以完成销售任务。

推销人员应具备的心理素质包括以下内容：

（一）信心

"信心是推销员胜利的法宝。"

——乔·吉拉德

自信是推销成功的第一秘诀，相信自己能够取得成功，这是推销员取得成功的绝对条件。推销是与人交往的工作。在推销过程中，推销员要与形形色色的顾客打交道，要说服顾客，赢得他们的信任和欣赏，就必须坚信自己的能力，然后信心百倍地去敲顾客的门。如果推销员缺乏自信，最终会一无所获。

推销员的信心，就是推销员在从事推销活动时，坚信自己能够取得推销成功的心理状态。信心是人办事的动力，信心是一种力量，只要你对自己有信心，每天工作开始的时候，都要鼓励自己，我是最优秀的！我是最棒的！信心会使你更有活力，要相信公司，相信公司提供给消费者的是最优秀的产品，要相信自己所销售的产品是同类中的最优秀的，相信公司为你提供了能够实现自己价值的机会，相信你是能够做好自己的销售工作的。要能够看到公司和自己产品的优势，并把这些熟记于心，要和对手竞争，就要有自己的优势，就要用一种必胜的信念去面对顾客和消费者。

推销是向顾客提供利益的工作。推销员必须坚信自己产品能够给顾客带来利益，坚信自己的推销是服务顾客，你就会说服顾客。反之，推销员对自己的工作和产品缺乏自信，把推销理解为求人办事，看顾客的脸色，听顾客说难听话，那么，推销员将一事无成。

相信自己的产品，相信自己的企业，相信自己的推销能力，相信自己肯定能取得成功。这种自信，能使推销员发挥出才能，战胜各种困难，获得成功。

推销是易遭顾客拒绝的工作。面对顾客的拒绝，推销员只有抱着"我一定会成功"的坚定信念——即使顾客冷眼相对，表现出厌烦，也要信心不减，坚持不懈地拜访，最终才会取得成功；推销是不易取得成绩的工作。推销不同于生产，只要开动机器，就能制造出产品。有时推销员四处奔波，费尽千辛万苦，说尽千言万语，也难以取得成效。看到别的推销员成绩斐然而自己成绩不佳，就会对推销失去信心。

【小案例】

2001年5月20日，美国一位名叫乔治·赫伯特的推销员，成功地把一把斧子推销给了布什总统。布鲁金斯学会得知这一消息后，把刻有"最大销售员"的一只金靴子赠予了他。这是自1975年该学会的一名学员成功地把一台微型录音机卖给尼克松以来，又一学员获此殊荣。

布鲁金斯学会创建于1972年，以培养世界上最杰出的推销员著称于世。它有一个传统，在每期学员毕业时，设计一道最能体现推销员能力的实习题，让学生去完成。克林顿当政期间，他们出了这么一个题目：请把一条三角裤推销给现任总统。8年间，有无数个学员为此绞尽脑汁，可是，最后都无功而返。克林顿卸任后，布鲁金斯学会把题目换成：请把一把斧子推销给布什总统。

鉴于前8年的失败与教训，许多学员知难而退。个别学员甚至认为，这道毕业实习题会和克林顿当政期间一样毫无结果，因为当今的总统什么都不缺，即使缺什么，也用不着他亲自购买；退一步说，即使他亲自购买，也不一定正赶上你去推销的时候。

然而，乔治·赫伯特却做到了，并且没有花多少功夫。一位记者在采访他的时候，他是这样说的：我认为，把一把斧子推销给布什总统是完全可能的，因为布什总统在德克萨斯州有一农场，那儿种了许多树。于是我给他写了一封信，说，有一次，我有幸参观您的农场，发现种着许多矢菊树，有些已经死掉，木质已变得松软。我想，您一定需要一把小斧头，但是从您现在的体质来看，小斧头显然太轻，因此您仍然需要一把不甚锋利的老斧头。现在我这儿正好有一把这样的斧头，它是我祖父留给我的，很适合砍伐枯树。假若您有兴趣的话，请按这封信所留的信箱，给予回复……最后他就给我汇来了15美元。

乔治·赫伯特成功后，布鲁金斯学会在表彰他的时候说，金靴子奖已空置了26年。26年间，布鲁金斯学会培养了数以万计的推销员，造就了数以百计的百万富翁，这只金靴子之所以没有授予他们，是因为我们一直想寻找这么一个人：这个人从不因有人说某一目标不能实现而放弃；从不因某件事难以办到而失去自信。

【点评】乔治·赫伯特的故事在世界各大网站公布之后，一些读者纷纷搜索布鲁金斯学会，他们发现在该学会的网页上贴着这么一句格言：不是因为有些事情难以做到，我们才失去信心，而是我们失去了信心，有些事情才显得难以做到。

（二）诚心

凡事要有诚心，心态是决定一个人做事能否成功的基本要求，无论你从事哪方面的业务都要有一颗真挚的心去面对你的客户，你的同事，你的朋友。待人以诚，可以获得他人的信赖和爱心，他们会帮助你获得事业的成功。作为一个推销人员，对待客户，同样须抱着一颗真诚的心，只有这样，别人才会把你当作朋友，才会尊重你。推销员是公司形象和企业素质的体现，是连接企业与社会、消费者和经销商的枢纽，推销员的言行举止会直接关系到公司的形象。

【小案例】

日本著名企业家江口出身贫寒，20 岁时在一家机器公司当推销员。有一段时间，他推销机器非常顺利，半个月内就同 43 位顾客做成了生意。一天，他偶然发现他正在卖的这种机器比别家公司生产的同样性能的机器贵一些。他想：假如客户知道了，一定以为我在欺骗他们，会对自己的信誉产生怀疑。深感不安的江口立即带着合约和订单，整整花了五天的时间，逐个拜访客户，如实向客户说明情况，并请客户重新考虑。

这种诚实的做法使每个客户都很感动。结果，43 个客户中没有一个解除合约，反而都成了他更加忠实的客户。

【分析提示】告诉客户真相不一定会有所损失，客户可能因为你的诚实而变得更加忠诚

（三）爱心

"只要你能真心实意地爱你的顾客，他们就不会让你失望"。

——乔·吉拉德

在推销的时候，只要你有足够的爱心，就可以成为全世界最有影响力的人。热爱生活，热爱社会，热爱顾客，热爱自己所从事的推销工作。爱心就是要有一颗火热的心，热情地关心和帮助他人。真诚待客，热情服务，这正是推销精神的一大支柱。没有爱心就没有销售。爱心的具体表现是：

第一，要用爱心对待顾客。推销员面对的是人，推销是心与心的交流，推销员必须用爱心去感染对方。爱心意味着与人为善、友爱、关心、尊重、真诚、友谊、理解、帮助、生机、活力、微笑等，所有这些，都是赢得顾客好感的因素。爱心能够感人，由爱心散发出来的生机、活力、真诚与自信，会感染顾客，引起顾客的共鸣。

第二，推销员要热爱自己的职业，对自己的工作要充满热情。热情是事业

成功的基础，热爱自己的职业，才能发挥出自己的潜力，从而做好自己的工作。推销工作是艰苦的，推销员要常年在外奔波，辛苦异常。同时，在推销中还会遇到各种障碍、困难需要解决，这些都需要推销员以满腔热情从事自己的工作。总之，爱心可以使推销员结交更多的朋友，创造和谐的推销气氛，赢得顾客的信任和好感，创造出良好的业绩。

【小案例】

有一位推销员经常去拜访一位老太太，打算以养老为理由说服老太太购买股票或者债券，为此，他经常与老太太聊天，陪老太太散步。经过一段时间，老太太就离不开他了，常请他喝茶，或者和他谈些投资的事项。然而不幸的是，老太太突然死了，这位先生的生意也泡汤了，但他仍然前往参加老太太的葬礼。当他抵达会场时，发现竞争对手公司也送来两只花圈，他很纳闷："究竟是怎么一回事呢？"

一个月后，那位老太太的女儿到这位先生服务的公司拜访他。原来她就是另一家证券公司某分支单位的经理夫人。她告诉这位先生："我在整理母亲遗物时，发现好几张您的名片，上面还写了一些十分关怀的话，我母亲很小心地保存着。而且，我以前也听母亲提起过您，仿佛与您聊天是生活的快事，因此，今天特地前来向你致谢，感谢你曾如此鼓励我的母亲。"

夫人深深鞠躬，眼角噙着泪水，又说："为了答谢您的好意，我瞒着丈夫向你购买贵公司的债券……"然后拿出40万元现金，请求签约。对于这突如其来的举动，这位先生大为惊讶，一时竟无言以对。

【分析提示】 这个例子犹如神话一般，却是发生在推销界千真万确的事情。它告诉我们：爱心是推销员与顾客彼此沟通的桥梁。

（四）耐心

一个没有耐心的推销员要推销成功是很困难的，因为一个没有耐心的推销员一遇到困难就会想到放弃，而放弃正是推销的大敌。推销是一条漫长又艰辛的路，不但要时时保持十足的冲劲，更要秉持一贯的信念，自我激励，自我启发，才能坚持面对重重难关。

在销售过程中处处都需要耐心，每天要拜访很多的客户，要填写很多的报表。有人说：销售工作的一半是用脚跑出来的，一半是动脑子得来的。要不断的去拜访客户，去协调客户，甚至跟踪客户，提供服务。这些工作绝不是一帆风顺的，会遇到很多困难。因此，推销员要有解决的耐心，要有百折不挠的精神，要有坚强的意志力。只有这样你才能做好销售工作。

（五）热诚

热诚是全世界推销专家公认的一项重要的人格特征。热诚即强烈的成就动机，发自内心的对事业的热爱、真诚。热诚就是燃烧自己，发出足够的热量，让客户随时吸取；热诚就是替人着想，凡事多替别人着想，尽量去帮助别人，给人方便；热诚就是热爱工作，热情洋溢，充满自信，依靠自己的信念来推销产品；热诚就是把"推销"本身当作一种事业，真正投身于其中，去认真地了解市场需求、揣摸顾客心理。

赞美客户是表现热诚的主要方法，但赞美要恰到好处，掌握好赞美的分寸，一要真诚，二要把握时机。

【小资料】

日本推销专家古河长次郎认为，一位成功的推销员应领会"低、赏、感、微"四个字。

"低"，就是低姿态，即谦虚的意思。常言礼多人不怪，推销员在行礼时，头愈低，愈谦虚，成功的比率愈高。尤其在处理顾客的抱怨时，你低头道歉，顾客自嘴里吐出的子弹（咆哮）也就越头飞过，不仅伤害不到你，反而会对你产生好印象。

"赏"，就是赞美词。美国人际关系专家卡内基曾说：推销员赞美顾客的话应当像铃销一样摇得叮当响。古河长次郎将自己多年的工作经验，自编了600套赞美词，在不同的场合中赞美顾客。如他看到顾客的小男孩，就弯下腰和小孩一般高，一边摸小孩的头（最好摸两圈半），一面说：好聪明呀，将来必像你爸爸一样做大生意。如果是小女孩，则说，好漂亮呀，长大一定跟妈妈一样是个美人儿。推销要先开启顾客的心，而赞美词就是一个"开心"的特效药。

"感"，就是感谢词，如谢谢您。古河长次郎认为中文的"谢谢您"是最动听的词，推销员要常说谢谢您，并且一面说，一面要面带微笑，注视对方。谢谢您，发自内心的这么一句短短的话，会让你受用无穷。

"微"，就是微笑。古河长次郎说，推销员训练的第一课就应当是微笑，每天要对着镜子练习。日本一位推销员，在家中的厕所里安装一面镜子，在上厕所时也要对着镜子练习微笑。推销工作不适合绷着脸的哲学博士，而适合那些虽然只有初中、高中学历但脸上始终阳光灿烂的人。

四、身体素质

推销工作既是一项复杂的脑力劳动，也是一项艰苦的体力劳动。推销工作的性质决定了推销员必须经常外出推销，并携带样品、产品说明书等资料；有时还要日夜兼程，工作时间长，劳动强度大；一些工业品的推销，还需要推销员进行安装、操作、维修等体力劳动；与形形色色的顾客打交道，更是费神费力的过程，需要充沛的精力作保证。还有，推销人员每一次交易的完成都是拜访多名顾客的结果，要付出心理上、体能上的大量消耗。因此推销员仅具备了过硬的思想素质和文化素质，没有健康的体魄和旺盛的精力，也是难以胜任推销工作的，知识再渊博，还要身体力行。强健的身体是推销事业成功的基础和重要保证。推销是一项十分辛苦的工作，特别是在工作中遇到困难和挫折时，心理压力和工作艰辛所带来的身心疲惫是常人难以体会的。因此，推销人员必须具有健康的身体、充沛的精力，这样才能胜任推销工作。

任务三 推销人员的职业能力

要想成为一名成功的推销人员，除具备一定的思想素质、文化素质、心理素质与身体素质外，还必须具备以下几项能力。

一、良好的语言表达能力

推销的语言能力是指推销人员在推销过程中驾驭语言的能力。语言是传递信息、交流思想和感情的工具。语言能力的高低是推销成功的基本要素。推销员每天要接洽不同的顾客，在推销活动中主要是借助语言来介绍推销品带给顾客的利益，能否激发顾客的欲望，最终促成交易，语言起着不可忽视的作用。

语言作为推销和交际的手段，推销人员必须熟练地掌握它，必须提高自身的语言表达能力。不管是口头语言还是文字语言，推销人员都应该学好、用好。语言表达能力主要体现在以下几个方面。

（一）语言表达要准确和清晰，言简意赅

说话含糊不清、吐字不准，或者词不达意、没有逻辑性，这些都会影响推销人员与顾客之间的沟通和交流。因此对推销人员的最基本的要求是：推销人员要能够使用准确、清晰的语言向顾客介绍商品信息，交流感情，说服顾客。

（二）语言要有针对性

在推销活动中，语言是表达自己的愿望和要求的，推销员的语言要有较强的针对性，做到有的放矢。模糊、啰嗦、前言不搭后语、思路不清的语言，不仅不能引起顾客对商品的兴趣，反而会使顾客产生疑惑、反感，成为推销的障碍。在推销活动中要针对不同的商品，不同的顾客，要有针对性地使用不同的语言，才能保证推销的成功。例如：对慢条斯理的顾客，则采用春风化雨般的倾心长谈可能效果更好；对脾气急躁，性格直爽的顾客，运用简短明快的语言可能更受欢迎。在推销活动中，要充分考虑谈判顾客的性格、情绪、习惯、文化以及需求状况的差异，恰当地使用有针对性的语言。

（三）要恰当地使用肢体语言

推销员利用姿势、手势、眼神、表情等来表达自己的思想和意图，往往在推销过程中发挥重要的作用，在有些特殊环境里，有时需要沉默，恰到好处的沉默可以取得意想不到的良好效果。

（四）讲究语言的艺术性

艺术性主要表现在语言表达的灵活性、创造性和情境适用性上。如，西方一位教士向他的上司请示："我在祈祷的时候可以抽烟吗？"上司听后十分生气，指责他不虔诚。几天后，另一位教士也去向上司请示："我在抽烟的时候可以祈祷吗？"得到了上司的允许。同样的要求，仅仅是变换了一个问法，竟会产生完全相反的效果。可见，语言的艺术是多么的重要。成功的推销都是推销员成功运用语言艺术的结果。

此外，语言能力还包括对于对方书面语言的理解能力、对于合同用语的熟悉程度、熟悉公文写作知识等。

二、较强的社交和沟通能力

推销员必须善于与他人交往，有较强的社交能力和沟通技巧，才能维持和发展与顾客之间长期稳定的关系。推销员在与顾客交往的过程中，要对人友善，热情诚恳，能设身处地为顾客着想，替顾客分忧，这样才能取得顾客理解、信任、支持与合作。

推销员向顾客推销的过程，实际上是信息沟通的过程。沟通能力是销售人员的必不可缺的能力，沟通含有两层含义：一是准确的采集对方信息，了解对方真正意图，同时将自身信息也准确传达给对方，二是通过恰当的交流方式（例如语气、语调、表情、神态、说话方式等）使得谈话双方容易达成共识。

表示友善的最好方法就是微笑，只要你养成逢人就展露亲切微笑的好习惯，保证你广得人缘，生意兴隆。友善就是真诚的微笑、开朗的心胸，加上亲切的态度。微笑代表了礼貌、友善、亲切与欢快。它不必花成本，也无需努力，但它使人感到舒适，乐于接受。

推销员还要有广泛的兴趣和爱好，能与不同年龄、职业、性格、地位、爱好的人交朋友，成为顾客的良师益友。

【小案例】

乔·吉拉德向一位顾客销售汽车，交易过程十分顺利。当顾客正要掏钱付款时，另一位销售人员跟吉拉德谈起昨天的篮球赛，吉拉德一边跟同伴津津有味地说笑，一边伸手去接车款，不料顾客却突然掉头而走，连车也不买了。吉拉德苦思冥想了一天，不明白顾客为什么对已经挑选好的汽车突然放弃了。夜里11点，他终于忍不住给顾客打了一个电话，询问顾客突然改变主意的理由。顾客不高兴地在电话中告诉他："今天下午付款时，我同您谈到了我们的小儿子，他刚考上密西根大学，是我们家的骄傲，可是您一点也没有听见，只顾跟您的同伴谈篮球赛。"吉拉德明白了，这次生意失败的根本原因是因为自己没有认真倾听顾客谈论自己最得意的儿子。

【分析提示】在沟通过程中，需要推销人员以尊重和积极的心态去聆听顾客的心声，只有这样才能获得顾客的认可和信任。

三、敏锐的洞察能力

所谓敏锐的洞察能力就是善于洞察顾客心理活动的能力，或善于站在顾客立场上思考问题的能力。

首先，销售员敏锐的洞察力对销售成功是至关重要的。在推销过程中，推销员应该从顾客的谈话用词、动作、语气、神态等微妙的变化去洞察对方的心理过程。观察不是简单的看看，很多销售人员的第一堂课就是学会"看"市场，这个看不是随意的浏览，而是用专业的眼光和知识去细心地观察，通过观察发现重要的信息。例如到卖场逛逛，一般人可能知道什么产品在促销，什么产品多少钱，而专业的销售人员可以观察出更多信息。

【小资料】

＊一个软件系统的销售员，他向客户报价 100 万元，客户还价要求 70 万元，但客户还过价以后，很快就站起来到处去找他的笔，销售员就应该感觉到：客户到处找笔很有可能是掩盖内心的慌乱，这说明客户对报价 70 万元并不具有很强的信心，客户真实的想法是认为报价太低了。

＊一个销售员和一个客户在谈生意，客户突然提出换一个更为正式的会议室谈，这个变化常常意味着客户的购买倾向加强。

其次，敏锐的洞察力表现在推销员特别善于倾听。在推销过程中，"倾听"其实比"劝说"更加重要，善于倾听的销售员能充分调动对方的积极性，让对方产生如遇知己的感觉。善于倾听的要点在于：销售员的肢体语言与口头语言和顾客说话的内容高度配合一致。比如顾客在讲一个笑话，那么无论这个笑话是否可笑，销售人员的职责便是配合以朗声大笑，这就是善于倾听的表现。又如顾客在讲述他艰苦奋斗的创业史，善于倾听的销售员就会表露出敬佩的表情，甚至适当地睁大眼睛并用一些感叹词来配合顾客的述说，肯定对方从而调动顾客说话的积极性，为深入交谈创造条件。而一个销售人员是否善于倾听，是以他是否具有敏锐的洞察力为基础的。

【小资料】

＊一个人寿保险员与七个朋友一起在一家军官俱乐部共进午餐。就座者当中有一个是他的竞争对手，其他大都是企业家和专业人员。进餐期间，我们的

这位保险员特别注意聆听这一小群人闲聊的每一句话，因为在他看来，他们的每一句话有可能隐含着一个有价值的可能买主的线索。一位妇人提到，她正与其他两个人合伙准备进行一次新的冒险。保险员的脑子里立刻联想到这家新公司的高级主管需要进行"重点人物"保险。另一个人谈到他刚得了一对双胞胎，这就是说，他的责任加大了他进行保险的需要。还有一个人用了好长时间讲他的孙子孙女，他为他们感到异常自豪。这样，此人就很可能会为他的孙子孙女购买人寿保险。由于这位保险员从这些随随便便的谈话中搜集到了信息，他便在后来做成了两笔大买卖。而坐在同一餐桌前的他的那位竞争对手显然没有觉察到那些人的话对寻找可能买主的意义。

四、创新能力

对推销人员而言，开拓一个新市场，发掘一个新客户，采用一种别出心裁的推销手段，都必须开拓创新的精神和能力。推销工作是一项极富挑战性的工作，每一次的推销过程都不可能是前一次的重复和翻版，每一次的推销都可能会出现新的情况，面临新的问题，这就需要推销人员应当注重敏锐、好奇、进取等创造性能力的培养，不断开拓新市场，采用新方法，解决新问题。

【小案例】

有一个销售安全玻璃的业务员，他的业绩一直都维持在整个区域的第一名，在一次顶尖业务员的颁奖大会上，主持人说："你有什么独特的方法来让你的业绩维持顶尖呢？"

他说："每当我去拜访一个客户的时候，我的皮箱里总是放了许多截成15公分见方的玻璃，我随身也带了一把铁锤子，每当我到客户那里我就问客户："你相不相信安全玻璃？"当客户说不相信的时候，我就把玻璃放在他们面前，拿锤子往桌子上一敲。许多客户吓一跳，同时他们发现玻璃真的没有碎。然后客户就会说："天哪，真不敢相信。"这时候我就问他们："你想买多少？"直接进行缔结成交的步骤，而整个过程花费的时间还不到一分钟。

当他讲完这个故事不久，几乎所有的销售安全玻璃的公司的业务员去拜访客户的时候，都会随身携带安全玻璃样品和一把小锤子。

但经过一段时间，他们发现这个业务员的业绩仍然维持第一名，他们觉得奇怪。而在另一个颁奖大会上，主持人又问他："我们现在也已经作了同你一样的事了，为什么你的业绩仍然维持第一呢？"

他笑一笑说："我的秘诀很简单，我早就知道当我说完这个点子后，他们都会模仿。所以我现在到了客户那里，唯一所作的事是把玻璃放在桌子，问他们：'你相不相信安全玻璃？'当客户说不相信的时候，我把玻璃放在他们面前，把锤子交给他们，让他们自己来砸这块玻璃。"

【分析提示】创新是推销员创造佳绩的必备条件和重要能力。

五、随机应变的能力

应变能力是指人对突然发生的情况和尚未预料到的情况的适应、应付能力。推销员在推销过程中会遇到千奇百怪的人和事，情况也总是处在不断变化之中，经常会出现各种意外的突发状况。当这些突发情况出现时，一旦推销人员缺乏处理异常情况的临场应变能力，就会陷入被动，可能导致推销失败。面对复杂多变的情况，推销员要善于对突变的情况进行快速分析，分析情况变化的原因，做出新的判断，冷静而沉着地处理各种可能出现的问题，根据情况的变化调整推销的策略和方法，提出各种变通的方案，尽快妥善解决。如果拘泥于一般的原则不会变通，往往导致推销失败。因此，推销员一定要有随机应变的能力。

【小案例】

一名推销员正在向一大群顾客推销一种钢化玻璃杯，他首先是向顾客介绍产品，宣称其钢化玻璃杯掉到地上是不会坏的，接着进行示范表演，可是碰巧拿到一只质量不合格的杯子，只见他猛地往地下一扔，杯子"砰"地一下全碎了，真是出乎意料，他自己也十分吃惊，顾客更是目瞪口呆，面对这样尴尬的局面，假如你是这名推销员，你将如何处理呢？这名富有创造性的销售员急中生智，首先稳定自己的心境，笑着对顾客说："看见了吧，这样的杯子就是不合格品，我是不会卖给你们的。"接着他又扔了几只杯子，都获得了成功，博得了顾客的信任。

【分析提示】这位推销员的杰出之处就在于他把本来不应该发生的情况转

变成一个事先准备好的推销步骤，真是做得天衣无缝。

六、不断学习的能力

学习是做好任何事情的首要前提，想要成为强者，最快的方式就是向强者学习。同样，想要成为一个优秀的推销员，学习别人的优点也是最快的方法。推销员要与各行各业、各种层次的顾客接触，不同的顾客所关注的话题和内容是不同的。推销员应该清楚不同的顾客喜欢谈论什么样的话题，进而才能与对方有共同语言，谈起话来才能投机。这就要求推销员要具有广、博而不一定深、精的知识面。因此，推销员要不断的充电和学习，以使自己拥有较广博的知识跟上时代的步伐。要博览群书，养成不断学习的习惯。还要向你身边的人学习，向同事请教、向顾客学习，培养不断学习的能力。

一个推销员还要勤思考、勤总结，要养成日总结、周总结、月总结、年总结的习惯。推销员每天面对的客户不同，就要用不同的方式去进行沟通，只有不断的去思考、去总结，才能与客户达到最满意的交易。推销员所需要接触的知识甚为广泛，从营销知识到财务、管理以及相关行业知识等。可以说，销售绝对是"综合素质"的竞争，面对如此多的知识和信息，没有极强的学习能力是无法参与竞争的。因此没有良好的学习能力，在速度决定胜负、速度决定前途的今天势必会被淘汰。21 世纪，学习不但是一种心态，更应该是我们的一种生活方式。谁会学习，谁就会成功，学习不仅能够提高自己的竞争力，也能够提高企业的竞争力。

推销也许是一个人人都能做的工作，但绝不是每一个人都能做好的工作，不管是要推销产品还是服务，不断的学习与总结是做好推销工作的前提之一。

学习小结

- 推销人员是推销活动的主体，是联系企业与顾客的桥梁和纽带。
- 推销人员的主要职责有：搜集资料，传递信息；销售产品，开拓市场；跟踪顾客，提供服务；沟通信息，树立形象。
- 推销人员的素质，是指推销人员胜任推销工作的综合能力，它包括推销人员应具备的思想素质、业务素质、心理素质和身体素质。

● 成功的推销人员必须具备的能力是良好的语言表达能力、敏锐的洞察能力、较强的社交和沟通能力、随机应变的能力、创新能力、不断学习的能力。

复习思考题

1. 推销人员的职责是什么？

2. 推销人员应该具备哪些素质？

3. 推销人员应该具备哪些能力？除了书上介绍的外，你认为还应该具备哪些能力？

实 训 题

拜访一位推销人员，了解以下的问题：

1. 你是怎样看待你的工作的？你是本着什么样的态度去从事推销工作的？

2. 你的主要任务和职责是什么？

3. 你推销的是什么产品？你的潜在顾客在哪里？

4. 你了解你的公司吗？你熟悉你的产品吗？

5. 你认为在推销活动中最重要的能力有哪些？

案例分析题

公司里新招了一批职员，老板抽时间与大家见个面。"黄烨（hua）。"全场一片静寂，没有人应答。老板又念了一遍。一个员工站起来，怯生生地说："我叫黄烨（ye），不叫黄烨（hua）。"人群中发出一阵低低的笑声。老板的脸色有些不自然。"报告经理，我是打字员，是我把字打错了。"一个精干的小伙子站起来，说道。"太马虎了，下次注意。"老板挥挥手，接着念下去。没多久，打字员被提升为公关部经理，叫黄烨的那个员工则被解雇了。

启示：机敏的打字员！提升这样的员工做公关经理理所当然。推销自己良机难逢，但打字员抓住了它！而叫"黄烨"的那位员工因缺乏推销自己的意识而犯下大忌：在公开场合使人难堪。

问题：

1. 请问这是谁的错误？
2. 优秀的员工应具备哪些素质？

项目三
寻找顾客

学习目标

1. 了解准顾客的含义

2. 掌握寻找顾客的方法

3. 熟悉顾客资格审查的主要内容

学习任务

任务名称：角色扮演——寻找顾客的各种方法。

任务具体描述：

经过前面的岗前培训，你已经具备了正式上岗的资格，领导给你分派了任务，要求你一个月必须找到 10 个准顾客。为了完成任务你想方设法通过各种途径寻找准顾客。

完成任务提示：为了让学生完成以上情景任务，老师可安排以下驱动项目：

将学生分成不同的组，每组采用一种寻找顾客的方法进行课堂模拟，通过模拟，让学生总结每种方法的优缺点以及采用该方法时应注意的事项等，模拟总结完成后进行小组自评、互评，最后由老师点评。

模拟效果：通过模拟，学生在娱乐中掌握了这一模块应该掌握的知识，锻炼了学生的应变能力、沟通能力，以及团队合作精神，为以后更好的胜任工作做基础。

学习内容

引 例

某企业的一位推销员小张干推销工作多年，经验丰富，关系户较多，加之他积极肯干，在过去的几年中，推销量在公司内始终首屈一指。谁知自从一位新推销员小刘参加推销员培训回来后，不到半年，其推销量直线上升，当年就超过小张。对此小张百思不得其解，问小刘："你出门比较少，关系户没我多，为什么推销量比我大呢？"小刘指着手中的资料说："我主要是在拜访前，分析这些资料，有针对性地拜访。比如，我对124名老顾客分析后，感到有购买可能的只有94户，根据以往经验，94户中21户的订货量不大，所以，我只拜访73户，结果，订货率较高。其实，我的老顾客124户中只有57户订货，订货率不足50%，但是节约出大量时间去拜访新顾客。当然，这些新顾客也是经过挑选的，尽管订货概率不高，但建立了关系，还是值得的。"从小刘这些话可见，成功之处，就在于重视目标顾客的选择。

从以上的案例中不难看出，重视并科学地寻找、识别顾客，对推销工作的成败起着至关重要的作用。

任务一 寻找顾客的基本概念

　　顾客是推销人员的推销对象。是推销三要素的重要要素之一。推销过程的第一步就是寻找潜在的顾客。所谓寻找顾客是指推销人员主动找出潜在顾客即准顾客的过程。在竞争激烈的现代市场环境中，谁拥有的顾客越多，谁的推销规模和业绩就越大。但顾客又不是轻易能获得和保持的。推销人员的主要任务之一就是采取公正有效的方法与途径来寻找与识别目标顾客，并实施有效的推销。可以说，有效地寻找和识别顾客是成功推销的前提。

　　进行顾客的寻找工作是推销实践的开始，在推销活动中占有重要的位置，寻找潜在顾客使推销活动有了开始工作的对象，寻找、掌握与潜在顾客进行联系的方法与渠道，就使以后的推销活动程序有了限定的范围与明确的目标，避免推销工作的盲目性，掌握一份不断补充的稳定的潜在顾客名单与联系方法，能使企业与推销人员保持稳定的顾客数量，从而使企业与推销产品保持一个稳定的市场和销售额。

一、寻找顾客的重要性

（一）准顾客

　　准顾客是指对推销人员的产品或服务确实存在需求并具有购买能力的个人或组织。寻找顾客就是指寻找潜在可能的准顾客。有可能成为准顾客的个人或组织称为"线索"或"引子"。而顾客是指那些已经购买"你"产品的个人或组织。

　　寻找顾客是推销工作的重要步骤，也是推销成败的关键。在推销活动中，推销人员面临的首要问题就是"把产品卖给谁"，即谁是自己的推销目标。推销人员在取得"线索"之后，要对其进行鉴定，看其是否具备准顾客的资格和条件。如果具备，就可以列入正式的准顾客的名单中，并建立相应的档案，作为推销对象。如果不具备资格，就不能算一个合格的准顾客，不能将其列为推销对象。一个推销人员，如果没有任何顾客，那么即使拥有超人的素质、突出的外表、理想的表现和丰富的知识，也不可能销售出一件产品。

（二）寻找顾客的重要性

（1）寻找顾客是推销人员保持应有的顾客队伍和销售稳定的重要保证。由于市场竞争，人口流动，新产品的不断出现，企业产品结构的改变，分销方式和方法的变化，使大多数企业都不可能保持住所有的老顾客。因此，推销员需要寻找新的顾客，不断地开拓新顾客作为补充。

（2）寻找顾客是维持和提高销售额的需要。对企业来说，市场是由众多的顾客所组成的，顾客多，对产品的需求量就大。若要维持和提高销售额，使自己的销售业绩不断增长，推销员必须不断地、更多地发掘新顾客。因此，努力寻找准顾客，使顾客数量不断地增加，是推销员业务量长久不衰的有效保证，也是促进推销产品更新换代，激发市场新需求的长久动力。

二、寻找顾客的原则

寻找顾客是最具挑战性、开拓性和艰巨性的工作。推销员必须明白，寻找准顾客是一项讲究科学性的工作，是由一定的规律可循的。推销人员需遵循一定的规律，把握科学的准则，使寻找顾客的工作科学化、高效化。我们通过借鉴前人总结的经验和创造的方法，使寻找准顾客的方法更加科学化和高效化。

（一）确定推销对象的范围

在寻找顾客前，首先要确定顾客的范围，使寻找顾客的范围相对集中，提高寻找效率，避免盲目性。准顾客的范围包括两个方面：

（1）地理范围，即确定推销品的销售区域。

（2）交易对象的范围，即确定准顾客群体的范围。

（二）树立"处处留心皆顾客"强烈意识

作为推销人员，要想在激烈的市场竞争中不断发展壮大自己的顾客队伍，提升推销业绩，就要在平时的"工作时间"特别是在"业余时间"，养成一种随时随地搜寻准顾客的习惯，牢固树立随时随地寻找顾客的强烈意识。

【小案例】

有一次，一位推销员下班后到一家百货公司买东西，他看中了一件商品，但觉得太贵，拿不定主意要还是不要。

正在这时，旁边有人问售货员：

"这个多少钱？"问话的人要的东西跟他要的东西一模一样。

"这个要 3 万元。"女售货员说。

"好的，我要了，麻烦你给我包起来。"那人爽快地说。推销员觉得这人奇怪，一定是有钱人，出手如此阔绰。

推销员心生一计，何不跟踪这位顾客，以便寻找机会为他服务。

于是，他跟在那位顾客的背后，他发现那个人走进了一幢办公大楼，大楼门卫对他甚为恭敬。推销员更坚定了信心，这个人一定是位有钱人。

于是，他去向门卫打听。

"你好，请问刚刚进去的那位先生是……"

"你是什么人？"门卫问。

"是这样的，刚才在百货公司时我掉了东西，他好心地捡起来给我，却不肯告诉我大名，我想写封信感谢他。所以，请你告诉我他的姓名和公司详细地址。"

"哦，原来如此。他是某某公司的总经理……"

推销员就这样又得到了一位顾客。

【分析提示】客户并不缺少，只是缺少发现客户的眼光，随时留意，关注身边的人，他们或许就是你要寻找的客户，或是你的准客户。

（三）选择合适的途径，多途径寻找顾客

对于大多数商品而言，寻找推销对象的途径或渠道不止一条，究竟选择何种途径、采用哪些方法更为合适，还应将推销品的特点、推销对象的范围及产品的推销区域结合起来综合考虑。

（四）重视老顾客

一位推销专家深刻地指出，失败的推销员常常是从找到新顾客来取代老顾客的角度考虑问题，成功的推销员则是从保持现有顾客并且扩充新顾客，使销售额越来越多、销售业绩越来越好的角度考虑问题的。对于新顾客的销售只是锦上添花，没有老顾客做稳固的基础，对新顾客的销售也只能是对所失去的老顾客的抵补，总的销售量不会增加。

推销员必须树立的一个观念是：老顾客是你最好的顾客。推销员必须遵守的一个准则是：你80%的销售业绩来自于你20%的顾客。这20%的客户是推销员长期合作的关系户。如果丧失了这20%的关系户，将会丧失80%的市场。

【小资料】

美国哈佛商业杂志发表的一篇研究报告指出：多次光顾的顾客比初次登门的人可为企业多带来20%～85%的利润。顾客的购买行为分为新购、更新购买和增加购买。当产品普及率达到50%以上的时候，更新购买和重复购买则大大超过第一次购买的数字。这些表明，推销员若能吸引住顾客，让老顾客经常光顾你，你成功的机会就更大。

三、寻找顾客的程序

在现实推销活动中，就绝大多数产品而言，推销员几乎不可能知道所有的潜在购买者。实际上，推销员也完全没有必要接触每一个潜在的购买者。寻找顾客的工作即包括获知潜在购买者是谁，也包括对潜在购买者是否会购买进行分析和判断，从而对潜在购买者进行筛选。其过程如图（3－1）所示。

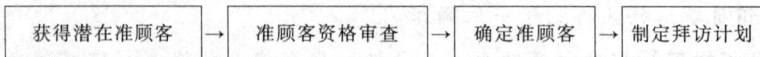

获得潜在准顾客 → 准顾客资格审查 → 确定准顾客 → 制定拜访计划

图 3－1　寻找顾客的程序

推销员首先要根据自己推销品的特征，提出可能成为准顾客的条件。然后根据这些条件，搜集资料，寻找各种可能的线索，拟出一份准顾客的名单，再按照这份名单进行准顾客评估和资格审查，根据审查结果确定你要向其进行推销的准顾客。最后对这些准顾客进行分析、分类、建立档案并据此编制拜访计划，进行拜访洽谈。

寻找顾客的程序首先从发现可能购买的准顾客开始。获得的准顾客名单越多，可筛选的余地就越大。推销员一般要采取多种途径和方法寻找准顾客，以便使寻找准顾客的有效性达到最大。

寻找顾客的方法

寻找顾客的方法多种多样，不同行业、不同产品的寻找顾客的方法也各不相同。如寻找汽车、房产、机械设备等产品的顾客显然要比寻找洗衣粉、服装、衣料的顾客困难得多。事实上，没有任何一种方法能够普遍适用，只有推销员不断总结、不断创新，才能摸索出一套适合自己的方法。本节将介绍一些常用的方法。

一、逐户访问法

（一）含义

逐户访问法也称"地毯"式访问法、普遍寻找法、贸然访问法、挨门挨户访问法或走街串巷寻找法，俗称"扫街"，在对推销对象一无所知或知之甚少的情况下，推销人员直接走访某一特定区域或某一特定职业的所有个人或组织，以寻找准顾客的方法。

该方法遵循的是"平均法则"，即认为在被寻访的所有对象中，必定有销售人员所要的客户，而且分布均匀，其客户的数量与访问的对象的数量成正比。推销员不可能与他拜访的每一位客户达成交易，他应当努力去拜访更多的客户来提高成交的百分比。如拜访的 10 人中有 1 人会成交，那么 100 次拜访可能就会产生 10 笔交易。因此，只要对特定范围内所有对象无一遗漏地寻找查访，就一定可以找到足够数量的客户。这种方法，通常在完全不熟悉或不太熟悉推销对象的情况下采用。

（二）逐户访问法的优缺点

该方法的优点：

（1）不会遗漏有价值的顾客；

（2）可以借机对市场进行全面地调查研究和分析，能够较客观和全面地了解客户需求情况；

（3）可以积累推销工作经验，培养和锻炼推销人员，这种方法是新推销人员的必经之路；

（4）可以扩大企业的影响，提高产品的知名度；

（5）如果推销人员事先做了必要的选择和准备，推销技巧得法，往往会有意想不到的收获。例如，在美国旧金山有一位叫巴哈的寿险推销员，他在进行推销时，专门挑选其他推销员所不愿去的门前有 50~100 级台阶的住户进行推销，因为这些住家很少有人前来推销，所以巴哈的访问很受欢迎，获得很多顾客。

逐户访问法的缺点：

（1）此方法针对性不强，有一定的盲目性，比较费时费力，推销成功率比较低；

（2）推销人员的冒昧造访，会受到顾客的拒绝甚至是厌恶，容易产生抵触情绪，也给推销人员造成很大的精神压力；

（3）推销人员在不了解顾客情况下进行访问，带有较大的盲目性，推销人员与顾客接触的效果也不可能很好。

（三）逐户访问法应注意的问题

为增强此法使用效果，推销员需要注意以下问题：

（1）推销人员首先要根据自己所推销产品的各种特性和用途，确定一个比较可行的推销地区或推销对象的范围，即寻找一个具有可行性的、可供访问的目标"地毯"；

（2）要注意提高访问的效益。要总结以前经验，设计好谈话的方案与策略，尤其是斟酌好第一句话的说法与第一个动作的表现方式，以便提高上门访问有效性；

（3）做好访问的准备工作，以减少被拒之门外的可能性。例如事先可以进行公告，为推销人员准备好各种识别标志和进入手续等。

（四）逐户访问法的适用范围

逐户访问法适用于日用消费品及服务的推销，也适用于制造企业对中间商的销售或者大型工业品的上门推销。在国外被广泛地应用到生活消费品的挨家挨户的推销中，例如化妆品、食品、药品、保险服务等。总之，这种方法是现代推销人员最常用的寻找顾客的方法之一。

二、连锁介绍法

(一) 含义

连锁介绍法又称为客户引荐法或无限连锁法,是指推销人员请求现有顾客介绍未来可能的准客户的方法。连锁介绍法在西方被称为是最有效的寻找顾客的方法之一,被称为黄金客户开发法。

这种方法要求推销人员设法从自己的每一次推销面谈中,了解到其他更多的新客户的名单,为下一次推销拜访做准备。购买者之间有着相似的购买动机,各个客户之间也有着一定的联系和影响,连锁式介绍法就是据此依靠各位客户之间的社会联系,通过客户之间的连锁介绍,来寻找新客户。介绍内容一般为提供名单及简单情况,介绍方法有口头介绍、写信介绍、电话介绍、名片介绍等。因此,了解和掌握每一个客户的背景情况会随时给你带来新的推销机会。运用这种方法可以不断地向纵深发展,使自己的客户群越来越大。此法的关键,是推销人员能否赢得现有客户的信赖。

【小示范】

连锁介绍法是乔·吉拉德使用的一个方法,只要任何人介绍客户向他买车,成交后,他会付给每位介绍人25美元,25美元虽不是一笔庞大的金额,但也能够吸引一些人,举手之劳即能赚到25美元。乔·吉拉德的一句名言是:"买过我汽车的顾客都会帮我推销。"他的60%的业绩就来自老顾客及老顾客所推荐的顾客。他提出了一个"250定律",就是在每个顾客的背后都有"250人",这些人是他们的亲戚、朋友、邻居、同事,如果你得罪了一个人,就等于得罪了250个人;反之,如果你能发挥自己的才能,利用一个顾客,就等于得到250个关系,这250个关系中,就可能有要购买你产品的顾客。

每个顾客都有自己的信息来源,他可能了解其他顾客的需求情况,而这些信息是推销员较难掌握的。研究表明,日常交往是耐用品消费者信息的主要来源,有50%以上的消费者是通过朋友的推荐而购买产品的,有62%的购买者是通过其他消费者得到新产品的信息的。

(二) 连锁介绍法的优缺点

连锁介绍法的优点:

（1）可以避免推销人员寻找顾客的盲目性。因为现有顾客推荐的新客户大多是他们较为熟悉的单位或个人，甚至有着共同的利益，所以提供的信息准确、内容详细。

（2）连锁介绍法既是寻找新客户的好办法，也是接近新客户的好办法。如果推销人员赢得了现有客户的真正信任，那就有可能赢得现有客户所推荐的新客户的信任。

（3）可以赢得被介绍顾客的信任，推销成功率比较高。一般来说，人们对推销人员都存有一定的戒心，经过熟人介绍的话，就增加了可信度，情况就大不相同了。研究表明：朋友、专家及其他关系亲密的人向别人推荐产品，影响力高达80%，向由熟人推荐的顾客推销比向没有熟人推荐的顾客推销，成交率要高3~5倍。

【小示范】

世界一流推销大师金克拉在推销时，总是会随身携带两张白纸。一张纸满满地写着许多人的名字和别的东西；另一张纸是一张完全的白纸。他拿这两张纸有什么用呢？原来那张有字的纸是顾客的推荐词或推荐信，当他推销遇到顾客的拒绝时，他会说："××先生/女士，您认识杰克先生的字迹吧？他是我的顾客，他用了我们的产品很满意，他希望他的朋友也享有到这份满意。您不会认为这些人购买我们的产品是件错误的事情，是吧?"

"你不会介意把您的名字加入到他们的行列中去吧?"

有了这个推荐词，金克拉一般会取得戏剧性的效果。

那么，另一张白纸是作什么用的呢？

当成功地销售一套产品之后，金克拉会拿出一张白纸，说："××先生/女士，您觉得在您的朋友当中，还有哪几位可能需要我的产品?"

"请您介绍几个您的朋友让我认识，以便使他们也享受到与您一样的优质服务。"然后把纸递过去。

85%的情况下，顾客会为金克拉推荐2~3个新顾客。

金克拉就是这样运用顾客推荐系统建立自己的储存顾客群。

连锁介绍法的缺点

（1）事先难以制订完整的推销访问计划。通过现有顾客寻找新顾客，因推销人员不知道现有客户可能介绍哪些新客户，事先就难以做出准备和安排，时常在中途改变访问路线，打乱整个访问计划。

（2）推销人员常常处于被动地位。因为现有客户没有进行连锁介绍的义务，所以现有顾客是否愿意介绍新顾客给推销人员，完全取决于现有顾客的意图。如果推销人员对现有顾客寄予重望，就会造成被动的工作局面。若推销人员向现有客户推销失利，或者现有客户出于某种考虑不愿意介绍新客户，推销人员便无可奈何。

（三）注意的问题

（1）企业利用连锁介绍法成功的关键，是取信于现有顾客，努力留住老顾客。日本著名企业家松下幸之助曾说："好好留住一位顾客，可能就此增加许多顾客；而失去老顾客，也就丧失了许多生意上的新机会。"因此，老顾客才是最好的顾客，只要留住了他们，他们就会成为企业促销最忠实的介绍人和最有效的推销员。

（2）对现有顾客介绍的未来顾客，推销员也要进行详细的评估和必要的推销准备，尽可能多的从现有顾客处了解新顾客的情况。

（3）要向现有顾客（即推荐人）确认是否告知对方姓名，并在约见后向推荐人回馈表示感谢。

（四）适用范围

连锁介绍法对于有特定用途的产品、专业性强的产品、服务性产品都有较好的推销效果。

三、中心人物法

（一）含义

中心人物法也叫中心开花法、名人介绍法、中心辐射法，是指推销员在某一特定推销范围内发展一些有影响力的中心人物，并在这些中心人物的协助下把该范围内的组织或个人变成准顾客的方法，是连锁介绍法的特殊形式。

该方法遵循的是"光环效应法则"，即中心人物的购买与消费行为，就可能在他的崇拜者心目中形成示范作用与先导效应，从而引发崇拜者的购买与消费行为。在许多产品的销售领域，影响者或中心人物是客观存在的。特别是对于时尚性产品的销售，只要确定中心人物，使之成为现实的客户，就很有可能引出一批潜在客户。一般来说，中心人物包括在某些行业里具有一定的影响力的声誉良好的权威人士；具有对行业里的技术和市场深刻认识的专业人士；具有行业里的广泛人脉关系的信息灵通人士。

【小资料】

著名社会心理学家凯利在 1950 年做了一次实验，较早对"光环效应"进行了研究。他告诉学生，教经济学的教授有事要做，故暂请一位研究生代课。他对两组学生介绍说，该研究生是个既好学，又有教学经验和判断能力的人。但他对其中一组学生说，此人为人热情。却对另一组学生却说，此人比较冷漠。

介绍之后，凯利让这位代课教师在两个组，分别主持了一次 20 分钟的课堂讨论，然后再让学生陈述对他的印象。实验结果发现两个组的学生，对代课教师的印象大相径庭。一组认为老师有同情心、体贴人、有社会能力、富有幽默感等。另一组却认为老师严厉、专断。这表明两个组学生对老师的印象，都有推断成分在内。或由热情的特点，推断出一系列优点，或由冷漠的特点，推断出一系列缺点。两个组的学生对老师的印象，进一步影响到他们的发言行为，印象好的那组积极发言者达 56%，而印象不好的那组积极发言的只有 32%。

学生听到的是对这个教师的描述，然后学生在此基础上，想象他别的样子，于是用一个自己想象的形象，来代替眼前的这个现实的人，这就是"光环效应"。

（二）中心人物法的优缺点

利用中心人物法寻找新客户，具有以下优点：

（1）推销人员可以集中精力向少数中心人物做细致的说服工作，避免推销人员重复单调地向每一个潜在顾客进行宣传与推销过程，节省时间与精力；

（2）既能通过中心人物的联系了解大批新顾客，还可借助中心人物的社会地位来扩大商品的影响；

（3）可以提高销售人员的知名度、美誉度。

中心人物法的缺点：

（1）中心人物往往较难接近和说服。许多中心人物事务繁忙、难以接近，每个销售人员所认识的中心人物有限，若完全依赖此法，容易限制潜在顾客数量的发展；

（2）一定领域内的中心人物是谁，有时难以确定。如果推销员选错了客户心目中的"中心"人物，就有可能弄巧成拙，既耗时间又费精力，最后往往贻误推销时机。

（三）注意的问题

（1）寻找中心人物是决定使用效果的关键。这就要求推销员一方面进行详细而准确的市场细分，确定每个子市场的范围、大小及需求特点，从中选择具有较多潜在客户的子市场作为目标市场，在目标市场范围内寻找有影响力的中心人物；

（2）推销员应努力争取中心人物的信任与合作。在较详细地了解中心人物后，推销员应首先以良好的产品和高质量的服务充分满足其需求；

（3）在现行政策允许范围内，千方百计地开展推销活动，与中心人物建立良好的人际关系。

四、个人观察法

（一）含义

个人观察法也叫现场观察法，是指推销人员依靠个人的知识、经验，通过对周围环境的直接观察和判断，寻找准顾客的方法。个人观察法主要是依据推销人员个人的职业素质和观察能力，通过察言观色，运用逻辑判断和推理来确定准顾客，是一种古老且基本的方法。

对推销员来说，观察法是寻找顾客的一种简便、易行、可靠的方法。绝大部分推销员在许多情况下都要使用个人观察方法。不管是在何处，与何人交谈，都要随时保持警觉，留意搜集可能买主的线索。

【小资料】

＊生产防水化工产品的托赫·布里斯公司的现场调查员查尔斯·M·斯特思说："我四处走来走去寻找我们产品可以解决的问题。不久前，我在纽约中

央公园附近漫步。发现一座新建公寓大楼地下室的窗框因受潮已经开始翘曲，我们的产品可以矫正这种状况。从那天开始，我已经向该房屋开发公司出售了长达15万英尺的防潮纸条。

*新闻纸推销员翻阅各种杂志，寻找色调不足、光洁度不匀和印字起毛现象。他们发现的这一类迹象可以证明出版社使用的纸种不对，因此，该出版社为了改进印刷效果就会成为购买某一种纸的主顾。

*印第安纳州有一位办公家具推销员，他在夜间有时到大街上转悠，去寻找可能买主。他侦察好哪座办公大楼的灯光在下班后还久久不熄，第二天便去找在那里加夜班的人——他想这些人可能需要买张写字台在家里加班。

*一个保险员使用以下方法来寻找可以在白天去家拜访的男性买主。傍晚，他跑到工厂的停车场里抄录汽车牌照上的号码。然后把汽车主人的名字查出来。因为工人是倒班制，他便可在次日上午晚些时候或午后去这些人家里找他们兜售。

*房地产推销员驾车在大街上巡查可能买主的线索：哪些房子接着"出售"的招牌，哪些楼房空着无人住。哪里又挂出了新的"出租"招牌。哪里又出现了新的建筑工地等。一个专门处理工业财产的企业房地产推销员找到了一种特别有效的方法来发现哪个制造商想迁往更大的生产场地。他经常开车在工业区里转悠，查看哪家工厂的汽车停车场已经放不下汽车，他推论如果一家公司的停车场已经不够用，它的厂房也一定不够用了。他的判断一般很准确。

（二）个人观察法的优缺点

个人观察法的优点是：

（1）它可以使推销人员直接面对现实，面对市场，排除一些中间干扰；

（2）推销员花费较少的时间、精力，就能够迅速地发现新顾客，而且可以开拓新的推销领域，节省推销费用。

（3）可以培养推销人员的观察能力，积累推销经验，提高推销能力。

个人观察法的缺点是：

（1）仅凭推销人员的直觉、视觉和经验进行观察和判断，受推销人员个人素质和能力的影响；

（2）由于事先完全不了解客户对象，失败率比较高。

（三）注意的问题

（1）运用这种方法的关键在于培养推销员的职业素质。潜在的客户无处不在，有心的推销人员随时随地都可找到自己的客户。例如，汽车推销员整天开着新汽车在住宅区街道上转来转去，寻找旧汽车。当他发现一辆旧汽车时，就通过电话和该汽车的主人交谈，并把旧汽车的主人看作一位准客户。

（2）在利用个人观察法寻找客户时，推销人员要积极主动，处处留意，察言观色，既要用眼，又要用耳，更要用心。在观察的同时，运用逻辑推理。如果一个推销人员不具备敏锐的观察力和洞悉事物的能力，那么，采用这种方法寻找顾客是不可能取得理想的结果的。

要想让个人观察方法达到预期效果，推销员就得时刻注意搜集点点滴滴的信息：在上班路上，在办公室，在大街上，在等候会见时，在与可能买主交谈时，在饭店、在家中听别人闲聊时，在读报、看杂志时等等，都要保持高度的警觉。可能买主到处都有，只要你睁大眼睛，竖起耳朵，你就能学会如何发现他们。

【小示范】

有一天，原一平工作极不顺利，到了黄昏的时候，他一无所获地回家。回家途中，要经过一个坟场。正巧在坟场入口处他看到几位穿着丧服的人走出来，然后，他又走到一座新坟前，发现墓碑前还燃烧着几支香，插着几束献花。他知道刚才那批人在这里拜祭过，应该是亲人。他也恭敬地朝着墓碑行礼致敬。他记下了刻在墓碑上的所有信息。

原一平高兴极了，他想利用这些信息去寻找他的准客户。于是，他去问墓地的管理者。

"请问，你知道有一座某某的坟墓吗？"

"当然知道，他生前可是一位名人呀！"管理员说。

"你说得对极了，在他生前，我们是朋友，只是不知道他的家眷在哪里，我想去看看故人之后，我想你一定会知道的，是吗？"

管理员在档案袋里找到了坟墓主人家眷的地址，告诉了原一平。原一平拿着地址寻找，成功地开发了一名新客户。

五、委托助手法

（一）含义

委托助手法也称"猎犬法"，就是推销人员雇用他人寻找准顾客的一种方法。在西方国家，这种方法运用十分普遍。一些推销员常雇用有关人士来寻找准顾客，自己则集中精力从事具体的推销访问工作。这些受雇人员一旦发现准顾客，便立即通知推销员，安排推销访问。这些接受雇用的人员被称为推销助手。

委托助手法是依据经济学的最小、最大化原则与市场相关性原理。因为委托一些有关行业与外单位的人充当助手，在特定的销售地区与行业内寻找客户及搜集情况，传递信息，然后由推销员去接见与洽谈，这样花费的费用与时间肯定比推销员亲自外出搜集情况更合算些。越是高级的推销员就越应该委托助手进行销售，推销员只是接近那些影响大的关键客户，这样可以获得最大的经济效益。此外，行业间与企业间都存在着关联性，某一行业或企业生产经营情况的变化，首先会引起与其关系最密切的行业或企业的注意。适当地运用委托推销助手来发掘新客户，拓展市场，是一个行之有效的方法。

【小资料】

西方国家的汽车推销员，往往雇请汽车修理站的工作人员当"猎犬"，负责介绍潜在购买汽车者，车主很可能就是未来的购车人，这些推销助手发现有哪位修车的车主打算弃旧换新时，就立即介绍给汽车推销员。所以，他们掌握的情报稳、准、快，又以最了解汽车性能特点的内行身份进行介绍，容易取得准顾客的信任，效果一般都比较好。

（二）委托助手法的优缺点

委托助手法的优点是：

（1）可以使推销人员把时间和精力用于有效的推销工作，避免大量浪费时间的现象。任何一个推销员，无论他个人有多大的能力，信息如何灵通，单凭个人的经验和所获得的直接信息还是不够的；

（2）可以节省大量的推销费用；我国地域辽阔，市场分散，而且许多地方交通不便，尤其是山区和边远地区。一个推销人员要想跑遍全国所有地方去寻找新客户，开展推销，是不现实的，也会大大增加推销的成本；

（3）可以使专业推销员及时获得有效的推销情报，有利于开拓新的推销区域。在全国各地与推销品有关的行业、部门、单位里招聘业余或专职推销信息员。这些信息员可以是各类人员如专家、学者、经理、厂长、管理人员、工程技术人员、税务人员、采购供应人员等。这些人分布广泛，他们对本地区本行业的情况以及当地客户的消费需求和市场行情十分了解和熟悉，所以往往能找到大批的新客户，提供有价值的市场信息，为企业开辟新的市场；

（4）可以借助推销助手的说服力量，扩大产品的社会影响。如果选择某一个特定领域的行家里手或名人作为推销助手，不仅可以找到大批新客户，而且可以发挥中心人物的影响作用推销产品。

委托助手法的缺点：

（1）推销助手的人选难以确定。推销助手必须热心于推销工作，积极负责、善于交际、信息灵通，而实际工作中，理想的推销助手难以寻找；

（2）推销人员会处于被动状态，其推销绩效在很大程度上取决于推销助手的合作；如果推销员与推销助手配合不好，或者推销助手同时兼任几家同类公司的信息员，都会给本公司产品带来不利的竞争因素；

（3）推销人员必须给推销助手提供必备的推销用具和必要的推销训练。推销助手更换频繁，培训费用就会增加。

（三）注意的问题

（1）要选择理想的推销助手。

（2）推销助手帮助推销人员做成了一笔生意，推销人员要立即向推销助手支付报酬，而且要感谢推销助手的友好合作。

（3）当推销助手提供一位准客户名单时，推销人员应该立即告诉推销助手，这位客户是否已经列在自己的客户名册上，尤其要告诉是否已经被其他推销人员所掌握。

六、广告开拓法

（一）含义

广告开拓法又称广告拉引法，广告吸引法，是指推销人员利用各种广告媒介寻找准顾客的方法。这种方法依据的是广告学的原理，即利用广告的宣传攻势，把有关产品的信息传递给广大的消费者，刺激或诱导消费者的购买动机和行为，然后推销人员再向被广告宣传所吸引的顾客进行一系列的推销活动。

根据传播方式不同，广告可分为开放式广告和封闭式广告两类。开放式广告又称为被动式广告，如电视广告、电台广告、报纸杂志广告、路牌广告、招贴广告等，当潜在对象接触或注意其传播媒体时，它能被看见或听到。封闭广告又称为主动式广告，它的传播直接传至特定的目标对象，与开放式广告相比，具有一定的主动性，如邮寄广告、电话广告等。一般来说，对于使用面广泛的产品，如生活消费品等，适宜运用开放式广告寻找潜在顾客，而对于使用面窄的产品（如一些特殊设备、仪器）和潜在顾客范围比较小的情况，则适宜采用封闭式广告来寻找潜在顾客。在西方国家，推销人员用来寻找客户的主要广告媒介是直接邮寄广告和电话广告。

【小资料】

一位女推销员认为潜在的准顾客太多，她希望把自己宝贵的时间花在一些最佳的准顾客身上，于是她向所辖推销区域内的每一个人都寄去推销信，然后首先拜访那些邀请她的客户。再如，一位房地产经纪人，定期向所辖推销区里每一个居民寄去一封推销信，打听是否有人准备出售自己的房屋，每一次邮寄都会发现新的准客户。除了邮寄广告之外，西方推销人员还普遍利用电话广告寻找客户。推销人员每天出门访问之前，先给所辖推销区里的每一个可能的客户打电话，询问当天有谁需要推销品。

西方推销员的这些做法，不一定适合我们，却可以借鉴。

（二）广告开拓法的优缺点

广告开拓法的优点：

（1）可以借助各种现代化手段大规模地传播推销信息，推销员可以坐在家里推销各种商品。若一条推销广告被200万人看到或听到，就等于推销人员对200万人进行了地毯式访问；

（2）广告不仅可以寻找客户，还具有推销说服的功能；

（3）广告媒介的信息量之大、传递速度之快、接触客户面之广，是其他推销方式所无法比拟的；

（4）能够使推销人员从落后的推销方式中解放出来，节省推销时间和费用，提高推销效率。

广告开拓法的缺点：

（1）推销对象的选择性不易掌握。现代广告媒介种类很多，各种媒介影响的对象都有所不同。如果媒介选择失误，就会造成极大的浪费；

（2）在大多数情况下，利用广告开拓法寻找客户，难以测定实际效果；

（3）有些产品不宜或不准使用广告开拓法寻找客户。

（三）注意的问题

利用广告开拓法的关键在于选择正确的广告媒介，选择广告媒介的基本原则是最大限度地影响潜在顾客。在运用此法时，推销员要认真搞好市场调查，制订周密的计划，并配以其他方法，以免出现大的失误。但总体来说，广告开拓法不失为一种理想的开拓客户的现代化手段。

七、网络搜寻法

（一）含义

网络搜寻法就是推销人员运用各种现代信息技术与互联网通信平台来搜索准顾客的方法。它是信息时代的一种非常重要的寻找顾客方法。近些年来，随着互联网技术的不断发展与完善，各种形式的电子商务和网络推销也开始盛行起来，市场交易双方都在利用互联网搜寻顾客。互联网的普及使得在网上搜索潜在客户变得十分方便，推销员借助互联网的强大搜索引擎如：Google、Baidu、Sohu、Yahoo 等，可以搜寻到大量的准顾客。对于新推销人员来说，网上寻找顾客是最好选择。

通过 Internet 推销人员可以获得以下信息：一是准顾客的基本联系方式；二是准顾客公司的介绍，可以了解公司目前的规模和实力；三是准顾客公司的产品，可以了解产品的应用技术及技术参数等；除此之外，一些行业的专业网站会提供该行业的企业名录。一般会按照区域进行划分，也会提供一些比较详细的信息，例如：阿里巴巴、慧聪国际这些网站往往会由于进行行业的分析研究而提供比较多的信息。

（二）网络搜寻法的优缺点

与传统方法相比较，网上寻找顾客具有如下优点：

（1）网络搜寻法是一种非常便捷的顾客搜寻法。推销人员可以在相关商业网站，通过各种关键词，快速寻找目标准顾客，从而节约时间，避免盲目的市场扫荡，提高推销工作效率。

（2）可以较全面地搜寻到有关准顾客的资料。

（3）可以降低推销成本和市场风险。

网络搜寻法的缺点：

（1）由于网络信息更新较快，在一定程度上会影响推销人员在网上所检索到的目标准顾客资料的准确性。

（2）网络世界是个虚拟的世界，推销人员在运用互联网这一现代化信息手段查找资料时，难免会遭遇到假情报的干扰，从而不能完全保证目标准顾客资料的真实性和可靠性。

（3）出于信息安全的考虑，一些重要资料并不在网上公布。如目标准顾客及其相关资料，以及一些官方资料，企业内部信息资料等，推销人员在网上并不是完全能够查到。

八、资料查阅法

（一）含义

资料查阅寻找法又称文案调查法，是指推销人员通过搜集、整理、查阅各种现有文献资料，来寻找准顾客的方法。这种方法是利用他人所提供的资料或机构内已经存在的可以为其提供线索的一些资料，这些资料可帮助推销员较快地了解到大致的市场容量及准顾客的分布等情况，然后通过电话拜访、信函拜访等方式进行探查，对有机会发展业务关系的客户开展进一步地调研，将调研资料整理成潜在客户资料卡，就形成了一个庞大的客户资源库。

推销人员经常利用的资料有：（1）统计资料。如国家相关部门的统计调查报告、统计年鉴、行业在报刊或期刊等上面刊登的统计调查资料、行业团体公布的调查统计资料等；（2）名录类资料。如客户名录（现有客户、旧客户、失去的客户）、工商企业目录和产品目录、同学名录、会员名录、协会名录、职员名录、名人录、电话黄页、公司年鉴、企业年鉴等；（3）大众媒体类资料。如电视、广播、报纸、杂志等大众媒体；（4）其他资料。如客户发布的消息、产品介绍、企业内刊等。

【小资料】

保险员应注意有关提升、订婚、婚礼、出生、死亡和涉及企业和金融的新闻；机械和工厂设备推销员应注意有关筑路、建房合同、建筑特许权的新闻和扩大招工的广告，以及有关工厂遭受火灾和开发新产品的消息；对家具、服装、珠宝等推销员来说，报纸社会版上刊登着许多很有用的报道；为递送牛奶开辟新路线的人应当注意出生和结婚的消息；房地产经纪人应当特别注意什么人将要结婚，哪些高级经营管理人员将要调入或调出以及有关当地企业的扩展计划和人员提升晋职的消息，有关城市区界变更和法院查询驱逐房客情况的新闻对他们尤为重要。

（二）资料查阅法的优缺点

资料查阅法的优点：

1. 通过资料查阅寻找客户可以降低信息获取的成本，节约了时间和精力，提高了工作效率。

2. 政府管理部门、银行、统计部门提供的资料可信度很高，可以减少寻访顾客的盲目性，提高顾客资料的可靠性。

3. 有些资料查阅亦比较方便，如图书馆、展览室的资料、电话簿等。

资料查阅法的缺点：

二手信息资料多为公开发布的资料，加上当今市场瞬息万变，一些资料的时效性较差，加之有些资料内容简略，信息容量小，使这种寻找顾客的方法具有一定的局限性。

（三）注意的问题

推销员通过查阅资料寻找顾客时，首先要对资料的来源及提供者进行可信度分析，如果这些资料的来源或提供者的可信度较低，则会对推销工作起阻碍的作用。同时，还应注意所搜集资料的时间问题，应设法去获取那些最新的有价值的资料。如果是反映以前情况的资料，对推销人员的帮助不会很大，因为市场是不断变化的。

九、市场咨询法

（一）含义

市场咨询法，是指推销人员利用社会上各种专门的行业组织、市场信息咨询服务等部门所提供的信息来寻找准顾客的办法。一些组织，特别是行业组织、技术服务组织、咨询单位等，他们手中往往集中了大量的客户资料和资源以及相关行业和市场信息，通过咨询的方式寻找准顾客是一个行之有效的方法。

推销人员可以从以下部门获得市场信息：

（1）专业信息咨询公司。如一些专业建筑信息公司能提供详细的在建工程信息包括：工程类别、建筑成本、工程时间表和发展商，项目经理，建筑师等联系方式，且信息每天更新。这为建材生产企业的销售人员节约了大量时间。虽然要向信息公司付一些费用但总体成本还是合算的。

（2）各级统计和信息部门。这些部门提供的信息准确、可靠。

（3）工商行政管理部门。该部门涉及面十分广阔，包括工业、商业、交通运输等各个行业，是一个理想的市场咨询单位。

（4）当地行业协会。每个行业基本上都有自己的行业协会，如：软件行业协会、电子元件行业协会、仪器仪表行业协会等，虽然行业协会只是一种民间组织，但恐怕没有人能比行业协会更了解行业内的情况了。如果你的潜在客户恰好是某某协会的成员，能得到协会的帮助是你直接接触到潜在客户的有效方法。

（5）其他相关部门，如银行、税务、物价、公安、大专院校、科研单位等。

（二）市场咨询法的优缺点

市场咨询法的优点：

（1）节省推销人员的推销时间，全力以赴进行实际推销。

（2）方便迅速，费用低廉，信息可靠。与推销人员自己寻找顾客所需费用相比较，可以节省推销费用开支。

市场咨询法的缺点：

（1）推销人员处于被动地位。若推销人员过分依靠咨询人员提供信息，容易丧失开拓精神，失掉许多推销机会。

（2）咨询人员所提供的信息具有间接性，会存在许多主观片面的因素，甚至出现一些与实际情况大相径庭的错误信息。

（3）市场咨询法的适用范围有一定限制性。

十、交易会寻找法

（一）含义

交易会寻找法是指利用各种交易会寻找准顾客的方法。国际国内每年都有不少交易会，如广交会、高交会、中小企业博览会等等。充分利用交易会寻找准顾客、与准顾客联络感情、沟通了解，是一种很好的获得准顾客的方法。参加展览会往往会让销售人员在短时间内接触到大量的潜在客户，并且可以获得相关的关键信息，对于重点意向的客户也可以作重点说明，约好拜访的时间。例如，假如你想获得在机械制造行业的潜在客户，你可以参加国际机械制造展，你将在那里遇到中国乃至世界上最著名的机械制造商，几乎所有的大厂商都会参加，你只需要去看一个展览会，你就会得到这个行业的几乎最有价值的那部分潜在客户。经常去参观某个行业的展览会，你甚至会发现每次你都看到那些准顾客，这对以后向客户推销是非常有利的。

销售人员应该在每年的年末将未来一年相关行业的展览会进行罗列，通过Internet、展览公司的朋友都可以做到这些，然后贴在工作间的醒目处并在日程表上进行标注，届时提醒自己要抽时间去参观一下。

（二）交易会寻找法的优缺点

交易会寻找法的优点：

交易会寻找法的优点是效率高。这种方法能在最短时间接触到最多的准顾客。因为参加交易会的人本来都对该行业有兴趣，对有兴趣的顾客，推销人员可以充分展示。

交易会寻找法的缺点：

它的缺点是费用较高。参加交易会要给主办单位交一定的展位费。

（三）利用交易会寻找法应注意的问题

（1）要得到潜在客户相关人员的名片；

（2）在尽可能的情况下与这些潜在客户现场技术人员交流，明确主管人员；

（3）将客户的产品资料拿回来仔细分析，寻找机会；

（4）在展览会结束后，尽快取得联系，免得记忆失效而增加后期接触难度。

十一、电话寻找法

（一）含义

电话寻找法是指推销人员在掌握了准顾客的名称和电话号码后，用打电话的方式与准顾客联系而寻找准顾客的方法。电话最能突破时间与空间的限制，是最经济、有效率的接触客户的工具，您若能规定自己，找出时间每天至少打五个电话给新客户，一年下来能增加1500个与潜在客户接触的机会。

（二）电话寻找法的优缺点

电话寻找法的优点是：

寻找速度快，信息反馈快，不会被拒绝。一般情况下，接电话的人肯定是全神贯注地听电话，只要掌握好讲话的内容与顺序，会收到很好的效果。因为打电话属"单线联系"，不受外人干扰。因此，电话寻找顾客的方法被称为是推销人员的"金矿"。

电话寻找法的缺点有：

（1）易遭拒绝。因不了解顾客的情况，遭到拒绝的可能性较大；

（2）费用仍较高，沟通困难，个别地区通信设施落后，电话接通率低，有时会导致较多的错漏现象；

（3）一些推销人员的方言土语经过电话传递后更难以沟通。

（三）应用电话寻找法应注意的问题

（1）推销人员应该选择好打电话的时间。例如，要避开使用电话的高峰期，避免顾客因为忙碌而不能很好地沟通。

（2）做好准备，讲究效果。事先将要说的话打个腹稿，讲话应简单扼要，不要拖泥带水，应该尽快把事情讲清楚。

（3）应该讲究打电话的礼仪与效果。

寻找顾客的方法还有很多，以上只是介绍了常用的方法与技巧，它们均具有很大的适用性，但是在具体使用时又因产品、企业、推销人员的不同而有所差异。推销员要根据实际情况选择具体的方法，并根据市场变化而随时调整。推销人员则应将多种方法融会贯通，灵活运用，在运用中进一步理解，并争取有所发展和创新。

任 务 三　顾客资格审查

顾客资格审查是指推销员对已选定的顾客，按一定的标准进行评审，以确定适当的目标顾客的行动过程，又称"顾客评价"。在产品推销实践中，并非每一位准顾客都能成为推销人员的目标顾客。从准顾客到目标顾客还需要对其资格进行鉴定、选择，分析其是否具备成为目标顾客的条件。

通过对潜在购买者的寻找，推销员会获取包括许多潜在顾客在内的一份名单，为了避免出现盲目推销的情形，推销人员应该选择拜访那些有较大可能会成为买主的顾客，才能提高推销的工作效率。因此，在开始实际的推销约见与洽谈前，应进行推销对象的选择。推销对象的选择过程就是对潜在顾客进行评审的过程。

所谓的顾客评审，就是指推销人员对可能成为顾客的某个具体对象进行详尽的考查和分析，以确定该具体对象成为准顾客的可能性大小。一般而言，只有那些对产品有真实需求，有货币支付能力和有购买决策权的顾客，才能成为现实意义上的顾客，才是合格的顾客。对顾客资格的审查主要应围绕以下几个方面展开：

（1）潜在顾客是否对你的产品有需求愿望？

（2）潜在顾客是否有购买能力？

（3）潜在顾客是否有购买决定权？

（4）潜在顾客是否有资格购买？

只有对上述问题都作出肯定的回答，才意味着你面对的是一名真正的顾客。

顾客资格审查包括顾客购买需求的审查、顾客支付能力的审查、顾客购买资格的审查。

一、顾客购买需求审查

顾客购买需求审查是指推销人员通过有关资料的分析，对准顾客是否存在对推销产品的真实需求做出审查与评估，从而确定具体推销对象的过程。

（一）购买需求审查的主要内容

1. 对现实需求和潜在需求的审查

现实需求的审查，是指已经发现的没有被满足的需求，客户已经认识到这种需求，正在寻求解决方法。推销人员可以针对这种情况安排销售技巧和话术等推销技巧。推销人员如果发现在寻找到的顾客名单中，有的虽然没有现实需求，但是存在着未来的需求，这就是推销产品的潜在顾客。

【小案例】

两个卖鞋子的推销员到非洲一个村庄，村庄里人都光脚不穿鞋。第一个推销员回电总部说这里人不穿鞋对鞋子没有需求，就回去了。第二个推销员说这里是个还没开发的大市场，把鞋子都给我发过来。潜在需求是指客户还没明确意识到的需求，销售人员可以培养他们的消费意识。但也要注意，这种培养和说服过程，有时是漫长而艰苦的，你要掂量一下值不值得。

2. 审查需求特点和预测购买数量

（1）顾客需要什么。即对准顾客需要什么样的产品的描述。涉及到顾客购买产品的用途、使用要求、将在什么条件下使用等问题，这些问题决定了准顾客对产品的选择标准，并为推销员提供了推销说服的基点。

（2）需要多少。即准顾客需要购买产品的数量。购买的数量涉及到推销员确定报价和议价策略及其他交易条件，推销员在考察准顾客要多少的问题时，既要考察当前的交易量，也要考察潜在的购买量。

（3）何时需要。即准顾客做购买决策、签约及履行合约的时间。时间问题可通过准顾客的购买计划和采购计划日程做出相应的判断。

（4）期望的价格。即准顾客为实现某项购买而设定的心理价位或购买预算。大多数情况下，尤其是当准顾客具有明确的购买意图和购买计划时，都会有相应的期望价格。了解和掌握准顾客的期望价格，对于推销员确定产品报价和议价的策略是非常重要的。

（5）品牌倾向。即准顾客是否有对某一品牌的特别偏好。当准顾客没有明确的品牌倾向时，表明任何厂商的产品都没有优先性的排他优势；当准顾客有较明确的品牌倾向时，如果自己的产品品牌与准顾客品牌倾向一致，表明自己已获得优先性的排他优势，反之则表明自己的产品品牌已为准顾客所排斥。准顾客的品牌倾向可以在与客户有关人员的接触中直接询问而获得。

3. 特定需求审查

在顾客需求审查中，如果发现具有特殊需要的准顾客，应该继续进行审查，确切了解特定顾客的需求特点及其需求的意义，以便在以后的推销活动中给予满足。

（二）审查方法

顾客需求审查，要运用全面、联系、发展的观点对其进行动态的、综合的分析，既要审查顾客的现实需求，估计现实的需求量，又要考虑顾客购买的动态性以及顾客向其他顾客推荐购买的可能性。只有这样，才能对顾客的需求做出一个全面、正确的评价。

二、顾客支付能力审查

顾客支付能力是指顾客能够以货币形式支付货物款项的能力，实质就是指顾客具有的现实购买能力。顾客的支付能力审查主要有客户的现金支付能力，财务状况、经营状况、信用额度等。对于组织型客户可以通过下述途径了解，主管部门或司法部门、注册会计师事务所、银行、大众传媒、推销对象内部、同行、自我观察等。对于个人客户则可以通过客户的职业、受教育程度、住房情况、生活质量、交通工具等来了解。

（一）顾客的支付能力审查的内容

（1）个人或家庭购买者的购买能力审查。主要是从影响个人或家庭购买力的各种因素，如实际收入、购买支出、消费储蓄与信贷等几个方面进行审查。

（2）组织购买者的支付能力审查。购买力审查的重点对象是组织与企业购买者。

推销人员对组织购买者的购买力的审查涉及组织购买者的生产状况、经营状况、资金状况、财务状况、信用状况等方面。从可操作性上讲，推销员对客户支付能力的审查主要是通过了解客户此项购买的资金来源及到位情况而对客户的支付能力状况做出判断。不同的客户单位其资金来源渠道是不同的，不同渠道的资金来源，其支付保障性也有差异，而资金的到位情况则决定了客户是具有现实的支付能力还是潜在的支付能力，只有已到位的资金才形成现实支付能力，对潜在支付能力是否能按期转化为现实支付能力则要分不同情况予以对待。

当一项推销的订单金额与客户业务规模相比属于小额订单时，或可做到钱货两清时，只要观察客户是否有足够的现金维持其正常业务开支就可对客户的支付能力做出判断。但当订单金额太大，以至客户需要专门为该项购买进行预算并在项目进行过程中筹集资金时，或当定单的执行周期较长并分为若干期支付贷款时，推销员就一定要对客户的支付能力进行专门的研究。既要了解客户的购买资金来源，又要了解其到位情况，对未到位的资金，还要了解和证实到位的可能性大小和可能到位的量与时间。对此，可向客户有关人员询问和向与该客户有业务往来的其他推销员咨询以相互证实。

（二）顾客支付能力审查的方式

（1）通过主管部门了解。

（2）向注册会计师事务所了解。

（3）从推销对象内部了解。

（4）通过其他同行了解。

（5）通过银行了解。

（6）通过大众传播媒体了解。

（7）推销人员自我观察 。

（三）审查支付能力时应注意的事项

在对顾客进行支付能力审查时，应避免因为审查错误而失去顾客，更应该避免因为疏忽而遭受损失。

（1）需要注意的几个问题

①顾客经营情况发生变化。

②人事变动情况。

③经济政策发生变化。

④企业本身管理不严。

（2）几个容易忽视的问题

①忽视对老客户的审查。

②对有"来头"的顾客不审查。

③忽视对熟人的审查。

④对大公司不审查。

⑤认为"跑了和尚，跑不了庙"而忽视审查。

⑥盲目乐观。

⑦忽视程序。

三、顾客购买资格审查

对推销品具有购买需求和支付能力的顾客，如果不具备购买资格，也不是合格的目标顾客。因此，推销人员要对准顾客的购买资格进行审查，审查准顾客是否具有作为市场经营主体的行为能力以及对推销品的购买是否有某些限制。由于购买者主要有个体购买者与组织购买者，所以购买人资格审查的主要内容，就是审查以家庭为主的购买者和以法人资格进行购买的组织与企业购买者。

（一）家庭及个人的购买人资格审查

对家庭及个人购买人资格得审查，主要搞清楚以下两个问题：

（1）家庭购买决策类型。家庭购买决策的类型有：丈夫支配型、妻子支配型和共同支配型。

（2）购买角色。家庭的购买角色有五个：发起者、影响者、决策者、购买者和使用者。

（二）组织购买的决策者资格审查

在当前的市场上，组织型客户的购买多以集体决策的形式进行，推销员往往要接近和说服客户决策集体中涉及不同职能部门、不同职位的若干对象。这些对象由于在整个采购活动中的角色和分工不同，自然形成了一定的决策程度和决策权力结构。

1. 决策程序

即客户采购活动在不同职能部门及相应人员之间的作业流程。如在客户单位中往往由常设的供应部负责收集供应信息，接待推销员；由产品使用单位和使用者提出对产品的使用要求；由总工程师负责拟定产品的技术和选型标准；由行政领导负责最终的购买决策。这就构成了该客户的采购活动的作业流程。

准确把握客户采购的决策程序，能帮助推销员在推销活动的不同阶段找准接近和说服的对象，并明了这些不同的对象在整个决策程序中能起到的作用，避免对某个特定对象的过分期望或忽视。如，对提出使用要求的使用者，我们不可能寄望于使自己的产品获得选型认可，但能通过他充分了解客户的需要性；对作为技术负责人的总工程师，我们可争取到选型认可，但往往不能因此就得到订单。

推销员可根据本产品在销售中的一般规律结合对客户的采购常设机构有关人员及其他类似性质产品推销员的询问来了解客户的决策程序。

2. 决策权力结构

即客户内部决策流程中有关人员之间的决策权力制约关系。这通常是一个极其复杂而又微妙的问题，往往在无形中就决定了推销的成败。推销员必须极其慎重而准确地做出判断。

决策权力结构是一个与决策程序密切相关的问题。一般而言，客户决策程序中各决策环节上的职能部门主要行政负责人或项目负责人就是相应的决策权力人，他们分段决策、各负其责。但实际情况往往要复杂并微妙得多。例如，一个管理上高度集权的客户，上述决策权力人会变成名义决策权力人和事实上的执行人；而一个严格实行分权管理的客户，则情况就会相反。此外，由于历史的原因，有时这些决策权力人之间会产生一种十分微妙的权力制约关系。

对客户决策权力结构的审查不能仅以年龄长幼、职务高低、部门职责等表象来做主观判断，以免成为特殊的客户决策权力结构的牺牲品。

3. 信用度

客户单位及其主要决策人和合同执行人的可信任程度。在推销活动过程中，推销员与客户之间会彼此做出一系列的承诺，这些承诺是否得到兑现，很大程度上取决于客户的信用度。信用度越低的客户，交易风险越大。为尽量避免交易风险，推销员要尽可能对客户信用度做出自己独立而准确的判断，并通过谈判而实现自我保护。

本章小结

- 寻找顾客是指寻找潜在可能的准顾客。准顾客是指对推销人员的产品或服务确实存在需求并具有购买能力的个人或组织。

- 寻找顾客的原则是：确定推销对象的范围；树立"处处留心皆顾客"强烈意识；选择合适的途径，多途径寻找顾客；重视老顾客。

- 寻找顾客的方法有逐户访问法、连锁介绍法、中心人物法、个人观察法、委托助手法、广告开拓法、资料查阅法、市场咨询法、网络搜寻法、交易会寻找法、电话寻找法等。

- 在推销实践中，并非每一位准顾客都能成为推销人员的目标顾客。从准顾客到目标顾客还需要对其资格进行鉴定、选择，分析其是否具备成为目标顾客的条件。顾客资格审查是指推销员对已选定的顾客，按一定的标准进行评审，以确定适当的目标顾客的行动过程。

- 顾客资格审查包括顾客购买需求的审查、顾客支付能力的审查、顾客购买资格的审查。

复习思考题

1. 什么是准顾客？寻找顾客应遵循什么原则？

2. 寻找顾客的常用方法有哪些？请简述。

3. 为什么要进行顾客资格审查？顾客资格审查的内容包括哪些方面？

实训题

自己设定一个产品，利用国际互联网，设计一个网上寻找顾客的方案。

案例分析题

小王曾经是某外贸公司的办公室文员，由于公司生意不景气，辞掉了公职，加盟雅芳公司，做了一名职业推销员。加入了一个新的行业，一切都必须重新开始，小王为自己没有客户而发愁，不得不每天挎着一个大背包，里面装满了各种眉笔、唇膏、粉饼等化妆品，一家家地敲着陌生人的大门。可是能开门见她的人很少，多数人只是在门镜里看了看，就很不客气地在门里说："我不需要，快走吧!"一连几个月她的收入虽然有所提高，但仍不足以维持温饱，这深深刺痛了她那颗骄傲的心，她不相信在别人干得有声有色的行业中，自己只是一个"脓包"，一定有办法开创自己的新天地。

小王先向她的同学、亲友介绍雅芳化妆品，先请她们试用，并借机向她们推销产品，很快业绩有了上升，之后又请她们把她介绍给她们的同事，但是当用这些常规方法发展到近50人时，她的业务又出现了停滞。

接下来小王决定在自己的小区里展开推销活动，她写了几百封信："××号的李女士，您好! 我是您的邻居王小丽，在雅芳公司工作。我很希望与您做个朋友。能在晚上6至8点之间给我打个电话吗? 我的电话是87654321。"并附上一些化妆品的说明书，然后把信件塞进了各户的信箱。以后几天晚上陆续接到了5个电话，卖出了3只口红、4个保湿粉底和1瓶收缩水。

就这样做了几个月，小王的推销成绩又有了很大进步，但她仍觉得销售增长的速度慢。怎样才能提高效率呢? 她冥思苦想了很长时间也不得要领。后来在儿子的家长会上她偶然得知有一个孩子的妈妈是某单位的工会主席，姓王，突然有了主意，决定试一试。

机会来了，有一天下着大雨，工会主席还没来，看着孩子们一个个被家长接走了，她的孩子很着急，小王就主动上前安慰他，告诉他说："阿姨可以送你回家。你先给妈妈打个电话，告诉她不要着急，康明（小王的儿子）的妈妈送你回家。"小家伙照办了。小王把他送到家，记住了她家的地址。

她们成了好朋友，小王给她做了全套护肤美容和化妆，边做边讲解，并针对她的肤质特点提出建议，工会主席发现化妆后比平时漂亮多了。大家的赞美使她很高兴，自然成了小王的顾客，她也帮助小王介绍了一些同事，在她的影大下，她们单位不少女同事也都开始使用雅芳化妆品了，小王的顾客数量也达到了300人，收入大有增长。

王主席后来又帮小王与另外几个大企业的工会主席取得了联系，建立了友谊。通过这种方法，小王发展了几个公司的大量顾客。她们中有的人买全套化妆品，有的人只买单件，不论怎样，她对她们一视同仁、不厌其烦，周到服务，大家对她非常满意。因此，她的顾客量像滚雪球般越来越大，销售量直线上升，收入也有了极大提高。

问题：

1. 小王采用了哪些方法来寻找顾客？
2. 如果你是小王，你还会采用哪些方法来寻找顾客？

项目四
约见顾客准备

1. 了解推销环境对推销活动的影响
2. 了解推销产品应准备的内容和要求
3. 熟悉所要推销的产品和公司情况
4. 掌握顾客的类型及特点
5. 掌握不同类型顾客的约见准备

任务名称：为成功约见准顾客做准备。

任务具体描述：

如前所述，通过自己的不断努力，你已经圆满完成了领导安排给你的任务，找到了十个准顾客，接下来你要为成功约见顾客做准备。

完成任务提示：为了让学生完成以上情景任务，老师可安排以下驱动项目：

将学生分成三个组，分别安排他们进行个体顾客、团体顾客、常顾客的调查，了解不同性质的顾客分别具有什么特点，通过对他们进行实际接触，分别完成约见个体顾客的准备计划书、约见团体顾客的准备计划书以及约见常顾客的准备计划书。

学习内容

引 例

1973 年，赫赫有名的肯德基公司踌躇满志，大摇大摆地踏入中国香港市场。在一次记者招待会上，肯德基公司主席夸下海口：要在香港开设 50～60 家分店。肯德基家乡鸡首次在香港推出时，配合了声势浩大的宣传攻势。电视广告迅速引起消费者的注意。声势浩大的宣传攻势加上独特的烹调方法和配方，顾客们都乐于一尝。而且在家乡鸡进入香港以前，香港人很少品尝过所谓的美式快餐。看来肯德基在香港市场的前景光明，但是肯德基在香港并没有风光多久。1974 年 9 月，肯德基公司突然宣布多家快餐店停业，只剩下 4 家坚持营业。到 1975 年 2 月，首批进入香港的肯德基快餐店"全军覆没"，全部关门停业。

当时的香港评论家曾大肆讨论此事，最后认为，家乡鸡首次进入香港的失败，败在对香港环境文化未能深入了解。正如英国市场营销专家史迪尔先生所说："当年家乡鸡进入香港市场，是采用与美国一样的方式。然而，当地的情况要求它必须修改全球性的战略来适应当地的需求。产品的用途和接受，受到当地的风土人情的影响。食物和饮品类产品的选择亦取决于这一点。当年的鸡类产品不能满足香港人的需求，宣传概念亦不得当。"

引例说明，推销活动必须重视对推销环境的分析和研究，并根据推销环境的变化制定有效的推销策略，扬长避短、适应变化、抓住机会，从而实现推销目标。

曾经有人问过 700 名日本最佳推销员："你同顾客见面时，特别注意的是什么?"79%的人说:"先收集好情报和有关知识。"充分说明了准备工作的重要性。可以这样说,推销成功的概率与准备的程度成正比。一般说来,推销准备主要包括以下几个方面:了解推销环境、产品准备、熟悉公司情况、分析顾客状况、制订推销计划。

任 务 一　了解推销环境

推销环境，即商品销售环境，是指与企业推销活动相关的所有外部力量和相关因素的集合。影响企业推销活动的环境因素有两种：一种是宏观环境；另一种是微观环境。推销环境中的各个因素都会影响消费者的购买行为，进而影响企业的推销活动。

一、宏观环境

企业宏观推销环境是指那些直接或间接作用于企业微观推销环境，并因此造成市场机会或足以影响社会的力量，它主要包括人口环境、经济环境、自然环境、科学技术环境、政治法律环境、社会文化环境等六大因素。这六大环境因素体现为比较庞大的社会力量，是企业难以控制的因素，其变化速度远远大于微观环境的变化速度。

（一）人口环境

人口是构成市场的第一要素。市场是由购买欲望同时又有支付能力的人构成的，这样的人越多，市场规模也就越大。因此，企业必须重视对人口环境的研究，密切重视人口特性及其发展方向。人口环境要素包括人口总量、人口结构、人口迁移、人口增长等细分要素。一方面，世界人口数量的增长意味着社会对商品和劳务的需求量有不断增加的趋势。另一方面，人口结构等细分要素的变化会对市场格局产生深刻影响，并直接影响企业的推销策略和推销活动的内容和形式。再者，随着人们需求的个性化特征的日益明显，由此派生出来的细分市场呈现多元化、可变性的特点，这在一定程度上使推销人员面临了更大的困难和挑战。

【小资料】

人口老龄化潜在的眼镜商机

中国政府加大公共卫生事业建设力度，不断提高人口健康素质。平均预期寿命已从新中国成立前的 35 岁上升到 2004 年的 71.8 岁。目前，我国已成为老龄化速度最快，老年人口最多的国家，60 岁以上的人口已占全世界的 1/5。数据显示至 2004 年底，中国 60 岁以上老人有 1.4 亿，占全国总人口近 11%；65 岁以上的老人为 9680 万，占全国总人口的 7.6%。2005 年底人口抽样调查显示：我国 65 岁以上人口占全国人口比重已升至 8.2%。据国家统计局统计，在今后的 20 年里我国将平均每年增加 596 万老年人口，年均增长速度达到 3.28%，大大超过总人口年均 0.66% 的增长速度，人口老龄化进程明显加快。按照根据联合国制定的标准，65 岁以上人口占总人口的 7%，即为老年型人口结构类型，这意味着我国已开始迈入老龄化社会。

以上的数据统计实在令人担忧，担忧的同时我们似乎忽略了人口老龄化给老年人特需商品与服务的市场造就了极大的市场潜力。人的视力随着年龄的增长而逐步退化，老花眼是正常人的生理性衰老过程表现之一，一些人甚至从 40 多岁开始就出现了眼花现象。随着社会知识的进步，看书、看报、看电视、操作电脑成更多老年人在日常生活中必不可少的休闲活动，操作电脑、看书、看报，佩戴一副老花镜已是生活的必需。再者老年人的屈光状态也在不断变化，有的还有散光、隐斜、青光眼、白内障等眼病，都会对眼睛的屈光状态产生明显的影响，为了有效矫正屈光不正到有条件的医院进行检查配镜也是常事。

老龄化社会与社会经济的发展，是完全可以相互协调的。人口老龄化的加剧对于眼镜行业是一个不可忽视的大商机。

（二）经济环境

经济环境指企业推销人员在推销过程中所面临的社会整体经济状况，社会经济发展状况及其运行态势会直接或间接地对企业的推销活动产生影响。具体说来，影响推销的社会经济因素包括以下三个方面：一是消费者收入水平的变化，因为消费者收入水平的高低直接决定消费者的购买能力和消费结构。二是居民储蓄和消费信贷的变化。消费者储蓄和信贷状况是影响消费者现时购买力和潜在购买力的重要因素之一。三是消费者支出模式和消费结构的变化。

【小资料】

法国巴黎百富实力最新的《中国消费前景》报告中指出，中国人均消费从 2003～2020 年将增长 10.8%，最新的消费高峰期就要来临，消费结构将不断改变，随着收入增加，人们对衣食消费支出比例会大大下降，趋势变为逐渐追求健康、舒适、质量、样式。未来 10～20 年，房子和与住房相关的商品都将是家庭的首要需求，轿车开始大比例进入家庭。2010 年城市对车的需求大概是 1000～1500 万，而教育、医疗、旅游、电信、信息和家庭娱乐商品的更新换代，都将成为消费支出中增速较快的项目。

（三）社会文化环境

社会文化是人类在长期的社会生产和生活中形成的，独特的生活方式、行为规范、价值观念、对事物的态度和看法、审美观以及时代相传下来的风俗习惯、语言文字等。每个人都生活在一定的社会文化环境中，不同的社会文化环境下，消费者的需求和行为会有很大的差异，推销人员应做到"入境随俗"，采取不同的推销策略。不同国家，不同地区有不同的自然条件、生产力水平、价值观念和文化习俗，推销人员在一个地方洽谈生意时，必须事先了解该地域的风俗习惯、商业习惯和历史文化传统，避免造成双方误会，影响成交。

（四）科学技术环境

科学技术是第一生产力，它对推销活动的影响主要体现在以下两个方面。第一，新技术革命有利于改善企业的经营管理模式，提高推销效益。目前，一场以微电子技术为基础的信息技术，促成国际互联网络的形成，加速了全球市场一体化的进程，使得企业的推销领域无限扩大，从而推销方式也发生了很大的变化。第二，新技术革命会影响零售商业结构和人们的购买习惯、购买行为。随着科学技术的发展，传统的、古老的商业机构——百货商店的统治地位逐渐削弱，新的商业机构不断涌现。如超级市场、邮购和电话订购、网上订购零售业、自动售货机销售形式、特级市场、现代化的购物中心，这些新型零售机构的兴起与发展，大大方便了顾客的购买。同时，新技术革命对消费者的购买习惯和购买行为也发挥着积极的影响作用。随着电话、电视、网络系统的普及，出现了"网上购物""电视购物"这些新型的购物方式。这些科学技术的发展，一方面为顾客提供了大量不同类型、不同档次的商品，另一方面，又唤起了顾客个性化消费的欲望，是他们不再满足于消费大众化商品，而是渴求消费能体现自身个性的商品。推销人员应了解这些变化，并采取相应的对策。

（五）政治法律环境

政治法律环境是指对企业经营活动具有现存和潜在的作用与影响的政治力量，同时也包括对企业经营活动加以限制和要求的法律和法规等。政治法律环境对推销活动的影响主要体现在以下几个方面。第一，政治局势的变化。政局稳定，推销活动就能正常开展。在国际市场商品销售中，一个国家政治局势的变化，会刺激或抑制某种商品推销。第二，政治、经济体制的变化。在不同的政治、经济体制模式下，商品流通的调节方式、管理方法、决策体系各不相同，经营机制的不同，必然会影响推销活动。我国由计划经济体制向市场经济体制的转变，推销工作也必须转变观念，以市场需求为出发点，一切为顾客着想，为顾客服务，这样才能获得长期的推销效益。第三，各种法律、法规、方针政策的连续性和稳定性。政府的方针、政策是随着政治经济形势的变化而变化，并具有较强的阵地型，对商品推销活动产生各种直接或间接的影响作用，尤其是财政、金融、税收、价格、购销等各项政策，对商品推销具有更加显著的直接作用。

（六）自然环境

自然环境的内容包括，一是自然地理状况，如阳光、雨水、地形、地貌、气候、温度等，这些因素决定了处于不同地理位置，不同经纬度地区的居民会有不同的商品需求，因此，推销商品必须因地制宜；二是自然资源状况，包括国土资源、水环境、矿产资源、植物资源、动物资源等。自然资源受自然地理条件的限制，在不同国家和地区存在着明显的资源差异，某些自然资源短缺或即将短缺，既可以给一些产业或行业带来机会，也可以造成威胁，势必影响到某种或某类商品的销售。如一些资源的代用品，节能设备将具有良好的销售前景。

二、微观环境

微观推销环境，是指对企业的产品和服务及其目标市场构成影响的各种力量，包括：企业内部条件、供应商、购买者、竞争者以及与企业具体业务密切相关的组织和力量等，是企业可以通过自身的行为去影响或部分控制的直接环境。因此，在制定销售计划时，企业的能动性对直接环境具有较大的影响。

（一）企业内部条件

企业进行推销决策，制定推销计划，开展推销活动，无一不以企业的内部环境条件为基础，无一不与企业内部各方面的工作保持着直接的联系。企业的内部环境条件，涉及到人员条件、技术条件、生产条件、资源条件、管理条件、企业文化等。这些内部环境条件共同决定着企业综合素质的状况，形成了企业的自下而上与发展能力。由此可以看到，推销工作主要是企业市场营销部门的职责，但推销工作的成败，从根本上来说最终将取决于企业的综合素质和整体工作状况。

（二）供应商

供应商是影响企业营销的微观环境的重要因素之一。供应商是指向企业及其竞争者提供生产产品和服务所需资源的企业或个人。供应商所提供的资源主要包括原材料、设备、能源、劳务、资金等。供应商对企业推销活动的影响主要表现在以下三个方面。

1. 供货的稳定性与及时性

原材料、零部件、能源及机器设备等货源的保证，是企业营销活动顺利进行的前提。供应量不足，供应短缺，都会影响企业按期完成交货任务。而这在某种程度上也会间接影响到推销活动的顺利进行。

2. 供货的质量水平

供应货物的质量直接影响到企业产品的质量。企业产品的质量状况会直接影响到推销人员推销产品和服务时表现出来的态度。推销人员对自己所推销的产品或服务是否具有足够的信心和热情，将直接影响顾客对产品的态度，顾客既会被推销员对产品的热情与自信所吸引，也会因为推销员对产品的冷淡和不自信而排斥推销活动。试想一下，如果推销员自己都对所推销的产品没有太大的信心，又怎么能够说服顾客信任你的产品，顾客又怎么会愿意掏钱购买这样的产品呢？

3. 供货的价格变动

毫无疑问，供货的价格直接影响企业的成本。如果供应商提高原材料价格，生产企业亦将被迫提高其产品价格，由此可能影响到推销人员的销售量和利润。

（三）购买者

购买者是对企业有重要影响的微观环境因素。企业的产品和推销活动能否被消费者认同和接受，是关系到企业生死存亡的大事。购买者是企业产品的直接购买者和使用者，顾客的不同态度意味着企业市场的得失，分析并掌握顾客需求变化的趋势是企业的重要工作。对购买者的分析可以从质和量两个方面进行。市场规模是量的指标，顾客需求是质的指标。

（1）市场规模。顾客对产品的总需求决定着行业的市场规模，从而影响行业内所有企业的发展边界。市场规模由于受到各种因素的影响，会不断发生变化，企业要随时掌握这种变化趋势。

（2）顾客需求。根据美国心理学家马斯洛的需求学说，人的需求分为五个层次：生理需求、安全需求、社会需求、尊重需求、自我实现需求。当消费者的生理需求被满足后，一般会产生安全需求，安全需求被满足后，会进一步向满足社会需求发展，依此类推，消费者需求层次由低级向高级不断上升。消费者除了层次性以外，还具有差异性，会因时、因地、因人不同而不同。

（四）竞争者

孙子曰："知己知彼，方能百战不殆。"因此，推销人员不光考虑购买者，还要考虑竞争者。如果你只了解你自己，知己而不知彼，那么你只做了一半，你必须知己知彼，你的强势、弱势在哪里，然后要进行变化这才行，所以这是一种很实际的做法。在日益激烈的市场竞争环境中，推销员必须十分注意它们的竞争对手，首先推销人员必须深入了解现有的竞争者。竞争对手的数量有多少，分布在什么地方，其市场定位如何？其年销售额和市场占有率如何？他们的优势和劣势是什么？其次要找到谁是主要的竞争者？他们对本企业构成的威胁主要是什么？最后，推销员必须随时分析竞争对手的动向，把握市场竞争的态势。依据对这些了解，推销人员就可以制定出有针对性的推销策略。

需要注意的是，竞争对手并不是单纯指那些销售同样产品或服务的企业，也包括那些能满足顾客同样需求的替代产品生产商。如果两种相互可以替代的产品，其功能实现可以带来大致相当的满足程度，但价格却相差悬殊，则会给推销员的推销活动带来了较大的难度。因此，推销人员必须熟悉这些企业产品和服务具有哪些优缺点，以便找出自己企业产品和服务的竞争优势加以发扬，找出自己的竞争弱势加以补强。

（五）社会公众

这里所说的社会公众，指的是所有实际或潜在地关注企业的生产经营活动，并对其实现目标的能力具有一定影响的组织或个人。由于企业的生产经营活动影响着公众的利益，因此政府机构、金融组织、媒介组织、群众团体、地方居民乃至国际上的各种公众必然会关注、监督、影响和制约企业的生产经营活动。这些制约力量的存在，决定了企业必须遵纪守法，善于预见并采取有效措施满足各方面公众的合理要求，处理好与周围各种公众的关系，以便在公众中树立起良好的企业形象，这是企业适应和改善微观环境的一个重要方面的工作。

【小案例】

美国洛杉矶推销员斯坦福·布卢姆以 25 万美元的价格，购买西半球公司一项专利，生产一种名叫"米沙"的小玩具熊，用作 1980 年莫斯科奥运会的吉祥物。买下后的两年里，布卢姆先生和他的伊美治体育用品公司致力于"米沙"的推销工作，并把"米沙"商标的使用权出让给 58 家公司。成千上万的"米沙"被制造出来，分销到全国的玩具商店和百货商店，十几家杂志上出现了这种带 4 种色彩的小熊形象。开始，"米沙"的销路良好，布卢姆预计这项业务的营业收入可达 5000 万到 1 亿美元。不料在奥运会开幕前，由于前苏联拒绝从阿富汗撤军，美国总统宣布不参加在莫斯科举行的奥运会。骤然间，"米沙"变成了被人深恶痛绝的象征，布卢姆的赢利计划成了泡影。

【分析提示】

这则案例充分说明了环境因素对推销工作的影响是何等重要。因此，只有认真研究商品的推销环境，善于识别环境变化带来的机会和威胁，及时调整推销商品的目标、方式，调整推销商品的时间和空间，才能使商品推销工作适应各种环境的变化，从而掌握推销商品的主动权，提高推销效益。

任务二 进行产品准备

了解产品是成功的秘诀，没有比推销员对自己的产品不熟悉更容易让本来想购买的顾客逃之夭夭了。不能要求顾客是产品专家，因为顾客没有那么多的时间去了解各种商品，所以推销员就要做好一个优秀顾问的角色，在充分了解产品的基础上，对产品做细致分析，明确以下几点：

一、了解产品的特性与功能

（一）了解产品的特性

每一样产品皆有其独特之处，以及和其他同类产品不同的地方，这便是他的特性。产品特性包括一些明显的东西，如尺码和颜色；或一些不太明显的，如原料。最常见的产品特性有：

（1）尺码——体积、重量和容量。

（2）颜色或光暗面。

（3）款式或型号；出产季节或年份。

（4）成份——原料或组成部分。

（5）功能——产品可做什么或怎样运行。

（6）品牌——制造商、生产线或设计师。

（7）价格。

就是因为产品的特性，才可以让顾客把你推销的产品从竞争对手的产品或制造商的其他型号中分辨出来。一位优秀的推销员应认识各种他所推销的产品及其有关他们的一切特性。

【小思考】

由于产品和服务种类繁多，要认识所有关于他们的项目并非易事。那么推销人员是从那些渠道获取关于产品的信息呢？

答：获取产品信息的渠道会因不同的企业和产品而异，不过有几个资料来源却是你可以信赖的：

- 标签包装和说明书
- 制造商或供货商
- 推介讲座、内部刊物和同事
- 公司举办的各种相关的训练课程
- 公司的推销会议
- 公司的新产品展示会

(二) 了解产品的功能

人们购买产品的最根本目的是为了满足其某种需要，而产品的功能正是使需要得以满足的可能。一件产品在使用中能给顾客带来多种利益，包括使用的基本利益、经济利益、美学利益、方便利益，而功能正是满足顾客最基本的最核心的利益。推销员只有真正把握了产品的各项详细功能以及各种功能对于不同类顾客的价值，才能因人而异地以最吸引人的方式展示给顾客。通常，只有亲自使用过产品，才能真正把握产品的功能及其优缺点。以一个消费者的身份去切身体会自己的产品，无疑是推销员获取最可靠的第一手资料的途径之一。

【小案例】

创建于1886年的雅芳公司，其业务遍布五大洲120多个国家和地区，营销代表逾200万人，年销售额达几十亿美元，对公司的推销人员（即"雅芳小姐"）有一条不成文的规定，每个推销"雅芳"产品的人都必须是"雅芳"产品100%的用户。这并非强制性地扩大自己的销量，而是要每个推销员都懂得真正认识商品、了解其性能的重要性。

【分析提示】

推销人员只有真正了解商品，才会对顾客所提出的与商品本身密切相关的问题心中有数、应对自如。切身体会无疑是推销人员最具说服力的资本，只有亲身使用，以一个消费者的角度去检验自己的产品，才会获得最可靠的第一手资料，才会对产品真正拥有信心，并把这种信息带到每一次推销中，用这种信息去感染每一位顾客。

(三) 了解产品的保养措施

在一般情况下，顾客购买一件产品，都希望能用的时间长一些，所以，对产品的必要保养，可能会很感兴趣，希望能够掌握一定的保养知识，以延长产品的使用寿命。如你的产品需要何种维护与润滑？需要采用特别保养吗？如果需要服务的话，顾客需要采取什么样的行动呢？产品本身附有什么保证吗？面对这些问题，推销员必须事先了解产品的功能以及所需要的保养措施，以避免回答不上顾客的问题而显得不知所措。

二、判断产品的心理属性

根据产品心理属性的不同，产品一般分为三种：理性产品、感性产品和集中性产品。所谓理性产品即消费者在购买该产品时的消费心态是很谨慎、需要经过深思熟虑才会作出购买决策的产品，如药品以及一些价值较高的产品如电器、汽车等。所谓感性产品即消费者在购买该产品时的消费心态是不需要深思熟虑即可达成购买的产品，如小食品、饮料以及一些价值较低的产品。所谓中性产品即介于感性与理性之间的产品，如皮箱、手提包等价格中档、购买频率不太高的商品。对于不同类型的商品，推销员所采用的推销技巧也应是不同的。具体说来，对于理性商品，由于人们购买时多持谨慎态度，购买所花时间长、顾虑多，推销员不能光凭连珠炮式的轰炸，这时推销员还应该是技术员和咨询员，你所掌握的专业数据会显示出它的威力。而对于感性商品，推销员最好是动之以情、晓之以礼，此时推销员的个人魅力就显得尤为重要了。对于中性商品也许你会感到手足无措，不妨采用一个最简单的办法，中性商品中价格较高的，可以采用偏向于理性产品的推销方法；价格较低的，不妨试试感性产品的推销法。

三、了解产品结构与顾客需求之间的关系

现代产品的概念是一个整体的概念，它由三个层次组成：核心产品、形式产品和附加产品。顾客购买产品是为了满足自己的需求，不同层次的产品与顾客需求具有密切的关系。核心产品是指产品能够给消费者带来的实际利润，即产品的功能和效用，它是顾客需求的中心内容，是顾客购买产品的目的所在，是顾客追求的效用和利益。比如购买空调的顾客其实在购买适宜的室内温度，购买自行车的顾客并非仅仅是把它存放在家里，而是为行路、购物、工作之方便快捷。形式产品是产品的实体本身，它包括产品的品牌、质量、款式、规

格、包装，是对目标顾客某一需求的特定满足形式。要满足顾客追求的核心利益，必须通过形式产品表现出来。附加产品是产品设计者提供的附加服务和附加利益，通常指各种各样的无形服务，如保证、送货、维修、技术培训等。推销员应善于将这样一个多层次的产品综合把握，深入体会，找出隐藏在产品整体概念中的产品利润核心点，赋予你的顾客足够的利益，使之购买你的产品。

四、了解产品的差别优势

尽管你所推销的产品具有使用价值，但能否说服顾客购买你的产品而不是竞争对手的产品，关键在于你的产品是否具有差别优势。产品的差别优势不一定是产品自身最好的部分，而是同竞争产品相比，比其优秀的地方。推销员在推销产品时，应强调产品的差别优势和特色，以吸引、诱导顾客购买。

五、相信、热爱自己的产品

推销员一定要相信自己的产品能满足特定顾客的特定需要，同时还要热爱自己产品，相信自己不仅是在推销产品，而且在帮助顾客解决生产和生活中的实际问题，"推销员是播撒幸福的人。"试想如果推销员对自己推销的产品都不感兴趣、不相信，又如何能去感染别人，打动顾客呢？所以，要说服顾客，必须先说服自己，让自己相信所推销的产品能够给顾客带来利益，这样才能信心十足地把产品推销出去。日本丰田成有个不成文的规定，凡是丰田公司的人必须驾驶丰田车，凡是非丰田牌汽车驶进丰田城给人们的刺激就特别强烈，在丰田城看见不是丰田车的丰田人就很不高兴。

【小知识】

自己对自己的商品不能入迷，则打不动顾客的心。

—— 日本最佳推销员

【小案例】

有一个推销员上门去推销化妆品，必要的礼仪招呼打过之后，他说明了来意。对方看见化妆品包装上有果酸字样，就问他这是什么意思，有什么作用，这个推销员一听马上就懵了，吞吞吐吐谈不出个所以然，结果我们可想而知。

而另一家化妆品公司的推销员，不论顾客问什么，有什么要求，他都对答如流，并尽量满足顾客的需求，销售业绩在同事中遥遥领先。

【分析提示】

这则案例从正反两方面证明了推销员一定要熟悉了解自己的产品，不论顾客问什么都要解答如流，不要给顾客这么一种印象：自己推销的产品自己都不懂，我们又怎么能放心使用这种产品呢？有的推销员由于对自己产品不了解，推销时没有信心，连赢得顾客信任的机会都没有，谈什么争夺顾客？

任务三 熟悉公司情况

对于顾客来说，推销员就是公司。既然推销员代表着公司，就有责任熟悉自己的公司情况。推销员应该对公司有一个全面的了解，包括公司的诞生与发展沿革、公司的职能机构、公司的发展规模与业绩、公司今后的发展规划以及公司的企业文化等。虽然顾客不一定会向你打听你所服务公司的全部情况，但是你必须未雨绸缪，做好准备，以防万一。

一、公司的发展历程

了解公司的过去和发展历程，可以获取很多有价值的公司背景资料。这些有关公司的知识，对推销会有很多好处。能够巧妙回答有关公司情况问题的推销员，通常都会给顾客留下深刻而良好的印象。这些资料具体包括：

（1）企业创立的时间和地点。

（2）早期的生产规模、销售状况和产品种类。

（3）企业名称或商标的出处。

（4）对企业发展有重大影响的领导人。

（5）新产品的发明日期和发明过程。

二、公司的组织结构

一次推销活动的顺利完成，仅靠推销员一个人的三寸不烂之舌是不够的，还需要企业多个部门和个人的配合。满足顾客需要、履行供货、送货、维修等职责，往往是很多部门的共同任务。这些部门包括财务部门、运输部门、生产部门和销售部门。每家公司都有自己特殊的组织结构，推销员应该对那些与销售有关的关键部门和直接负责人十分熟悉，以便在自己的推销工作中遇到困难或有突发状况时，推销员可以及时地找相应部门和负责人来解决。例如，当一位顾客对产品有特殊的要求时，你可以直接找负责这方面的领导者。

三、公司的发展规模与业绩

推销员要了解公司目前的发展规模，如生产能力和供应能力等指标，以及业绩状况，如行业地位、竞争能力、市场占有率等指标。这些信息是顾客所关心的，对于推销活动具有很大的帮助。顾客了解公司的生产能力，就对产品的性能与技术水准有了大致的了解，即对产品的品质比较放心；推销员了解公司在同行中的声望与评价，就能根据具体情况去推销产品，扬长避短，灵活地进行推销活动。

四、公司的长期发展目标

长远发展目标即未来的发展计划。了解公司的未来发展计划，可以帮助推销员沿着推销之路勇往直前。推销不是盲目的，它是推销员将特定产品销售出去的过程。推销员必须了解公司的未来发展计划，以满足顾客日益增长的需要。

五、公司的企业文化

企业文化是一个企业在长期经营实践中所凝结起来的一种文化氛围、企业精神和经营理念，并体现在企业全体员工所共有的价值观念、道德规范和行为方式中。推销员只有了解并真正认可了公司的企业文化和经营理念，才可能对自己推销的商品充满信心和热情，并把这种信心和热情带到每一次推销中，而推销员的言行中体现出来企业文化也会深深地感染每一位顾客，让顾客不仅相信了你的产品，更相信了你的公司。

六、公司的运行方针及程序

为了成为一位高效率的推销员，使顾客对你有信心，除了了解公司的历史沿革与过去取得的成绩之外，也必须熟知公司现行的运行方针与程序。了解了公司现在的运行方针以及未来的长远目标，就熟悉了公司正在生产什么、生产多少、怎样生产、生产能力以及今后将要生产什么样的产品。在面对顾客时，推销员可以应付自如，不至于惊慌失措。此外，推销员还需熟悉公司有关价格、折扣、信用条件、产品运送等程序，以及在推销过程中不可缺少的其他任何信息，这样，推销员就不会向顾客做出超越其职权范围以外的承诺。

七、公司的社会责任活动

每个公司进行的生产经营活动，都会对外在环境产生影响。你的公司是否订有社会责任政策？该政策是否包括在社会责任活动当中呢？社会责任活动的类型是很多的，例如：防止环境污染、植树造林等。公司也可以通过赞助公共活动，包括体育活动和文化活动以及赞助社会福利事业等，来扩大公司的知名度。有些公司订有协助残疾人员的计划，有些公司则通过提供优惠来扩大影响，吸引顾客。公司的社会责任活动能够给公众留下深刻的印象。推销员要熟悉这些情况，利用这些影响来进行推销工作。

任 务 四　掌握顾客情况

顾客是推销事业的基础。作为一名专业推销员，每天的日常工作离不开与自己的目标顾客打交道，拜访顾客、引导顾客、说服顾客、服务顾客……。为此，要对顾客进行深入的了解和分析，你的目标顾客的需求是什么？购买心理和购买动机如何，其购买行为有哪些特征，购买决策过程是怎样的？掌握这些，对推销业绩的提高是十分必要的。

一、顾客的需要

推销员必须清楚不同顾客的不同需求和特征，并设身处地为顾客着想，才会让推销工作有针对性并得到顾客的认同，有利于推销活动的成功。

需要是人们对于某种目标的渴求与期望，是行为的原动力。顾客有了需要才会产生满足需要的消费动机，在消费动机的支配下，才会产生满足消费需要的行为。消费者的需要是无止境的，在同一时间又可能是多种多样的。但所有需要因受条件限制不能都得到满足，这就有必要把人的多种需要进行轻重缓急的排序。为了便于分析，美国著名心理学家马斯洛提出了需要层次的理论，他把需要分为五个层次。

（1）生理需要。这是人类最基本的需要，如为满足饥、渴、遮蔽而需要吃、穿、住等。人体的最基本活动都集中在满足生理需要上。推销员在推销中及时观察各地区和各阶层消费者量、质和档次的差别及其变化，及时向消费者推出适应其需要的产品。

（2）安全需要。当人们的生理需要得到基本满足后，就会产生为避免生理及心理方面受到伤害所要求的保护和照顾的欲求，它包含对于安全感、稳定性、保护者、正常状况和摆脱恐惧焦虑的需要。例如，人们增加银行储蓄，买保险，以及为了不失掉小额优惠而留在安全保险的职位上。

（3）社交需要。这是人类希望给予和接受别人的友谊、关怀爱护、得到某些社会团体的重视与容纳的欲求。个人由家庭培育而进入社会，在接触团体中与其他成员建立感情，久而久之便归属于该集团，因归属而扩大个人从事社会活动的范围。这种需要促使人们致力于与他人感情的联络和建立社会关系，如朋友交往、寻求伙伴、参加某些团体或集会等。

（4）尊重的需要。尊重的需要来源于外部即他人的尊重及自我尊重。他人的尊重即以名誉敬仰、地位、威信或社会成就为基础，获得他人的敬重。自我尊重即是人们希望对自己事务有一定的控制力，希望能独立生活而不依赖他人，以及不断增长知识与能力的欲求。

（5）自我实现的需要。希望个人自我潜能和才能得到最大限度的发挥，取得一定成就，对社会有较大贡献甚至与众不同的成果，需要别人对自己的努力成果给予肯定，受到社会的承认等。

在以上五个层次的需要中，前两种属基本的物质需要，后三种是精神需要。在现实生活中，人们五个层次的需要往往是紧密结合在一起的，很难截然分开。如消费者购买服装，决不是仅仅满足于保护身体这一生理需要，还会对款式、色泽、布料、加工质量等方面提出要求，并且要符合自己的身份和气质，符合一定时尚潮流，这些均属于精神方面的需要。因此，推销人员在推销活动中，首先要考虑的是如何了解和满足顾客的需要。

二、顾客购买动机

购买动机是指消费者做出购买某种商品决策的内在驱动力，不论是有意识或是无意识的，都是引起行为的缘由。有什么样的动机就有什么样的行为。购买动机是由人们的需要促成的，而人们的需要各种各样，因此，购买动机也各不相同。归纳起来，有三种基本类型：感情动机、理智动机、惠顾动机。

（一）感情动机

感情动机就是由人的感情需要而引发的购买欲望。感情动机可以细分为两种情况，一种是情绪动机，另一种是情感动机。情绪动机是由于人们情绪的喜、怒、哀、乐的变化所引起的购买欲望。由这种动机引起的购买行为一般具有冲动性、即景性和不稳定性。针对这种购买动机，在推销时就要营造顾客可以接受的情绪背景。情感动机就是由人们的道德感、友谊感等情感需要所引发的动机。这种动机所引发的购买行为具有较大的稳定性和深入性，比如说，为了友谊的需要而购买礼品，用于馈赠亲朋好友等。针对这种购买动机，在推销时就要尽量去认可并融入到顾客的情感和价值观中去，以便沟通的融洽。

（二）理智动机

理智动机就是消费者对某种商品有了清醒的了解和认知，在对这个商品比较熟悉的基础上所进行的理性抉择和做出的购买行为。拥有理智动机的往往是那些具有比较丰富的生活阅历、有一定的文化修养、比较成熟的中年人。他们在生活实践中养成了爱思考的习惯，并把这种习惯转化到商品的购买当中。正如很多小商小贩说的，现在最难对付的就是中年妇女。针对这类动机，在推销过程中，尽量做到让顾客自己亲身去感受商品，同时推销员应当耐心介绍，详细比较几种同类商品的优缺点，促其下决心购买。

（三）惠顾动机

惠顾动机就是基于对某个品牌、某个产品或者某个企业的信任所产生的重复性的购买动机。具体而言，在现实经济生活中，这三种动机还呈现出一些不同的表现形式，如求实、求新、求同、求美、求名、求便等。这些不同的购买动机带来不同的购买行为，推销员应该根据消费者的动机来了解他的购买行为，按照他的购买行为来进行推销策划。

顾客的购买动机除了以上三种外，顾客的购买决策还时常受到外界其他刺激的影响，刺激越多越强烈，购买就越有可能。因此，如果在恰当的场合环境下给予顾客必要的刺激是推销人员必须学习和努力做到的。

三、顾客购买行为类型

由于影响顾客行为的因素错综复杂，所以顾客行为类型多种多样，根据顾客的心理动机、需求特征以及个性等可以将顾客的行为分为：理智型、冲动型、习惯型、价格型、情感型、随意型六种类型。推销员应了解自己的目标市场消费者属于哪种类型，然后才能有针对性地开展推销工作。

（1）"理智型"购买行为指购买前注重搜集有关产品、品牌、价格、性能、售后服务和客观判断为依据；购买过程长，多产品比较、选择，不急于决定，购买时不动声色。而且购买时喜欢独立思考，不愿意推销员过多的介入，因为他们往往对自己的判断力非常自信，有时也比较固执。对这类顾客，销售者应当耐心介绍，详细比较几种同类商品的优缺点，促其下决心购买。

（2）"冲动型"购买行为指消费者易受产品的外观、品牌名称的刺激或广告媒体的宣传而购买。购买时，喜欢追求新产品、时尚品，从个人兴趣出发，不大讲究商品的效用和性能。许多新新人类的购买行为属于这种类型，他们选购名牌产品、高档货，特别是进口产品，不是根据产品的性能和实用，而是出于时髦的动机。为了显示自己的"派头"，有时甚至不顾自己的经济条件。他们追求新奇，乐于购买新品牌。针对这类消费者，推销员应力推新产品，并着重宣传产品的时尚性、品牌性和个性化，同时特别注意热情周到提供服务，并善用"激将法"促其购买商品。

（3）"习惯型"购买行为指消费者凭习惯和经验购买产品，不易受广告影响。购买时目的性强，过程迅速，而且对流行产品、新品反应冷淡。他们往往忠于一种或几种品牌，对这些产品十分熟悉、信任，注意力稳定，体验深刻，形成习惯。以这类顾客，销售人员须掌握他们的习惯，以优良的服务态度去争取长期拥有这些顾客，并让他们为这种商品做"活广告"。

（4）"价格型"购买行为指消费者作出选择时对商品价格比较敏感。其中，有些总喜欢购买廉价商品，甚至在没有购买意向的情况下，见到廉价商品也会采取购买行动。还有些价格型的人特别信任高级商品，认为这类商品用料上乘，质量可靠，即所谓"一分钱，一分货"，所以常乐于购买高价商品，认为这样可以使自己的需求达到更好的满足。

（5）"情感型"购买行为一般具有这样几个特点：一是购买行为受个人情绪支配，往往没有明确的购买目的。二是比较愿意接受促销员的建议。三是想象力、联想力丰富，购买中情绪易波动。销售人员应针对他们的不同身份和特点，提供审美咨询，激发他们的想象力，促其购买。

（6）"随意型"购买行为一般指顾客对商品没有固定的偏好，不讲究商品的商标和外观，往往是随机购买，这被称为随意型购买。对这类顾客，销售人员应抓住时机，诱导宣传，促其产生购买欲望。

以上是对消费者购买行为类型的总体分析，以及对待每一类购买行为的一些简单的原则和态度，在推销过程中还需要灵活对待。切记不可教条化，顾客的购买行为也许是几类的综合，也许是介于两类之间，这时推销员的判断力与机智要受到考验了。

【小案例】

在某市，十几层的大厦需要几万平方米的地毯，这是一笔价值几十万元的生意，全国几十家地毯厂都盯上了这块肥肉，纷纷派人推销。一位推销员带着礼品去敲顾客的门。出乎意料的是，当一位老者开门看到他手中拿的东西，就将他拒之门外。推销员百思不得其解。第二天他了解到，这位倔强老头是一位"老革命"，一身正气，两袖清风，对社会上的不正之风深恶痛绝。他好为人师，常教导青年人"革命的路该怎么走"。在了解到这些情况后，推销员又再去拜访顾客，当然没有忘记应该两手空空。见到顾客后说，我是一位刚参加工作的青年人，在工作生活上遇到许多困难不知该怎么处理，你是老前辈、老革命，有丰富的阅历，今天特来请教你。一席话令老人十分高兴，忙请推销员坐下，然后"痛说革命家史"，讲自己当年过五关斩六将、南征北战的光荣历史。老人侃侃而谈，推销员洗耳恭听。"话到投机情便深",两个人成了忘年交。最后的结果不想而知。

【分析提示】该例说明,推销工作要取得成效,必须了解顾客的心理与需要。

任务五 不同类型顾客的准备

准客户的种类很多,主要分为个体客户、团体客户和老客户。销售员在接近不同类型的准客户时,需要依据其类型进行不同的准备。下面分别进行说明。

(一)个体准顾客的接近准备

这里所谓的个体准顾客,是指一个个体的准客户。按照西方销售学家的说法,个体准顾客是作为一个人的准客户,而不是作为一个公司经理人的准客户。一般说来,接近个体准顾客前要了解以下内容。

1. 姓名。接近个体准顾客时,如果能在一见面时就能准确地叫出对方姓名的话,会缩短推销人员与顾客的距离,产生一见如故的感觉。因此,弄清楚准顾客的姓名,是赢得准顾客信任,获得推销成功的第一步。

2. 年龄。不同年龄的人会有不同的个性差异和需求特征,因而会有不同的消费心理和购买行为。在接近顾客之前,推销人员应采取合适的方法和途径了解该顾客的真实年龄,便于分析、研究、把握顾客的消费心理,制定推销接近策略。

3. 性别。对待不同性别的准顾客时,应采取不同的推销方式。男女准顾客在其性格、气质、需要和交际等方面均有区别,推销人员应区别对待。

4. 民族。我国是一个多民族的国家。不同民族的人都有自己的民族风格和民族习惯。了解准顾客的民族属性,准备好有关各民族风俗习惯的材料,是接近准顾客的一个好方法。至于到少数民族地区去开展推销活动,更要入乡问俗,入乡随俗,切不可做出有违于民族风俗习惯的事,相互尊重对方的民族习惯是长期合作的重要基础。

5. 出生地。推销人员在接近准备时,应尽可能地了解准顾客的籍贯和出生地。一个人出生和生长的地方，会给其生活习惯甚至性格打上很深的烙印，对他们都有较大的影响。了解准顾客的出生地，一来可以从侧面揣测其生活习惯和性格特征，二来可以以此为话题拉近与其的感情距离。中国人对于乡土有着浓厚的感情，所谓"他乡遇故知"，常被世人颂为是人生的一大快事。

6. 相貌特征。推销人员在接近准备阶段，应了解准顾客的音容、相貌、身体等重要特征，最好能拥有一张准顾客的近期相片。掌握准顾客的身体相貌等特征，既可避免接近时出错，又便于销售人员提前进入洽谈状态。

7. 职业状况。不同职业的人在价值观念、生活习惯、购买行为和消费内容与消费方式等方面，都有着比较明显的区别。因此，针对不同职业的准顾客，我们在约见方式、认识方式、接近方式与洽谈方式上也应该有所不同。

8. 学习和工作经历。对于推销员来说，了解推销对象的学习和工作经历将有助于约见时与其寒暄，拉近双方间的距离。例如，一位推销员了解到顾客和自己一样，都曾在部队里当过话务员，于是他和顾客一见面时，就谈起了收发报，双方谈得津津有味，最后在愉快的气氛中达成了交易。

9. 兴趣爱好。了解准顾客的兴趣爱好，不仅有利于针对性地向准顾客推销商品，以投其所好，而且有利于寻找更多的共同话题接近准顾客，融洽谈话气氛，并且可以避免冒犯准顾客。

【小案例】

有一位推销人员了解到，他所接近的准顾客是一位厂长，此人喜好书法，于是，该推销人员决定从爱好入手，开始推销接近。当这位推销人员第一次走进厂长办公室后，首先发现墙上挂着几幅装裱精美的书法作品，而厂长正在小心翼翼地拂去一幅书法立轴上的灰尘。见此情景他走上前去对厂长说："看来您对书法有一定的研究啊。唔，唔，这幅书法，称得上'送脚如游鱼得水，舞笔如景山飞云'，妙！看这悬针垂露之法的用笔，就具有多样的变化美。好极了……"

厂长一听，此人对书法很内行，一定是书法同行，便说："请坐，请坐下细谈……"。

这样，两人便从书法开始谈起，越谈越投机，双方的距离迅速缩小，很快便建立起融洽的关系。时间不知不觉地流过，整整一个下午的时间很快就过去了，直到此时，这位厂长才想起来，还不知道来者的身份、姓名，所来何干。

到后来当推销员做了自我介绍，并且谈到合同时，自然就"好说"多了。最后推销自然取得了成功。

【分析提示】在推销过程中，深入了解顾客的兴趣与爱好，是推销活动顺利进行的润滑剂。

10. 需求内容。这是准顾客资格审查的重要内容之一，同时也是接近准顾客前准备工作的重要方面。推销人员应尽量了解准顾客需求的具体情况，如购买需求的特点、动机、购买决策权限以及购买行为的规律性等，便于有针对性地做好推销工作。

11. 办公及居住地址。准顾客的住址、办公地点和经常出入、停留的地方，对推销人员而言是很重要的资料。在接近准备阶段，一定要不厌其烦地核对清楚。例如，邮政编码、区名、街道名、楼宇名、门牌号码以及其周围环境特征。联系电话、传真机、手机号码等都要搞清楚，以便顺利到达接近地点和节省接近拜访时间。

12. 家庭及成员情况。了解准顾客的家庭情况，可以为接近准备和面谈提供一些话题。

【小示范】

一天原一平搭出租车出去办事，在一个红绿灯的十字路口，红灯亮起，他把车停在那儿。原一平无意中转头向窗外看了一眼，正好看到与他同行的一辆黑色豪华轿车，车里坐着一位很气派的老人。原一平心想，这老人一定大有来头。于是他让司机跟上那辆车，抄下那辆车的车牌号。随后，原一平打电话去交通监理所查这个车牌号的车主。原来这辆车的车主是一家大型公司的董事长。

然后他打电话到该公司，说："你好，是××公司吗？今天我在出租车看到坐在那辆黑色豪华车上的那位老先生，非常面熟好像在哪见过，但我一时想不起来，您能帮忙提醒一下吗？我没有其他的意思。"对方说："那是公司常务董事的车。"

原一平终于知道那辆车的车主是××公司的董事长山本先生。然后，原一平开始调查他的学历、出生地、兴趣、爱好等。

当一切都调查清楚后，就直接去拜访山本先生。由于原一平对山本先生情况的熟知以及对他公司的全面了解，这件事就容易入手了。后来，山本先生成了原一平的客户。

（二）团体准顾客的接近准备

团体准顾客是指除个体准顾客以外的所有准顾客，包括工商企业、政府机关、事业单位及其他社会团体组织。由于团体准顾客的业务范围广，购买数量大，而且购买决策人与购买执行人往往是分离的，使得团体准顾客的购买行为变得更为复杂，因此涉及的问题也比较多。同时，团体准顾客的购买力强，生产周期与消费周期较长，对推销人员来说，完成团体准顾客的推销接近计划显得更有价值，推销人员准备的资料应比个体准顾客更充分。除了个体准顾客的接近准备的内容之外，团体准顾客的接近准备还包括以下内容：

1. **基本情况。**团体准顾客的基本情况包括机构名称、品牌商标、营业地点、所有制性质、注册资本、职工人数等。除此之外还要掌握团体准顾客总部所在地及各分支机构所在地详细地址、邮政编码、传真号码、公司网址，具体人员的电话、手机号码，以及前往约见与接近时可以利用的交通路线及交通工具，进入的条件和手续等情况。

2. **生产经营情况。**即产品品种、产量、生产能力及发挥水平，设备技术及技术改造方向，产品结构情况，产品加工工艺及配方，产品主要销售地点及市场反映，市场占有率及销售增长率，管理风格与水平，发展、竞争与定价策略等。如果准顾客属于商业机构，应该了解准顾客的营业面积、商品规模、商品等级、客流量、购买者的购买行为及商品特点等，并了解对方的资信情况。

3. **采购习惯和购买行为情况。**不同准顾客有各自不同的采购习惯，包括采购对象的选择、购买途径、购买周期、购买批量、结算方式等方面都可能有差异。在准备工作的过程中，推销人员要对团体准顾客的采购习惯进行认真、全面、细致的分析，再结合推销品的特征和性能，确定能否向准顾客提供新的利益以及团体准顾客对推销品采购的可能性。

购买情况包括：在一般情况下，由哪些部门提出需求或提出购买申请；由哪个部门与机构对需求进行核准；由哪个部门与机构对需求及购买进行决策及选择供应厂家；客户目前向哪几个供应者进行购买；供求双方的关系及其发展前景如何等。

4. 组织情况。对团体准顾客的推销，实际上是向机构决策人或执行人推销，而绝非向机构本身推销。但是，机构本身复杂的组织结构和人事关系，对推销能否成功有着重要的影响。因此，在接近团体准顾客之前，推销人员不仅要了解团体准顾客的近远期目标、规章制度和办事程序，而且还要了解它的组织结构和人事状况、人际关系以及关键人物的职权范围与工作作风等方面的内容。

5. 关键部门与关键人物情况。在购买行为与决策中起关键作用的部门和人物的有关情况也要了解清楚。

6. 其他情况。对影响准顾客购买的其他情况也要了解。例如，购买决策的影响因素有什么？目前进货有哪些渠道？维持原来的购买对象与可能改变的原因是什么？目前准顾客与供应商的关系及发展前景如何？目前竞争对手给准顾客的优惠条件是什么？准顾客的满意程度如何？等等。

（三）老顾客的接近准备

老顾客是推销人员熟悉的、比较固定的买主。保持与老顾客的密切联系，是推销人员保证顾客队伍的稳定，取得良好推销业绩的重要条件。

对老顾客的接近准备工作与新顾客的接近准备工作有所不同，因为推销人员对老顾客已经有一定程度的了解，主要是对原有资料的补充、修订和调整，是对原有客户关系管理工作的延续。

【小案例】

推销人员小马打电话约见从前的老顾客某医院郝院长，内容如下：

小马："郝院长，您好！好长时间没见了，今晚有空吗？我请您吃饭。"

郝院长："不，谢谢。"

小马："我们公司从国外刚进口一种新的心脏起搏器，我想向您介绍一下。"

郝院长："有业务就想起找我啦？"

小马："当然，我们是老朋友了嘛。"

郝院长："我恐怕让你失望了。"

小马："为什么？"

郝院长："一年前我就改任书记，从事党务工作了。"

试分析一下小马约见老顾客的不当之处。

【分析提示】小马的推销一定是不成功的，虽然郝院长是熟人，但他长时间没有与客户保持联系，对老顾客的变动情况也不了解，因而产生老顾客的流失。

接近老顾客前，应该准备的资料有：

1. 基本情况。应该注意和重视在见面之前对老顾客原有情况进行温习与准备。通过温习，在见面时可以从这些内容入手进行寒暄，这样会使顾客感到很亲切。

2. 变动情况。对原来档案中的资料，最重要的一点就是对各项资料逐一审查，并加以核对，了解原有资料是否有变动。

3. 信息反馈情况。推销人员再次拜访老顾客之前，应该先了解老顾客（无论是个体顾客还是团体顾客）上一次成交后的信息反馈情况，包括供货时间、产品价格、产品质量、使用效果和售后服务等情况。老顾客反应情况的内容和形式无非是两个方面：一是好的反应；二是不好的反应。无论老顾客反应好坏，推销人员都应该认真听取，并加以研究。

三、其他准备

要准备好名片、身份证、引荐信，所要销售的产品样品以及与之相关宣传资料，进行产品演示的辅助用具，用于记事用的本子和笔等。有经验的推销人员在这方面的准备往往是认真细致的。推销人员要注意，决不可以丢三落四，不该带的带了一大堆，该带的还没有带上，等用到的时候干着急不说，还会给顾客留下不好的印象，影响访问效果。另外，还要根据约见的场合准备好自己的穿衣打扮，力求大方、得体、适宜。

学习小结

● 推销准备是至关重要的，推销准备的好坏直接关系到推销活动的成败。一般来说，推销准备主要包括了解推销环境，熟悉自己推销的产品及公司情况，把握顾客的情况，制定推销计划。

● 推销人员要了解与企业推销活动相关的宏观环境和微观环境，同时，推销人员应该了解所在公司及其商品，公司的发展历程、组织结构、经营方针及政策、商品的属性、功能以及竞争对手的情况等。

● 推销活动是推销人员与顾客之间的信息交流，因此，分析顾客的状况是推销准备工作的关键环节之一。推销人员在推销之前，必须要深入分析顾客的需要和购买动机是什么，顾客的购买行为受哪些因素的影响、属于什么类型，顾客购买决策过程是怎样的？上述准备工作完成后，推销人员还必须制定一个完整的推销计划。它不仅是公司考核推销员工作的依据，也是推销员取得良好推销业绩的前提和基础。

复习思考题

1. 推销员要了解哪些环境？
2. 推销员要做哪些推销准备工作？
3. 推销员要熟悉哪些公司的情况？
4. 针对团体顾客的约见准备有哪些？

实 训 题

假设你是某知名装修公司的业务推销员，现在要你向某大型房地产企业推销你公司的装修服务，你将如何进行推销准备？

案例分析题

如此推销

某顾客在一次体育用品展销会上观看某厂家的网球拍，推销员走了过来。

推销员："这种球拍不错，这可是我们这儿最好的。"

顾客："可是价格太贵，要200元！"

推销员："实际上这种价格是很实惠的了，因为这种产品的确是好货。"

顾客："球拍是全碳素的吗？还是用碳素做些装饰？"

项目五
约见与接近顾客

1. 熟悉推销接近的准备工作
2. 领会约见顾客的内容和方法
3. 掌握接近顾客的方法

学习任务

任务名称：约见与接近顾客的方式方法课堂模拟

任务具体描述：

接前所述，假如你已经做好了约见前的准备工作，接下来你要正式约见与接近顾客，针对不同的顾客，你要以什么方式方法约见与接近才能成功地进入洽谈阶段呢？

完成任务提示：为了让学生完成以上情景任务，老师可安排以下驱动项目：

将学生分成不同的组，以小组为单位设计约见顾客的方式以及接近顾客的方法，并拿出策划方案书，进行课堂模拟，然后进行小组自评、互评以及教师点评。

学习内容

引 例

布得歇尔保险公司的推销人员在上门推销之前，首先给顾客寄各种保险说明书和简单的调查表，并附上一张优待券，写明："请您把调查表填好，撕下优待券后寄返给我们，我们便会赠送两枚罗马、希腊、中国等世界各国古代硬币（仿制）。这是答谢您的协助，并不是要您加入我们的保险。"推销人员总共寄出30000多封信，收到23000多封回信。推销人员便带着仿古钱币按回信地址上门拜访，亲手把硬币送给顾客。由于顾客现在面对的是前来送硬币的推销人员，自然不会有戒心，在道谢后，就高兴地从各种古色古香的硬币中挑选两枚自己喜欢的留下。推销人员这时就会不失时机地渗入推销话题。据说该公司因这次活动获得6000名顾客加入保险，在当时曾引起轰动。

引例说明：优秀的推销活动离不开成功的创意，而寻找合适的方法接近顾客是推销迈向成功的第一步，也是最关键的一步。

顾客"线索"，经过严格的顾客资格审查之后，就可以列入合格的准顾客名单。有了一份合格的准顾客名单，推销人员就可以开始进行推销接近工作了。所谓推销接近，是指推销人员正式与准顾客所进行的面对面接触，从而达成初步意向并将推销引入到下一阶段（推销洽谈）的活动过程。在确定了准顾客之后，推销人员便要接近准顾客，进行推销访问。推销接近包括接近准备、约见顾客、接近顾客及与顾客的面谈。本项目主要介绍接近准备、约见顾客、接近顾客，与顾客的面谈即推销洽谈将在下一项目介绍。

任务一 顾客约见

在完成必要的接近准备工作之后，推销人员就可以开始接近顾客。由于种种原因，有些推销对象难以接近，有些顾客谢绝推销访问，甚至干脆拒绝推销来访。因此，为了成功地接近顾客，推销人员应尽量事先进行顾客约见。顾客约见，是指推销人员事先征得顾客同意接见的推销行动过程。顾客约见是现代推销活动和现代推销方式的重要特征之一，是整个推销活动过程的一个重要环节，它既是接近准备工作的延续，又是正式接近顾客的开始。成功地约见顾客，可以有利于推销人员自然、顺利地接触顾客，避免突然拜访的盲目性，推销人员还可以根据约见顾客时获得的信息，对顾客各个方面的情况有个初步的认识和判断，从而制定科学合理的推销计划，提高推销效率。

一、顾客约见的作用

要选择恰当的拜访时机，预约很重要。推销员如果能够做到与顾客预约，就能知道顾客的时间安排情况，从而选择适合自己销售产品的时机去拜访客户。约见的作用具体表现在以下几个方面。

1. 预约有助于推销员如约见到被访人

如果不预先约见，推销员很可能见不到被访人。现在各单位都有严格的门卫和传达制度，如果不提前预约，推销员很可能在大门口就被拦住，使推销工作"出师不利"。尤其越是重要的人物越难会见。如果是住宅访问，客户的警惕性比较高，如果不做预约，你说是推销员，对方不一定相信，就会造成访问的失败。所以，拜访顾客一定要事先预约，才能使访问顺利进行。

2. 预约有助于双方深入洽谈

预约可以使推销员和顾客都能做好充分准备。对推销员来说，有助于制定会谈计划。比如，根据已经了解的有关客户的一些情况，推测客户对自己可能采取的态度，可能提出的问题，有针对性地做好充分准备，这将为会谈和推销的成功奠定基础。对客户来说，采用预约的方式事先征得客户的同意，既表示对客户的尊重，又易于取得客户的信任。消除了对陌生人的警戒心理，推销员访问时心情自然会轻松得多，容易形成融洽的谈话气氛。同时也让他们有时间理一理思绪，考虑想要了解哪些内容。在双方都有准备的情况下，会谈可以很快切入正题，双方距离可以缩短，洽谈就会深入下去。而深入的洽谈可以使推销员提高销售产品的可能性，对推销员的业绩提高有很大帮助。

3. 预约有助于推销员提高工作效率

在当今时代，"时间就是生命""时间就是金钱"的概念已深入人心，人们的时间观念普遍增强，对每天的分分秒秒都做了安排，如果不预约就去访问，就有可能打乱顾客的计划。有时出于礼貌，顾客勉强同意会谈，但可能说不上三句话就"拜拜"了，或者根本不见。对方不在时，推销员还有可能扑个空。如果经常这样徒劳往返，推销员推销工作的效率会大大降低。

二、顾客约见内容

推销人员约见顾客的内容要根据推销人员与顾客关系的密切程度、推销面谈需要等具体情况来定。比如：对关系比较密切的顾客，约见的内容应尽量简短，无需面面俱到，提前打个招呼即可；对来往不多的一般顾客，约见的内容应详细些，准备应充分些，以期发展良好的合作关系；对从未谋面的新顾客，则应制定细致、周到的约见内容，以引起对方对推销活动的注意和兴趣，消除顾客的疑虑，赢得顾客的信任与配合。

约见的基本内容包括确定约见对象、明确约见目的、安排约见时间和选择约见地点四个方面。

（一）确定约见对象

要进行推销访问，就要事先确定具体的访问对象。约见对象指的是对购买行为具有决策权或对购买活动具有重大影响的人。如果推销的是个人生活用品，约见对象一般容易确定；如果推销的是生产用品，推销人员将面对一个采购中心，那么首选的约见对象是公司的董事长、总经理、厂长等是企业或有关组织的决策者。推销人员若能成功地约见这些决策者，将为以后在该企业或组织里的推销打下良好的基础。但是在实际推销工作中，推销人员发现自己往往无法直接约见访问对象。因此，推销人员在尽力约见购买决策人的同时，也不要忽视那些对购买有影响力的人物，如总经理助理、秘书、办公室主任、部门经理等人。这些人虽然没有最终购买决定权，但他们接近决策层，可以在公司中行使较大的权力，对决策者的决策活动有很大的影响。

【小示范】

原一平的推销"手记"中写到：根据打听来的消息，我前去拜访一家业务很活跃的贸易公司。但是，去了好几次，董事长不是不在就是在开会，总是无法见到面。好几次都是在接待小姐同情的目光之下，留下名片，怅然而返。不知道是在第几次的拜访中，我突然发觉接待小姐桌上的花瓶不见了。于是，下一次再去时，我便带了装着两朵菊花的小花瓶，送给接待小姐，以表示我心中的感激。又惊又喜的接待小姐告诉我，董事长常常推说不在，因此一定得这么守下去。

此后，接待小姐就成了我的内援，每隔3天，我就带着两朵菊花前去拜访。可是，依然没有任何的进展。时间一久，全公司里的人都认得我，并且戏称我为"菊花推销员"。但是，我还是见不到董事长。

大约经过两月以后，有一天我照常前去拜访，接待小姐好像是自己的事情一样，兴高采烈地对我说："董事长等着你呢！"并立刻将我带入董事长的办公室。"本公司的员工都非常称赞你哟！"他只说了这么一句话，也不容我多言，即签下最高金额的合约。我永远也无法忘记当时不禁喜极而泣的情景。

(二) 明确约见目的

约见的第二项主要内容就是明确约见的目的。任何人都不会接受没有理由的约见。特别是在双方从未谋面或不熟悉的情况下，所以推销人员在约见访问对象时，必须明确告诉对方访问的原因和需要商谈的事项。虽然约见顾客的最终目的是为了成功推销商品，但约见目的因顾客、推销进展阶段和具体推销任务的不同而不同，常见的约见目的和事由有：

（1）推销产品。推销访问的主要目的是直接向顾客推销商品。在约见顾客时，推销人员应设法引起顾客的注意和兴趣，着重说明所推销产品的用途、性能和特点等。若顾客的确需要所推销的产品，自然会欢迎推销员的来访、并给予合作。若顾客确实不需要，推销人员最好不要强求。

（2）市场调查。市场调查是推销人员的重要职责之一。以市场调查为事由的约见，由于不需要顾客购买商品，往往容易被顾客接受，容易赢得顾客的信任、合作与支持，这样既有利于搜集市场情报和信息，为进一步推销做好准备，又可避免强行推销，往往还由市场调查转变为正式推销，甚至当面成交。

（3）提供服务。在现代市场竞争中，提供服务与推销产品同等重要。事实上，推销本身就是一种服务。把提供服务作为约见顾客的理由，往往比较受顾客的欢迎。通过这种方式既可以完成推销任务，又可扩大企业影响，树立企业及其推销员的良好形象，为今后的推销工作铺路搭桥。

（4）签订合同。推销人员与顾客经过多次推销洽谈，已达成购买意向，需要商讨一些具体细节，签订合同。以此为目的的约见，一定不要显得过于急切，要尊重顾客的时间。因为签订合同虽然意味着一次交易的结束，但也意味着下一次交易的良好开端，必须予以高度重视。

（5）收取货款。收取货款是推销过程中的重要环节。没有收回货款的推销是不完整的推销，无法收回货款的推销是失败的推销。收取货款作为访问事由，对方不好推托，但推销人员也应该体谅对方的困难，既要防止出现呆账，又不要过于逼账。

（6）走访用户。对于企业和推销人员来说，要保证基本顾客队伍的稳定与发展，不断提高销售业绩，不仅要不断寻找、发现、发展新客户，而且要不断巩固与老顾客的关系，以建立自己稳定的销售网。这种方式既可以引起顾客的好感、增进与顾客的感情，又可以使推销员赢得了主动，还可以收集到真实的信息、合理化建议，甚至忠告等，为正式推销奠定良好基础。

总之，约见顾客有各种理由。推销人员应根据具体情况，创造各种机会约见、接近顾客。扩大自身影响，提高企业信誉，树立企业形象，并达到预期的推销目的。

（三）安排约见时间

约见顾客的时间安排是否适宜，会影响到约见顾客的效率，甚至关系到推销洽谈的成败。约见的时间应主要根据顾客的情况确定，尽量避免在顾客忙碌的时间前往。如果能够选择顾客较为轻松和闲暇的时候约见为最好。至于是上班时约见好还是休息时约见好，不能一概而论，需要良好的事先沟通与商定，或者是对顾客生活规律的非常了解，应因人而异，因情而定。当遇有顾客的时间与推销员的时间发生矛盾时，应尽量考虑和照顾顾客的意图。当与顾客的约定时间敲定以后，推销员要立即记录下来，并且要严格按照约定时间准时到达，应坚决避免迟到或约而不到。

（四）选择约见地点

与准顾客约定在什么场合见面，这也是我们每一个推销员需要经常面对和处理好的。总的来说，要以顾客方便为主。除了工作场所和顾客家里以外，在公共场所约见也是可行的。比如茶馆、咖啡馆等，以安静和便于谈话交流为宜，环境越雅致越好。

选择与确定约见地点应坚持方便顾客，有利于约见和推销的原则，这样才可能有利于交易的达成。约见地点的选择方式一般有以下几种：

（1）办公室。对于推销生产资料用品的推销人员来说，最佳的地点一般是访问对象工作单位的办公室。因为在大多数情况下，顾客是被动的，而推销人员应该采取主动。在办公室约见方便双方讨论问题，进行反复商议以达成共识。

（2）居住地点。对于生活消费品的推销人员来说，则通常以顾客居住地为约见地点，既方便顾客，又显得亲切、自然。

（3）社交场合和公共场所。社交场合和公共场所如歌舞厅、酒会、座谈会、公园、广场等地方气氛轻松愉快，有利于拉近推销员人与顾客的距离。

三、顾客约见方法

约见不仅要占用顾客的时间，甚至会影响顾客的工作与生活。因此，推销员在约见顾客时，不仅要考虑约见对象、约见时间和地点，还必须讲究约见方式和方法。在实践推销活动中，常见的约见方法有以下六种。

（一）当面约见

当面约见是指推销员与顾客面对面约定见面的时间、地点、方式等事宜。这种约见简便易行，也极为常见。推销人员应充分利用与顾客会面的各种机会进行面约，如在展销会或订货会上、在社交场所、在推销旅途中或在其他见面的场合与顾客不期而遇，推销人员都要借机面约。但是这种机会并不常有，这就要求推销人员时时留心，了解重要顾客的生活习惯、兴趣爱好，创造机会与顾客见面，进而约定正式见面的时间。

当面约见具有以下优点：

（1）有利于发展双方关系，加深双方感情。当面约见，能及时得到顾客的反应，缩短双方的距离，增加亲近感，甚至建立信任与友谊等。

（2）有助于推销人员进一步作好接近准备，了解顾客的有关情况。

（3）当面约见一般比较可靠。有时约见情况比较复杂，不当面说不清楚。当面预约，可以消除对方的顾虑。

（4）节约信息传递费用，简便易行，对双方都比较方便。

当然，当面约见也有一定的局限性：一是受地理限制，远距离的顾客往往很难面约；二是受时机的限制，有时很难碰巧遇到所要面约的顾客；三是效率限制，面约花费的时间与精力较多，面约较少顾客还行，多了就很难在短时期内办到；四是一旦当面约见遭到顾客拒绝后，推销人员便处于被动局面，很难挽回败局。

（二）电话约见

电话约见即通过电话来约见顾客，这是现代推销活动中常用的约见方法，它的优势在于经济方便，能在较短时间内接触更多的潜在顾客，是一种效率极高的约见方式。电话约见，由于顾客是不见其人，只闻其声，所以，推销员的重点应放在"话"上：首先，要精心设计开场白，激起对方足够的好奇心，使他们有继续交谈的愿望；其次，约见事由要充分，用词简明精炼、长话短说；最后，态度要诚恳、口齿清楚、语调亲切。

电话约见的一般步骤包括：问候、介绍自己和公司、感谢顾客倾听、道明约见目的、确定约见时间和地点、再一次致谢。在预约客户时，销售人员必须以与客户约定面谈时间和地点为主要目的，这一点是尤其需要注意的。

【小案例】

推销员："约翰先生，您好。我是××公司的推销员肖恩。我听说了在您太太身上发生的不幸，她的手部皮肤过敏好一些了吗？"

客户："没有多大的改变，你知道，这种病是很难痊愈的。"

推销员："那她的正常生活是不是也受到影响了呢？"

客户："是的。她不能使用洗手液洗手，洗碗的工作也不得不由我来承担，因为她的手一碰到洗洁精就疼痛难忍。"

推销员："真是不幸。不过不要着急，我这里有一些不会对您夫人的手造成伤害的清洗用品。您认为什么时间面谈方便呢？是这个星期三上午10点20分还是星期四？"

客户："你星期四下午3点到我家来吧。"

推销员："那好，约翰先生，请记住您星期四下午3点要接待××公司的推销员肖恩。没问题吧？"

客户："没问题。"

推销员："好，我们星期四见。"

【分析提示】这个成功的预约给我们三点启示：第一，在发出见面邀请时不要问能不能和他见面，什么时候能和他见面；而要问什么时候见面最合适，这样客户就很难拒绝你的见面要求；第二，这位推销员提供了一个十分精确的时间和一个比较笼统的时间。10点20分比"十点半"或"十点一刻"都要精确，这暗示着这位推销员平时的处事方式是比较精准而恰当的；第三，当顾客接受了推销员所提供的某个时间之后，推销员需要再次确认这个时间，并且再一次说出自己的名字，以便顾客更好地记住他。

（三）信函约见

信函约见是销售人员利用书信约见顾客的一种方法。信函通常包括个人书信、会议通知、社交柬帖、广告函件等，其中采用个人通信的形式约见顾客的效果为最好。当然，书写个人信函一般要在与对方较熟识的情况下采用，否则，莽撞地给对方寄去个人书信，则有可能产生消极的结果。如碰到并不熟悉的顾客，寄去柬帖、会议通知、参观券或广告函则是比较理想的方式。如果选择信函作为约见手段，推销人员需要仔细挑选邮寄名单。为了提高信函约见的成功率，销售人员在写约见信函时应注意以下几个问题：

（1）信函形式亲切、措辞委婉恳切。约见信函要尽可能自己动手书写，而不要使用生硬的印刷品，信封上最好不要盖"邮资已付"的标志，要动手贴邮票。措辞委婉恳切的信函往往能博得顾客的信任与好感，容易使对方同意见面。

（2）内容要简洁、重点突出。书信应尽可能言简意赅，只要把约见的时间、地点、事由写清即可，切不可长篇大论，不着边际。

（3）要引起顾客的兴趣及好奇心。约见书信要以引起顾客的好奇心为中心，投其所好，以顾客的利益为主线劝说或建议其接受约见要求。

（4）不要过于表露希望拜访客户的迫切之心。

（5）电话跟踪。在信函发出一段时间后要打电话联系，询问顾客的想法与意见，把电话约见与信函约见结合起来使用，可大大提高约见效果。

（四）委托约见

委托约见是指推销人员委托第三方约见顾客的一种方法。受托人一般都是与访问对象本人有一定社会关系或社会交往的人，与访问对象关系密切的人或对访问对象有较大影响的人士是最为合适的受托人。受托人可以是推销员的同学、老师、同事、亲戚、朋友、邻居、上司、同行、接待人员、秘书等，也可以是各种中介机构。

委托约见的优点有：容易达到约见顾客的目的，有利于推销人员接近顾客；可以通过受托人与目标顾客的特殊关系对其施加影响，节省推销时间，提高推销效率；有利于推销人员明确重点，克服约见障碍，提高推销效果。委托约见的局限性主要是：受推销人员社交圈大小等因素的制约；不如自约亲切，顾客往往不给予足够的重视；不如自约可靠，如果受托人不太负责任，常常引起误约。

（五）广告约见

广告约见是指推销员利用各种广告媒体约见顾客的方式。现代广告媒体主要有广播、电视、报纸、杂志、路牌、招贴、直接邮寄等。利用广告进行约见可以把约见的目的、对象、内容、要求、时间、地点等准确地告诉广告受众。广告约见比较适用于约见顾客较多或约见对象不太具体、明确，或者约见对象姓名、地址不详，在短期内无法找到顾客等情况。

广告约见的优点是：约见对象较多，覆盖面大，可以扩大推销员的影响，树立企业形象；有利于推销人员请客上门；节省推销时间，提高约见效率等。广告约见的局限性有：约见费用高；针对性较差；推销人员无法安排具体约见事宜；难以引起目标顾客的注意等。

（六）网络约见

网络约见是推销人员利用互联网与顾客在网络上进行约见的一种方法。互联网（Internet）的迅速发展为现代推销提供了快捷的沟通工具，不仅为网上推销提供了便利，而且为网上购物、商谈、联络情感等提供了可能，尤其是电子邮箱（E-mail）的普遍使用，加快了网上约见与洽谈的进程。

网络约见的优点是：快捷、便利、费用低、范围广。但网络约见要受到推销人员对网络技术顾客网址和电子信箱等情况的掌握程度方面的限制。因此，现代推销人员要掌握有关的网络知识，学会利用现代化的信息手段和推销工具开发客户。

【小案例】

白洁长得很漂亮，从事推销工作没有多长时间。她知道电话约见是最快捷、最经济的方式之一，也知道打电话的技巧和方法。她几乎用60%的时间去打电话，约访顾客。她努力去做了，可遗憾的是业绩还是不够理想。

她自认为自己的声音柔美、态度诚恳、谈吐优雅，可就是约不到顾客。

一天，她心生一计。她想打电话最大的弊端就是看不到对方的人，不知道对方长得什么模样，缺乏信赖感。为什么不想方设法让对方看到自己呢？

于是，她从影集里找出一张最具美感、最具信赖的照片，然后以电子邮件的形式发给了顾客，当然会加一些文字介绍。同时，她又把照片通过手机发到不方便接受电子邮件的顾客手机上去。

一般情况下，她打电话之前，先要告诉对方刚才顾客收到的电子邮件或短信上的照片就是她。当顾客打开邮件或短信看到她的美丽照片时，感觉立刻就不一样。对她多了几分亲近，多了几分信赖。从此，她的业绩扶摇直上。

【分析提示】 充分利用现代化的信息手段，是现代推销人员必须具备的一种技能。

任务二 接近顾客的方法

接近顾客是推销过程中的一个重要环节，它是推销人员为进行推销洽谈与目标顾客进行的初步接触。能否成功地接近顾客，直接关系到整个推销工作的成败，许多推销人员的成功与失败，往往都决定在最初的几秒钟。由于顾客的习惯、爱好、性格等情况各不相同，所以推销人员应依据事前获得的信息或接触瞬间的判断，选择合适的接近方法去接近不同类型的顾客。

在与陌生顾客接近过程中，许多人害怕接近，以种种借口避免接近，这种现象被称为"推销恐惧症"。其实有时候顾客的冷漠和拒绝是多方面原因造成的，应该对顾客充分理解并坦然接受。在接近过程中，有一种独特的心理现象，即当推销人员接近时，顾客会产生一种无形的压力，似乎一旦接受推销人员就承担了购买的义务。正是这种心理压力，使一般顾客害怕接近推销人员，冷淡对待或拒绝推销人员的接近。这种心理压力实际上是推销人员接近顾客的阻力，推销人员必须尽快减轻顾客的心理压力。推销人员只要能够减轻或消除顾客的心理压力，就可以减少接近的困难，顺利转入后面的洽谈。

推销人员在正式接近顾客时必须掌握一定的接近方法和技巧。最常见的接近方法如下。

一、介绍接近法

介绍接近法是指推销员通过自我介绍或他人介绍接近推销对象的方法。介绍的形式可以是口头介绍或者书面介绍。

自我介绍法是最常见的一种接近顾客的方法，大多数推销员都采用这种接近技巧。例如："××，你好。我是××，是××公司的代表，这是我的名片请过目"。

在一般情况下，推销员应采用自我介绍法接近顾客。除了必要的自我介绍外，推销人员还应主动出示名片、身份证、工作证等以消除顾客心中的疑虑。交换名片是现在非常普遍的作法，给对方递上自己的一张名片也同样可以弥补口头介绍的不足，并且便于日后联系。出于礼节，对方回赠名片，由此又获得了顾客本人及企业的一些资料和信息，为今后进一步联系提供了机遇。但是，由于这种接近方法使用过于普遍，所以很难给人留下深刻印象，最好与其他方法结合使用为宜。

他人介绍法是推销员利用与顾客熟悉的第三者，通过打电话，写信函字条，或当面介绍的方式接近顾客。如果有可能的话，推销人员也可以通过第三者介绍来接近顾客。在推销员与所拜访顾客不熟悉的情况下，托人介绍是一种行之有效的接近方法，这种方式往往使顾客碍于情面而不得不接见推销人员。一般来说介绍人与顾客之间的关系越密切，介绍的作用就越大，推销人员也就越容易达到接近的目的。

【小示范】

金牌推销员吉拉德喜欢去运动场上观看比赛，当万众欢腾时。他就大把大把地抛出自己的名片。在观看橄榄球比赛时，当人们手舞足蹈、摇旗呐喊、欢呼雀跃、忘乎所以的时候，吉拉德同样兴奋不已，只不过他同时还要抛出一叠叠的名片。

吉拉德认为："我把名片放在一个纸袋里，随时准备抛出去。也许有人以为我是在体育场上乱扔纸屑，制造名片垃圾。但是只要这几百张名片中有一张到了一个需要汽车的人的手中，或者他认识一个需要汽车的人，那么我就可以做成一单生意，赚到足够的现金，抛出些名片和打电话一样，可以制造推销机会。你应该知道，我的这种做法是一种有效的方法，我撒出自己的名片，也撒下了丰收的种子，我制造了纸屑垃圾，也制造了未来的生意。"

也许你会认为吉拉德这种做法很奇怪，但是这种做法确实帮他做成了一些交易。很多买汽车的人对这种行为感兴趣，因为扔名片并不是一件平常的事，他们不会忘记这种与众不同的举动。

吉拉德能做出撒名片的惊人之举，到处递递名片就更不用说了。他总是设法让所有与他有过接触的人都知道他是干什么的、推销什么东西的，即使是那些卖东西给他的人。甚至在餐馆付账时，他也把名片附在账款中。假如一餐饭的账单是 20 美元，一般人支付 15% 的小费是 3 美元；吉拉德常会留下 4 美元，并且附上他的名片，对所有的侍者，吉拉德都采用这种方式。

二、产品接近法

产品接近法也称为实物接近法，是指推销员直接利用推销实物产品或者模型摆在顾客面前，以引起顾客对其推销的产品足够的注意与兴趣，进而转入洽谈的接近方法。精心策划的产品接近法能够调动潜在顾客的感觉器官，通过产品自身的魅力与特性引起顾客的兴趣，达到接近顾客的目的。

采用这种方法的关键之处在于：（1）产品本身必须要有一定的吸引力，能够引起顾客的注意和兴趣；（2）产品必须是易于携带、方便顾客参与操作；（3）产品本身功能效果明显，易于宣传；（4）宣传的产品与商品实物应该完全一致。如果宣传的产品与商品实物不一致就容易误导顾客。另外像车间机床、大型电动设备等产品不方便携带和顾客操作，不宜采用此种方法。让真实的产品本身去作介绍，这种做法更符合顾客的认识与购买心理，因而接近顾客的效果比较好。

【小案例】

一个女孩推销一种洗地毯的水，她敲开了一家的门，当时女主人很忙，对这位推销员确实不太感兴趣，而这个女孩子经过了专业化的训练，她说："太太，你不买没有关系的，我只是告诉你，现在市场上已经有了这种洗地毯的水，你看一看，真的很好，你们家的房子那么大，地毯很漂亮，有没有什么地方有一点点脏，我帮你去清洗清洗。"结果这位妇女只好打开了大门，让她进来，餐厅的地毯上有小孩洒的可乐水，这位妇女说："那么你看看能不能帮我清洗掉。"她就把一点清洁剂倒在上面，擦一擦，然后再拿毛巾一抹，啊！那里的污点就不见了，这位妇女也觉得很吃惊，一下买了两瓶。

【分析提示】 当你第一次见到顾客，他常常会说我很忙，现在没时间等等，这是一种本能的防御心理，关键看推销人员怎样巧妙推开顾客防御墙，然后才能进一步说服顾客。

三、利益接近法

利益接近法是指推销人员以顾客所追求的利益为中心，简明扼要地向顾客介绍产品能为顾客带来的利益，满足顾客的需要，达到正式接近顾客目的的一种方法。这种推销方法接近顾客时不是从宣传自身商品的优点入手，而是从顾客购买给顾客带来什么好处，比如从经济、实用、功能等方面，站在顾客的角度，首先替顾客着想。

利益接近法的主要方式是直接陈述或提问，告诉顾客购买商品本身的实惠。语言不一定要有惊人之处，但必须引起顾客对商品利益的注意和兴趣。

【小案例】

以前，政府机关的许多文书作业是使用大八开的尺寸，大八开要比 B4 尺寸略大，一般复印机只能用 A3 复印后再裁减，非常不方便。这个问题各家复印机厂商的销售人员都很清楚，但复印机都是从国外进口的，国外没有大八开的需求，因此进口的机器根本没有大八开的纸盘提供复印。

施乐（XEROX）的一位销售人员，知道政府机关在复印上存在这个问题，因此，他在拜访某个政府机关的主管前，先去找施乐技术部的人员，询问是否能修改机器，使机器能复印大八开的尺寸，技术部人员知道了这个问题，略为研究后，发现某一个型号的复印机经稍微修改即可复印大八开，销售人员得到这个讯息后，见到该单位的主管，告诉他施乐愿意特别替政府机关解决大八开复印的问题，客户听到后，对施乐产生无比的好感，在极短的时间内，施乐的这款机器成为政府机关的主力机型。

【分析提示】 如果推销人员能够用精练的语言把产品优点与顾客最关心的问题和利益联系起来，往往能取得比较理想的效果

四、好奇接近法

好奇接近法是推销人员利用顾客的求奇求新的心理而接近顾客的方法。好奇之心，人皆有之，好奇心理是人们的一种原始驱动力，这种驱动力促使人类去探索未知的事物。好奇接近法正是利用人类的好奇驱力，引起顾客对推销人员或推销品的注意和兴趣，从而接近顾客。好奇接近法需要的是推销员发挥创造性的灵感，制造好奇的问题与事情。

采用好奇接近法，应该注意的问题是：（1）引起顾客好奇的方式必须与推销活动有关；（2）必须做到出奇制胜；（3）引起顾客好奇的手段必须合情合理，奇妙而不荒诞。

【小示范】

英国的十大推销高手之一约翰·凡顿的名片与众不同，每一张上面都印着一个大大的 25%，下面写的是约翰·凡顿，英国××公司。当他把名片递给客户的时候，几乎所有人的第一个反应都是相同的："25%，什么意思？"约翰·凡顿就告诉他们："如果使用我们的机器设备，您的成本就将会降低

25%。"这一下子就引起了客户的兴趣，约翰·凡顿还在名片的背面写上这么一句话："如果您有兴趣，请拨打电话××××××。"然后将这个名片装在信封里，寄给全国各地客户。结果把许多人的好奇心都激发出来了，客户纷纷打电话过来咨询。

五、震惊接近法

所谓震惊接近法，是指推销人员设计一个令人惊讶或震撼的事物来引起顾客的兴趣，进而转入正式洽谈的接近方法。例如，一个家庭防盗报警系统推销人员，可能会这样开始他们的推销接近："您知道家庭被盗问题吗？根据公安机关的公布数据，今年家庭被盗比率比去年上升15%。"

利用震惊接近法的关键在于推销员要搜集大量的事实资料，并且对材料进行分析，提炼出一些具有危害性、严重性的问题，并且刚好自身产品可以采取防范措施杜绝或减小上述危害问题的发生。因此，如何选择问题显得尤为重要。

【小案例】

一位年轻的总经理一直不买个人保险，一天，推销人员突然闯进他的办公室，把一张相片放在他面前，对他说："您不应该为这位老人做点什么吗？"他一看，原来是一位耆耋老人的照片。再仔细一看，原来那位老人就是他自己。推销人员告诉他："您70岁的时候就是这样（有些夸大）！"于是他购买了大额人寿保险，因为那个相片使他震惊了。

【分析提示】这位推销员使用的方法别出心裁，既起到了震撼的效果，又不令人反感。

推销员在使用这种方法时应该特别注意以下几个问题：（1）推销员利用有关客观事实、统计分析资料或其他手段来震撼顾客，应该与该项推销活动有关；（2）推销员无论利用何种手段震惊顾客，必须先使自己震惊，确保奏效，以取得一鸣惊人的效果。（3）推销员震惊顾客，应该适可而止，令人震惊而不引起恐惧。（4）必须讲究科学，尊重客观事实。切不可为震惊顾客而过分夸大事实真相，更不应信口开河。

六、戏剧化接近法

戏剧化接近法也叫马戏接近法、表演接近法，是指推销人员利用各种戏剧性的表演技巧引起顾客注意和兴趣，进而接近顾客方法。戏剧化接近法要既有科学性又有艺术性，能迎合顾客求新求奇的心里，唤起人们的思想感情，需要慎重使用。戏剧化接近法在应用时应注意：（1）表演一定要有戏剧性效果，要能够引起顾客的兴趣和注意；（2）表演应该自然活力，打动顾客的心灵；（3）尽量使顾客卷入戏剧中，使其身临其境；（4）使用的道具最好与所推销的商品有关，使表演与推销浑然一体。

【小案例】

日本一家铸砂厂的推销员为了重新打进已多年未曾往来的一家铸铁厂，多次前往该厂拜访采购课长。但是采购课长始终避而不见，推销员死缠不放，于是那位采购课长迫不得已给他5分钟的见面时间，希望这位推销员能够知难而退。

这位推销员胸有成竹，走进办公室后，在采购课长面前一声不响地摊开一张报纸，然后从皮包里取出一个砂袋，突然间推销员将里面的铸砂猛地倒在报纸上，顿时屋内砂尘飞扬，几乎令人窒息，呛得课长咳了几声。

采购课长十分恼火地大吼起来："你在干什么？"

这时推销员才不慌不忙地开口说话："这是贵公司目前所采用的铸砂，是上星期我从你们的生产现场向领班取来的样品。"

说着他又在地上铺上了另外一张报纸，然后又从皮包里取出另一袋铸砂倒在报纸上，这次却不见砂尘飞扬，面对静静躺在这张报纸上的这堆铸砂，令采购课长十分惊异。

紧接着这位推销员又取出两袋样品，对其性能、硬度和外观都做了详细的对比和介绍，使那位采购课长惊叹不已。

就是在这场戏剧性的演示中，推销员将两种铸砂的质量以最直观的方式展现在客户面前，并顺利地赢得了一家大客户。

【分析提示】 案例中的推销员非常的精明，他在事先调查的基础上发现自己公司的产品质量要远远好于目前客户公司的产品，为了形象地说明这种质量的差异，利用精彩的演示赢得了顾客。

七、提问接近法

提问接近法也叫问答式接近法或讨论接近法，是指推销人员通过直接提问来引起顾客注意和兴趣进而转入面谈的方法。提问接近法是推销中经常使用的一种很好的方法，可以单独使用，也可以在利用其他接近技术时穿插使用的一种方法，通过这种一问一答的形式，有利于拉近顾客与推销人员的距离，消除戒备心里。尤其适合在第一次约见陌生客户的情景中使用。

【小案例】

美国一位推销书籍的女士总是从容不迫，平心静气地提出三个问题：

"如果我送给你一小套有关个人效率的书籍，你打开书发现内容十分有趣，你会读一读吗？"

"如果你读了之后非常喜欢这套书，你会买下吗？"

"如果你没有发现其中的乐趣，你把书重新塞进这个包里寄回给我行吗？"

这位推销女士的开场白简单明了，使顾客几乎找不到说"不"的理由。后来这三个问题被该公司的全体推销员所采用，成为标准的接近方法。

【分析提示】 推销不同的商品都应设计不同的问题。

推销人员所提的问题必须精心构思，刻意措辞。如"近来生意好吧？""最近很忙吧？"等诸如此类的问题就显得平淡、乏味，无法取得良好的接近效果。问题接近法虽然是比较有效的方法，但其要求也较高。推销人员在提问与讨论中应注意以下两点：

（1）提出的问题应表述明确，尽量具体，做到有的放矢。例如："你愿意节省一点成本吗？"这个问题就不够明确，只是说明"节省成本"，究竟节省什么成本？节省多少？多长时间？都没有加以说明，很难引起顾客的注意和兴趣。而"您希望明年内节省7万元材料成本吗？"这个问题就比较明白确切，容易达到接近顾客的目的。一般说来，问题越明确，接近效果越好。

（2）提出的问题应突出重点，扣人心弦。在实际生活中，每一个人都有许许多多的问题，推销员只有抓住最重要的问题，才能真正打动人心。推销员提出的问题，重点应放在顾客感兴趣的主要利益上。如果顾客的主要动机在于节省金钱，提问应着眼于经济性；如果顾客的主要动机在于求名，提问则宜着眼于品牌价值。因此，推销员必须设计适当的问题，把顾客的注意力集中于他所希望解决的问题上面，缩短成交距离。

（3）所提的问题应全面考虑，迂回出击，不可出言不讳，避免出语伤人。

【小案例】

一名矿泉水推销员上门推销，下面是他与一位家住七楼的家庭主妇的对话。

推销员："夏天到了，自来水供应正常吗？水质如何？"

家庭主妇："供应不正常，水质又不好。"

推销员："如果有一种既纯净又有保健功能的饮用水，您的家庭愿意接受吗？"

家庭主妇："可以考虑。"

推销员：如果我们每周两次送水上门，既经济又方便，这样的服务方式您会满意吗？"

家庭主妇："非常好，那我就订三个月的用量吧。"

【分析提示】 这位推销员能抓住问题的关键进行推销，自然会取得成功。

八、请教接近法

请教接近法是指推销人员虚心向客户请教问题，利用这个机会，以达到接近顾客目的的一种方法。在实际推销工作中，多数客户都有一些"自以为是"的心态，推销员若能登门求教，自然会受欢迎。如："赵工程师，您是电子方面的专家，您看看我厂研制投产的这类电子设备在哪些方面优于同类产品？""我是这方面的新手，我想知道你是否能够帮助我？""我的同事说我们公司的产品是同类中最好的，请问你是怎么看的？

在具体应用时应注意：（1）赞美在先，求教在后；（2）求教在先，推销在后；（3）态度诚恳，语言谦虚。

【小案例】

格林先生是一家杂货店的老板，他非常顽固保守，非常讨厌别人向他推销。这次，香皂推销员彼得来到店铺前，还未开口，他就大声喝道："你来干什么？"但这位推销员并未被吓倒，而是满脸笑容地说："先生，您猜我今天是来干什么的？"

杂货店老板毫不客气地回敬他："你不说我也知道，还不是向我推销你们那些破玩意儿的！"

　　彼得听后不仅没有生气，反而哈哈大笑起来，他微笑地说道："您老人家聪明一世，糊涂一时，我今天可不是向您推销的，而是求您老向我推销的啊"

　　杂货店老板愣住了，"你要我向你推销什么？"

　　彼得颇为认真地回答："我听说您是这一地区最会做生意的，香皂的销量最大，我今天是来讨教一下您老的推销方法？"

　　杂货店老板活了一辈子，其中大半生的时间都是在这间小杂货店中度过的，还从来没有人登门向他求教过，今天看到眼前这位年轻的推销员对他是如此的崇敬有加，心中不免得意万分。

　　于是，杂货店的老板便兴致勃勃地向彼得大谈其生意经，谈他的杂货店，从他小的时候跟随父亲做生意，谈到后来自己接过这间小店，最后一直说到现在："人都已经老了，但我仍然每天守着这个杂货店，舍不得离开它。在这里我可以每天都能见到那些老朋友、老顾客，为他们提供服务，同他们一起聊聊天，我过得非常愉快。"

　　老人家与推销人员聊了整整一个下午，而且聊得非常开心，直到推销员起身告辞，刚到门口，老头子突然想起什么来了，大声说："喂，请等一等，听说你们公司的香皂很受欢迎，给我订30箱。"

　　【分析提示】许多老年人都有"好为人师"的心理，推销员针对这种心理进行接近，就不会吃"闭门羹"。

　　【小示范】

　　有一次，原一平经人介绍去拜访一位建筑公司的老总。可是那位老总并不买账，一开始就对原一平下逐客令。原一平并没有就此打退堂鼓，而是问："××先生，我们的年龄差不多，你能告诉我你为什么这么成功吗？"

　　原一平很有诚意的语调和发自内心的求知渴望，让这位老总不好意思回绝他。然后就把他的经历告诉他。不想，这一说就是三个小时，原一平始终在认真地听着。

　　最后，原一平并没有提到保险方面的事，而是说想要为他的公司写一份计划书。这份计划书的内容非常丰富，资料详尽，而且他的建议也非常有价值，他整整花了三天三夜的时间才做出来。

　　这位建筑公司老总依照原一平的计划书，结合实际情况，具体地操作起来，效果非常的好，业绩在第三个月后提高了 30% 。老总非常高兴，把原一平当作最好的朋友。结果原一平在这家建筑公司做下了 100 万日元的保险。

九、馈赠接近法

馈赠接近法是指推销人员用一些小巧精致的礼品，赠送给顾客，进而和顾客认识并接近，借以达到接近顾客目的的一种方法。在某些情况下，推销员可以用一些小礼品来"收买"客户，以换取他们短时间的注意力。现实生活中，我们的推销员就经常发放一些特制的广告品，比如记事簿、签字笔、打火机、广告伞等。日本人最懂得赠送小礼物的奥妙，大多数公司都会费尽心机地制作一些小赠品，供推销人员初次拜访客户时赠送客户。小赠品的价值不高，却能发挥很大的效力，不管拿到赠品的客户喜欢与否，相信每个人受到别人尊重时，内心的好感必然会油然而生。

应用馈赠接近法需要注意的是：（1）慎重选择馈赠礼品，推销员应该设法了解顾客的喜好，了解顾客对赠送礼品行为的看法；（2）赠送的小礼物不需要过于昂贵，以免造成对方心理压力，使其敬而远之；（3）赠送的礼品尽量与所推销的产品有某种联系，尽量与企业的整体形象和谐一致。

【小案例】

一位推销员到某公司推销产品，被拒之门外。女秘书给他提供一个信息，总经理的宝贝女儿正在集邮。第二天推销员快速翻阅有关集邮的书刊，充实自己的集邮知识，然后带上几枚精美的邮票又去找经理，告诉他是专门为其女儿送邮票的。一听说有精美的邮票，经理热情相迎，还把女儿的照片拿给推销员看，推销员趁机夸其女儿漂亮可爱，于是两人大谈育儿经和集邮知识，非常投机，一下子熟识起来。

【分析提示】此推销人员深谙推销接近成功之道，懂得抓住客户的心理状态投其所好，成功打开了这家公司的大门，因此，有时恰如其分的小小的馈赠会成为成功推销的润滑剂。

十、赞美接近法

"每个人的天性都是喜欢别人赞美的。"

——卡耐基

赞美接近法是指推销员利用顾客的虚荣心理来引起顾客的注意和兴趣，进而转入正式洽谈的接近方法。赞美接近法的实质是推销员利用人们希望赞美自己的心理来达到接近顾客的目的。喜欢听好话是人们的共性，用这种方法接近顾客，有时会收到意想不到的效果。当人们在心情轻松愉快的时候，很容易接受他人的建议，这时，推销人员应抓住时机，正确地引导推销活动。让人产生优越感最有效的方法是对于他自傲的事情加以赞美。顾客的优越感被满足，初次见面的警戒心也自然消失了，使彼此距离拉近，能让双方的好感向前迈进一大步。

使用赞美接近法应注意以下几点：（1）选择适当的赞美目标，避免冒犯顾客。个人的长相、衣着、举止谈吐、风度气质、才华成就、家庭环境、亲戚朋友等，都可以给予赞美，若是顾客讲究穿着，您可向他请教如何搭配衣服；若是顾客是知名公司的员工，您可表示羡慕他能在这么好的公司上班。如果推销员信口开河，胡吹乱捧，则必将弄巧成拙。（2）赞美顾客一定要真诚，避免虚情假意。推销员赞美顾客，一定要诚心诚意，要把握分寸。事实上，不合实际的赞美，虚情假意的赞美，只会使顾客感到难堪，甚至导致顾客对推销员产生不好的印象。（3）针对不同顾客，选择不同赞美方式。对于不同类型的顾客，赞美的方式也应不同。对于严肃型的顾客，赞语应自然朴实，点到为止；对于虚荣型顾客，则可以尽量发挥赞美的作用。对于年老的顾客，应该多用间接、委婉的赞美语言；对于年轻的顾客，则可以使用比较直接、热情的赞美语言。

【小案例】

有一次，一位推销员向一位律师推销保险。律师很年轻，对保险没有兴趣。但推销员离开时的一句话却引起了他的兴趣。

推销员说："安德森先生，如果允许的话，我愿继续与您保持联络，我深信您前程远大。"

"前程远大，何以见得？"听口气，好像是怀疑推销员在讨好他。

几周前，我听了您在州长会议上的演讲，那是我听过的最好的一次演讲。这不是我一个人的意见，很多人都这么说。"

听了这番话，他竟有点喜形于色了。推销员请教他如何学会当众演讲的，他的话匣子就打开了，说得眉飞色舞。临别时他说："欢迎您随时来访。"

没过几年，他就成为当地非常成功的一位律师。推销员和他保持联系，最后成了好朋友，保险生意自然也越来越多。

【分析提示】人都喜欢听夸奖自己的话，客户也不例外，你要准确地把握客户的心理，恰当地赞美客户，在融洽的交谈中寻找机会推销。

十一、调查接近法

所谓调查接近法，是指推销人员利用调查机会接近顾客的一种方法。在许多情况下，无论推销人员事先如何进行准备，总有一些难以弄清的问题。因此，在正式洽谈之前，推销人员必须进行接近调查，以确定顾客是否可以真正受益于推销品。此方法可以看成一种销售服务或销售咨询法。采用这一方法比较容易消除顾客的戒心，成功率比较高。推销人员可以依据事先设计好的调查问卷，征询顾客的意见，调查了解顾客的真实需求，再从问卷比较自然、巧妙地转为推销。

在利用调查接近法时，推销人员必须注意三个问题：一是突出推销重点，明确调查内容，争取顾客的支持和协助；二是做好调查准备，消除顾客的防备心理，达到接近顾客的目的；三是运用适当的调查方法，确保调查成功，顺利接近顾客。总之，调查接近法作为一种比较可行的接近方法，既是为生产厂家服务，也是为消费者服务，既有利于推销人员搜集市场情报，又有利于顾客获得最佳的推销服务。

【小案例】

香港华资银行准备进行联网时，需要购进一大批电脑，世界各地从事电脑业务的大公司云集香港。一个世界性大公司没有急于接近华资银行，而是派了13名推销员到华资银行及其他金融机构去调查，最后，拿出一份关于华资金融机构客户规模、构成、分布、储蓄倾向性、储蓄特点等内容的调查报告以及5套电脑联网的设计安装方案。当推销人员提出不管能否做成生意，公司技术人员都愿意当面向董事会成员作调查汇报时，董事会全体成员都愉快地答应了，自然生意也做成了。

【分析提示】通过提供服务来接近顾客，往往会赢得顾客的好感，使生意顺利成交。

十二、搭讪与聊天接近法

搭讪与聊天接近法就是指利用搭讪与聊天的形式接近陌生顾客的方法。搭讪与聊天接近法一般不会很快进入聊天程序，有时要用很长时间追踪与寻找机会，因此要花费很多精力。所以，使用该方法时应该注意：一是要选准接近顾客的时机。只有非常重要的顾客，而又没有其他方法或者机会可以接近的情况下，搭讪与聊天才可以是一种接近顾客的方法。最好的时间是顾客有较充裕的自由掌握的时间时。二是要积极主动。对于没有与之搭讪机会的重要顾客，推销人员应该在了解顾客生活习惯的情况下，主动创造条件和机会与之搭讪。三是尽量紧扣主题。

以上介绍了十二种接近顾客的技巧方法，在实际工作中，推销员应灵活运用，既可以单独使用一种方法接近顾客，也可以多种方法配合使用，还可以自创独特方法接近顾客。

> 学习小结

- 推销接近是指推销人员正式与准顾客所进行的面对面接触，从而达成初步意向并将推销引入到推销洽谈的活动过程。推销接近包括接近准备、约见顾客、接近顾客及与顾客的面谈。

- 为了更好地完成接近准顾客的目的，需要在接近准顾客前进行一系列的准备活动即接近准备。接近准备是指推销人员在接近某一准顾客之前进一步了解准顾客情况的过程，包括接近顾客前的心理准备、顾客资料的准备和其他准备。

- 为了成功地接近顾客，推销人员应尽量事先进行顾客约见。顾客约见，是指推销人员事先征得顾客同意接见的推销行动过程。顾客约见内容有约见对象、约见事由、约见时间、约见地点；顾客约见方法有当面约见、电话约见、信函约见、委托约见、广告约见和网络约见。

- 接近顾客是推销过程中的一个重要环节，它是推销人员为进行推销洽谈与目标顾客进行的初步接触。接近的方法有介绍接近法、产品接近法、利益接近法、好奇接近法、震惊接近法、戏剧化接近法、提问接近法、请教接近法、赞美接近法、馈赠接近法、调查接近法、搭讪与聊天接近法。

思 考 题

1. 接近个体准顾客时需要准备哪些资料？
2. 顾客约见的方法有几种？各有何优缺点？

实 训 题

试以推销某一件具体产品为例，使用 5 种以上接近顾客的方法接近顾客。个人演示，其他人在旁边予以指正。

案例分析题

案例 1

一位推销人员急匆匆地走进一家公司，找到经理室敲门后进屋。

推销员："您好，李先生。我叫李明，是美佳公司的推销员。"

曲经理："我姓曲，不姓李。"

推销员："噢，对不起。我没听清楚您的秘书说您姓曲还是姓李。我想向您介绍一下我们公司的彩色复印机……"

曲经理："我们现在还用不着彩色复印机。即使买了，可能一年也用不上几次。"

推销员："是这样……不过，我们还有别的型号的复印机。这是产品介绍资料（将印刷品放到桌上，然后掏出烟与打火机）。""您来一支？"

曲经理："我不吸烟，我讨厌烟味。而且，这个办公室里不能吸烟。"

问题：

你认为本案例中李明的推销访问成功吗？为什么？

案例 2

试分析下面有关产品推销的 6 个实例各采用了什么接近顾客的方法？

（1）门铃响了，一个衣冠整齐的人站在大门的台阶上。当主人把门打开时，这个人问道："家里有高级的食品搅拌器吗？"男人怔住了，这突然的一问使主人不知怎样回答才好。他转过脸来和夫人商量，夫人有点窘迫但又好奇地回答说："我们家有一个食品搅拌器，不过不是特别高级的。"推销员回答说："我这里有一个高级的。"说着，他从提包里掏出一个高级食品搅拌器。如果顾客承认他缺少某种产品，推销是可以借题发挥的。假如这个推销员改变一下说话方式，一开口就说："我来是想问一下你们是否愿意购买一个新型食品搅拌器？"或者"您需要高级食品搅拌器吗？"你想一想，这种说法的推销效果又将会是如何呢？相比之下，两种不同方式的问话，效果是大有区别的。

（2）一个过去从事推销各种家庭日用品的推销员现在改为推销真空吸尘器。自他参加推销工作以来，他总是成功地用一句话就可以引起顾客的注意。这一句话是："我能向您介绍一下怎样才能减轻家务劳动吗？"

（3）加德纳正准备把他的汽车开进库房。由于近来天气很冷，斜坡道上结了厚厚的一层冰，给行车驾驶带来了一定困难。这时候，一位懂文明、讲礼貌的过路行人顺势走过来帮助，他又是打手势又是指方向，在他的帮助下，汽车顺利地绕过了门柱。他凑过来问加德纳："你有拖绳吗？"加德纳回答说："没有。"然后加德纳又补充道："可能没有。不过，我一直想买一条，但总是没有时间。怎么啦？是否你的汽车坏了？"过路人回答说："不是的，我的车没有坏，但我可以给你提供一条尼龙拖绳。经试验，它的拉力是 5 吨。"这个过路人的问话即刻引起了加德纳的注意，并且使他意识到他确实需要一条拖绳。这个过路人采用这种方法销售了很多拖绳。

（4）一个推销各种进口食品罐头的推销员说："罗兰先生，我一直很欣赏你们的橱窗。你们购买了很多高质量的产品。在城市里，你们一定有一流的超级市场。"听了这些话，罗兰先生洋洋得意地点头表示同意。用这样的方式开始销售谈话，推销员就很有可能使顾客对他推销的罐头食品感兴趣并且向他订货。

（5）一个推销员把一块透明塑料布的样品递给一个汽车经销商，然后对他说："请你摸一摸这块塑料布，试试能否把它撕烂？"这个经销商有50辆新车存放在露天存车场。推销员是建议他用塑料布把汽车分别盖起来，防风沙、防雨淋以保护汽车。塑料布不容易撕烂当然是盖车的好材料，但让顾客亲自检验一下质量，就会引起顾客的注意，坚定他购买的决心。

（6）推销员马休正想以老套话"我们又生产出一些新产品"来开始他的销售谈话，但他马上意识到这样是错误的。于是，他改口说："班尼斯特先生，如果一笔生意能为你节省125英镑，你会有兴趣吗？""我当然感兴趣了，你说吧！""今年秋天，香料和食品罐头的价格最起码要上涨20%。我已经算好了，今年你能出售多少香料和食品罐头，我告诉你……"然后他就把一些数据写了下来。多少年来，他对顾客的生意情况非常了解，这一次，他又得到了顾客很大一笔订货。

项目六

推销洽谈

学习目标

1. 了解推销洽谈的目标与内容

2. 熟悉推销洽谈的原则与步骤

3. 掌握推销洽谈的方法和技巧，并能灵活运用

学习任务

任务名称：制定洽谈方案，模拟洽谈场景。

任务具体描述：

如前所述，通过前面的约见接近，接下来进入洽谈阶段，要保证洽谈成功，你该如何去做？

完成任务提示：为了让学生完成以上情景任务，老师可安排以下驱动项目：

将学生分组，要求每个小组成员制定一份洽谈方案，最后讨论选出一份最佳方案作为小组方案，在洽谈方案的指导下，各小组派代表进行推销洽谈模拟，最后经过各项评分选出优胜小组。

学习内容

引　例

有一位推销人员在拜访一位客户之前，打听到这位客户非常挑剔，总喜欢提出异议。于是，他经过精心准备之后，满怀信心地去拜访这位客户。一见面，这位推销人员就很礼貌地说："我知道您是一位非常有主见的人，对于我的推销一定会提出不少好的建议。"一边说着，一边将事先准备好的 36 张卡片摊在客户面前，说："请随便抽出一张来。"客户从中随手抽出一张卡片。卡片上写的正是一条异议。等这位客户把 36 条异议读完后，这位推销人员说："请把卡片翻过来读一下。"每张异议的背后都标明了对异议的理解和解释。客户忍不住笑了起来。于是，双方成交了。

引例说明，推销洽谈是一个复杂的、具有丰富内容和循序渐进的活动过程。正式的推销洽谈必须按照一定的步骤和程序去进行，做好每一阶段的工作。

任务一 推销洽谈的目标与内容

推销洽谈是买卖双方达成交易，以维护各自利益，满足各自的需要，就共同关注的问题进行沟通与磋商的活动，又称"推销面议"。在越来越复杂的推销环境里，推销洽谈的方式和方法也在不断变化，人们可以利用一切可以沟通的形式进行，除了传统意义上的面对面的洽谈外，还有电话、邮件、网络视频、电子邮件等形式。因此，学习现代推销洽谈技术，有助于我们借助不同的洽谈形式高效地完成推销工作。

一、推销洽谈的目标

推销洽谈是推销接近的后续阶段，它是一项较为复杂的推销业务工作，它受多种因素的影响，局面更是错综复杂。因此，推销洽谈各方要想有效地去应对这种局面，必须进行充分的准备，才有可能实现推销洽谈的预期目标。推销洽谈前必须首先制定一个可行的目标，洽谈者只有明确了洽谈目标以后，才能弄清自己的努力方向，才能在洽谈中把握分寸，保证洽谈的顺利完成。具体来说，洽谈的目标包括以下几点。

1. 寻找顾客的需要

从市场营销的角度去考虑，企业的根本目的是实现利润最大化，而实现利润的途径是满足消费者需求。推销是市场营销中促销的一种手段，那么推销人员在洽谈之前，必须尽量设法找出顾客的真正需要，投其所好地开展推销。有的推销人员赢得了洽谈的机会后，只是从自身企业的角度去介绍自己产品的特点、自己的价格政策或对顾客的优惠措施，唯独不去思考、判断此刻顾客在考虑什么，顾客最关心的是什么，往往说了半天之后，顾客会不耐烦地说："如果我需要你的产品，我会跟你联系的，再见。"其实，推销洽谈的最根本目的就是满足消费者（顾客）需求，所以推销人员要善于让顾客发表见解，从他们的话语中了解他们真正所需，这样才能增加成功机会。

【小案例】

某房地产公司的刘迪听说××公司的王科长近日有购房的打算，立刻去王科长的家里进行拜访。

"王科长，听说您打算购置一栋住宅，不知是真是假？"

"是有这个打算。现在住房太挤，住着一点也不舒服。因此，我想另找住处！"

"我们公司现在有几栋房子，正准备出售，不知您有没有兴趣？质量和样式准能使你称心如意！"

然后，刘迪带王科长去了公司房子所在地。他边走边介绍，"这栋房子总价才××万元，这在市区内已经十分便宜了，您认为怎么样！"

"太贵了，太贵了！"

"您等一下，我再和主管商量商量。"

隔一段时间，刘迪又回来对王科长说：刚才，我和主管商量了一下。主管说，我们在××地也有一处类似的房子，样式和这也差不多，周围环境也很美，而价格适合于你的要求，您觉得怎样？"

"那去看看吧！"

当王科长看了××地的房子以后，感觉还可以，于是就和刘迪签了订购单。签单之后，刘迪顺便又适宜地补充了一句："我们公司设计的房子有配套的装修服务，如果需要请联系我们。"不知后来王科长是否又购买刘迪的装修材料，但不管怎样，刘迪的推销是成功的。

【分析提示】

想顾客之所想，忧顾客之所忧，为顾客解决难题，这样的推销员顾客才喜欢。如果推销员不能把握顾客的要求，那肯定不会拿到订单，要想成功拿到顾客订单就必须为顾客着想，从顾客的需求出发。

2. 介绍产品信息

推销的一个重要目的是让顾客了解自己的产品，最终实现购买行为。这时，推销人员就要根据不同顾客的需求，适宜地将产品的信息传递给对方，比如说企业规模、生产企业情况、产品功能、商标、质量、价格、服务、销售量等。此时切忌向产品说明书那样滔滔不绝地讲述自己产品的全部信息，一般来讲，顾客所面对的推销人员不止一个，市场上肯定存在竞争关系，传递那些最能满足顾客需求的信息或者是企业产品优于其他同类产品的信息才能有机会成功，当然，推销员在传递信息的过程中务必客观真实、做到实事求是，才能赢得顾客的充分信任。

3. 处理顾客异议

在推销过程中，顾客难免会提出一些问题，如何恰当的处理这些问题是推销成功的关键，切忌为了推销成功去掩盖产品不好的信息，欺骗顾客。只有客观真实的解释说明，巧妙把产品的优点突出出来，才能解决顾客的诸多疑虑，比方说顾客认为产品的样式不好，此时推销人员如果明知道这确实是问题而却说："不会啊，我觉得我们公司的产品样式是最齐全，最完美的了。"这样一来，只会增加顾客对推销人员的反感，甚至对这家公司的不信任。相反，如果推销人员此时换一个角度去回答可能效果会大不相同。比如，他可以这样回答："哦，的确我们公司产品样式单一，我也发现了这个问题，但由于这种产品的核心技术跟同行其他公司不一样，所用的材料不同，这样做的优点在于……，因此样式只能这样了。"这样的回答才能消除顾客心中的疑虑。因此，推销人员在诚实守信的基础上掌握适当的语言技巧，才能消除顾客的异议。

4. 有效促使顾客采取购买行为

推销活动的最终目的是要说服顾客采取购买行为。有时由于顾客选择机会很多，难免会犹豫不决，出现反复行为，甚至会产生复杂的心理冲突，最终会做出购买或不购买的决策。在洽谈过程中，推销人员必须准确把握顾客购买决策的心理冲突，站在顾客的角度，有理有据地为他们分析利弊关系，通过优质的产品、良好的信誉、知名的品牌、完善的售后服务，最终促使其尽快做出购买决策。

【小案例】

某发电厂是小王所在公司的初次客户，需购买仪表，该厂由小王负责。小王采用许多办法与该厂的采购人员和技术人员建立了密切关系。一次，发电厂的技术人员反映有一台新购的仪表有质量问题，要求给予调换。小王当时正在忙于同另一个重要客户洽谈业务，拖了几天才处理这件事情，认为凭着双方的关系，发电厂技术人员不会介意，可是那家发电厂以后购买仪表时，又转向了其他供应商。

【分析提示】

使顾客做出购买决策行为的动因可能仅仅是非常微小的一件事情，推销人员必须周密考虑，否则一个很小的失误就很可能使顾客改变主意。

二、推销洽谈的内容

在洽谈方案中，必须事先确定洽谈可能涉及的内容。洽谈的内容也应围绕顾客所关心的问题来确定。一般包括以下方面。

（一）商品

包括商品本身及其规格、性能、款式、质量等，这也是顾客最关心的内容。对于个体顾客和生产者顾客来说，购买商品的目的就是要得到一定的使用价值，满足其生活消费和生产消费的需要。对于中间商来说，购买商品的目的是为了转卖，满足其实现盈利的需要。不管是中间商还是最终顾客，他们每个人所关心的产品的侧重点和要求各有不同。就拿产品的质量来说，商品是否符合同类商品的质量标准，如国家标准、行业标准、地方标准。不同顾客对质量的要求也是不同的，质量高的商品能引起顾客的购买欲望，有时候质量低的商品也会引起一部分顾客购买。对于个体顾客和生产者顾客而言，推销人员介绍和洽谈应以商品的适用性为重点；对中间商来说，推销人员应着重介绍商品的市场前景。

（二）价格

价格是推销洽谈中最敏感的问题，因为它涉及到买卖双方利益。推销人员应该认识到，价格并非越低越好，价格低的商品不一定畅销，价格高的商品也不一定没有销路。因为任何顾客对商品价格都有自己的理解，顾客对价格有时斤斤计较，有时又不十分敏感，主要取决于顾客需求的迫切程度、需求层次、支付能力和消费心理等。在价格洽谈中，推销人员要在不违反公司价格政策的基础上，灵活运用价格这一敏感的洽谈焦点，针对顾客的不同要求，巧妙定价。比如，对价格比较敏感的顾客，推销人员可以根据情况适当降价，或者提供性能、款式、价格略低于洽谈商品的策略供顾客选择；而对于价格不是很敏感的顾客，推销人员可以适当提高价格，同时完善产品相关的维修保养、售后服务等，让顾客有超值的感觉。

（三）服务

服务是营销中不可或缺的一个环节，推销人员要将自己公司所承诺的服务范围准确、真实地传递给顾客，告知消费者彼此之间的权责范围，以免发生不必要的麻烦。销售服务的内容一般包括以下几点：第一，兑现向顾客承诺的送货时间；第二，兑现向顾客承诺的送货方式、送货地点、运输方式等；第三，兑现向顾客承诺的提供零配件、工具、维修以及技术咨询和培训服务等；第四，兑现按照说明书的保修期限内的免费安装、维修、退换、养护、保养等方面的服务等。

（四）结算条件

在洽谈方案中，结算问题都必须先明确，包括结算的方式和时间。双方应本着互利互惠、互相谅解、讲求信誉的原则进行磋商；洽谈中要确定的主要内容是：采用现款还是采用本票、汇票、支票方式支付；是一次付清、延期一次付清、还是分期付清以及每次付款的时间和数额；在付款时间方面，是提前预付，还是货到即付或其他方式。

（五）保证条款

保证条款是指在交易过程中，买卖双方对买进、售出的商品要承担某种义务、责任，以保证双方利益的担保手段。这种协议实质上也是为了进一步明确双方在交易中的权利和义务、它是一种担保措施，也是纠纷解决的办法。通常情况下，为了避免纠纷，双方都要严格、谨慎地签订一份协议来保证交易的顺利进行。一些比较大宗的交易，为了降低风险，谨慎的双方往往会就双方履行和违约等有关权利、义务、纠纷诉讼、处理办法等都事先进行协商，以免引起不必要的麻烦。

任务二 推销洽谈的原则与步骤

一、推销洽谈的原则

推销洽谈实际上是一个沟通和寻找利益交叉点的过程。推销人员都希望尽快实现自己的目标，但这并不意味着推销人员在洽谈过程中可以任意调整己方的目标，更不能为了满足顾客需求，不顾公司原则，随意夸下海口调高或调低洽谈目标。洽谈应坚持一定的原则，确保实现自己的目标。那么在推销洽谈中，应该遵循怎样的原则呢？

（一）针对性原则

所谓针对性原则是指推销洽谈应该服从推销目的，具有针对性。一般包括以下几个方面。

1. 针对顾客的动机特点开展洽谈

推销洽谈应该从顾客的动机出发，加以引导。顾客需要什么，推销人员就推销什么。将顾客按照渠道分类：有些是中间商顾客，他们购买的动机是市场上畅销对路、物美价廉；而有些是最终消费者，他们的动机是多种多样的，如有求实、求廉、求新、求美、求异、嗜好等，因此，推销人员应该以此为基础，组织洽谈内容。

2. 针对顾客的心理特征开展洽谈

不同的顾客具有不同的个性心理特征，例如有的内向，有的外向；有的随和，有的顽固；有的自卑，有的自傲；有的慎重，有的草率；有的冷淡，有的热情。推销人员只有针对不同个性心理的顾客采取不同的洽谈策略才取得实效。

3. 针对顾客的敏感程度开展洽谈

不同的顾客对产品的敏感程度不一样，比如，有的顾客对价格特别敏感，尤其是一些中间商；有的顾客对产品的质量非常敏感。推销人员在组织洽谈的过程中，就必须根据顾客的特点，设计合理的洽谈方案，增强产品的竞争能力，从而力争取得成功。

（二）鼓动性原则

所谓鼓动性原则，是指推销人员在推销洽谈中用自己的信心、热心和诚心，以自己的丰富知识有效地感染顾客，说服和鼓动顾客采取购买行动。

作为一名推销人员，始终要抱定成功的信念，相信自己的产品和服务，热爱自己的事业、自己推销的产品和自己的顾客。同时在推销洽谈中要表现出专家的风范，用广博的知识去说服和鼓动顾客，更要善于用具有感染力和鼓动性的语言去生动形象地传递非理性信息，打动顾客的心。

（三）倾听性原则

所谓倾听性原则是指推销人员在推销洽谈过程中，不要只向顾客传递推销品信息，而是要注意倾听顾客的意见与要求。

为了达到推销的目标，推销人员切忌滔滔不绝从企业自身的角度去介绍产品，要善于倾听，善于观察顾客真正的需求。其实，这也是一种推销的原则。许多成功的推销经验告诉我们，有时推销员说的越多反而越会使顾客产生反感情绪，相反尽量让顾客去表达自己的意愿，少说多听有时会取得意想不到的效果。

（四）参与性原则

参与性原则，是指推销人员在推销洽谈过程中，积极地设法引导顾客参与推销洽谈，促进信息双向沟通。推销人员要与顾客打成一片，使顾客产生认同感和归属感，以提高推销效率。有时推销人员还要设法引导顾客积极参与洽谈过程。例如，引导顾客发言，请顾客提出和回答问题，认真听取顾客的意见，让顾客试用推销品等。这些活动都能使顾客参与推销活动，使顾客产生满意感，从而充分调动顾客的积极性和主动性，创造有利的洽谈气氛，提高推销洽谈的成功率。

（五）诚实性原则

诚实性原则，是指推销人员在推销洽谈过程中切实对顾客负责，真心诚意与顾客进行推销洽谈。

（1）推销人员在出示有关证明文件时，不能伪造证明，欺骗顾客。如，推销人员身份证明和推销品的有关证明。目前，少数企业为了扩大产品的影响力，经常号称自己公司产品是经过××级别认证，销量排行第×位，国家××部门认定的合格产品等，但只有少数企业有这样的光辉头衔，是一种误导顾客的行为。

（2）推销人员推销的推销品必须是与企业产品完全一致。有时为了达到推销的目的，有的推销人员故意将质量不同于原产品的样品带去跟顾客洽谈，这种做法完全是一种欺骗行为。

（3）推销人员在介绍产品时，要诚实守信，不能用假话欺骗顾客。

【小案例】

一房地产经纪商正在和顾客讨论有关一所大房子的交易问题。他们一起去看房子，房地产经纪商觉察到顾客对房子颇感兴趣。经纪商对顾客说："现在，当着你的面，我告诉你，这所房子有下列几个问题：①取暖设备要彻底检修；②车库需要粉刷；③房子后面的花园要整理。"顾客很感激经纪商把问题指出来，而且他们又继续讨论房子交易的其他一些问题。最后的交易结果是可想而知的。

【分析提示】 这位房地产经纪商的推销成功，不在于其个人推销能力和技巧，而在于其诚信。

二、推销洽谈的步骤

前面我们讲到了推销洽谈的目的和原则，那么在具体实施推销洽谈时，推销员有没有一个规范的步骤去参考呢？答案是肯定的。一般而言，大致可分为准备阶段、摸底阶段、报价阶段、磋商阶段和成交阶段。每个阶段都有不同的基本要求和工作重点。为此，我们一定要掌握好洽谈的步骤，循序渐进，逐步实现推销洽谈的目标。

（一）推销洽谈的准备阶段

推销人员在洽谈前必须进行充分的准备，才有可能有效地实现推销的预期目的。推销洽谈的准备阶段包括制订洽谈计划、洽谈的工具准备等。

（1）制订洽谈计划

制订洽谈计划是在洽谈准备阶段的首要环节，其中包括：洽谈的预期评价；确定推销洽谈的时间、地点；进一步核实顾客的基本情况；提供产品样品和服务的有关信息；选择推销洽谈的策略和方法；做好洽谈的心理准备等内容。制订合理的推销洽谈计划关系到推销的成败，要做大量的准备工作，比如对顾客基本情况的了解，就需要掌握顾客的姓名、年龄、职务、性格、偏好、工作作风、顾客本人及其所在部门的公司状况等；此外为了能够达成购买意向还需要知道顾客的资金情况、是否有权购买、是否有迫切的需求动机等。只有准备到这样的程度，才能在推销洽谈中灵活、有针对性地推销。

（2）推销洽谈的工具准备

推销人员在推销过程中不能单纯靠说话，还需要利用各种推销工具，所谓的推销工具主要有：推销品；推销品模型；文字资料；图片资料；推销证明资料等。这些都被视为推销工具，这些推销工具可以直观、形象、生动地展现在顾客面前，尤其是像模型、图片资料等，他们能对顾客产生较强的说服力和感染力，加深顾客的印象从而产生购买动机，因为没有实物的描述，说的再好也只能是任凭人们去想象、去猜测。这种借助实物模型、图片等工具的推销手段可以看作是无语的推销。

（二）推销洽谈的摸底阶段

推销洽谈的摸底阶段是谈判双方试探性地提出问题，互相了解对方，旨在建立推销洽谈气氛、交换意见、开场陈述。这一阶段一般从见面入座到洽谈的实质内容之前，在这一过程中要竭力营造一种轻松、友好、愉快与和谐的谈判气氛，如洽谈双方是对立、猜忌的将很大程度上影响到谈判的结果。因此，在谈判的摸底阶段，谈判双方最好不要直奔主题。最好以一些非业务性、轻松的话题开头，这将对推销洽谈起积极的促进作用，是谈判得以顺利进行的润滑剂。

在这一阶段，当谈判双方彼此对谈判的气氛满意，彼此诚意合作。接下来谈判双方往往要选派洽谈双方的代表进行一个开场陈述，各方要将自己的立场做一个粗略的叙述，同时听取对方的陈述。开场陈述一般采用书面、口头、书面与口头相结合的形式，全面陈述本方立场。开场陈述时间不宜过长，点到为止，使对方能很快提问，从而展开沟通与交流。

（三）推销洽谈的报价阶段

报价阶段是推销洽谈双方分别提出协议的具体交易条件，是开局阶段开场陈述的具体化，它涉及到谈判双方的基本利益，因此报价是推销洽谈十分重要的阶段，是洽谈的核心和关键。

谈判一方在向另一方报价时，首先应该弄清楚报价时机与报价原则。一般而言，在对方对推销品的使用价值有所了解后才报价，对方询问价格时是报价的最好时机，报价时最好按照产品等级报价，价格有高有低，便于对方结合自身情况综合考虑。报价的原则一般要坚持做到表达清楚、明确，态度坚定、果断，不主动对自身价格做解释，尽量留有充分的磋商余地，便于对方讨价还价。

（四）推销洽谈的磋商阶段

推销洽谈的磋商阶段也称"讨价还价"阶段，是指洽谈双方为了各自的利益、立场，寻求双方利益的共同点，并对各种具体交易条件进行磋商和商讨，以逐步减少彼此分歧的过程。在这一阶段，双方都极力阐述自己的立场、利益的合理性，施展各自的策略和手段，企图说服对方接受自己的主张或做出一定程度的让步。磋商阶段是双方利益矛盾的交锋阶段，谈判双方之间存在分歧或彼此处于对立状态是不可避免的，因此，双方适当地让步，从而寻求解决彼此分歧达成协议的办法。在此阶段，切记在没有真正把握对方意图和想法的时候，不可轻易做出妥协、让步。让步时不作无利益的让步，不作同等幅度的让步，不做过早地让步，不做大幅度地让步。此阶段是洽谈的最关键阶段，也是最难的阶段，处理好这个阶段的问题是成功洽谈的重中之重。

（五）推销洽谈的成交阶段

推销洽谈的成交阶段是推销洽谈的最后阶段，也是收获最终成果的阶段。当双方进行实质性的磋商后，经过彼此的妥协让步，重大分歧基本消除，意见逐步统一，趋势逐渐明朗，最终双方就有关的交易条款达成共识，于是推销洽谈便进入了成交阶段。

在这一阶段，洽谈双方基本意见趋于一致，此时，推销员应主动把握好时机，用言语或行为向对方发出成交的信号。当顾客明确表示愿意成交时，推销员应对最后成交的有关问题进行归纳和总结，双方最好在磋商阶段形成一个备忘录。备忘录并不视为合同或协议，它只是双方当事人暂时商定的一个意向，是以后达成正式协议的基础。协定备忘录代表双方的承诺，整个谈判过程基本结束，下一步工作就是签订合同或协议。

签约时可以参考备忘录的内容，回顾双方达成的原则性协议，对洽谈的内容加以归纳、总结、整理，并用准确规范的法律条文进行表述，最后由洽谈双方代表正式签字生效的过程。正式协议的条款要求具体、明确、规范、严密，价格、数量、质量要求等要准确；支付方式、交货期限、售后服务及履约责任要明确；标的名称要标准化、规范化，符合法律规范。当谈判协议审核通过之后，谈判双方都要履行正式的签约手续。这样推销洽谈成交阶段才视为结束。

任务三 推销洽谈的方法

推销洽谈的方法很多，主要分为提示洽谈法和演示洽谈法两类。提示法又可细分为直接提示法、间接提示法、明星提示法、鼓动提示法、积极提示法、联想提示法、逻辑提示法等；而演示法可细分为产品演示法、文字图片演示法、证明演示法、音响、影视演示法等。合理选择不同的洽谈方法会促使洽谈达到预定目标。

一、提示洽谈法

所谓提示洽谈法，是指推销人员在推销洽谈中利用语言的形式启发，诱导顾客购买推销品的方法。提示法根据提示的方式不同还可分为以下几种方法：

（一）直接提示法

直接提示法，是指推销人员直接向顾客呈现推销品的利益，劝说顾客购买推销品的洽谈方法。是一种被广泛运用的推销洽谈提示方法。这种方法的特征是，推销人员接近顾客后立即向顾客介绍产品，陈述产品的优点与特征，然后建议顾客购买。因而这种方法简单明快，能节省时间，加快洽谈速度，符合现代人的生活节奏，所以很具优越性。

【小示范】

请看一位推销员在推销一种试用剂时对顾客的提示："听说你们在寻找一种反应速度更快的试用剂。我们公司新近开发了一种新的试剂产品，它能将反应的速度提高5～6倍，这是这种试剂的实验报告。您看看，一定会达到您们的要求。如果您们满意，请快点订货。不然的话，因为订货太多，就难以保证交货期。"

（二）间接提示法

间接提示法，是指推销人员间接地劝说顾客购买推销品的洽谈方法。这种方法可以有效地排除面谈压力，避重就轻，制造有利的面谈气氛。应用间接提示法可以虚构一个顾客，可以一般化的泛指。使用间接提示法的好处在于可以避免一些不太好直接提出的动机与原因，因而可以使顾客感到轻松、合理，从而容易接受推销人员的购买建议。

【小示范】

一位推销成套设备的推销员指着某商报上的一篇关于一些企业进行设备更新的新闻报道对顾客说："你听说了吗？一个企业购买了这种产品之后，取得了很好的效益，其他一些企业都在考虑购买呢！连报纸都刊登了，看来不买是有点赶不上形势了。"推销人员既陈述了推销主题，又以关怀的口吻间接提示顾客购买推销品，使顾客没有了来自推销本身的压力，却有了来自满足自己需求的迫切感。

（三）明星提示法

明星提示法，也叫名人提示法或威望提示法，是指推销人员利用顾客对名人的崇拜心理，借助名人的声望来说服顾客购买推销品的洽谈方法。明星提示法迎合了人们的求名的情感购买动机，另外，由于明星提示法充分利用了一些名人、名家、名厂等的声望，可以消除顾客的疑虑，使推销人员和推销产品在顾客的心目中产生明星效应，有力地影响了顾客的态度，因此，推销效果比较理想。但使用这一方法时应该注意提示中的明星应该是顾客普遍喜欢的对象，明星本身确实使用了企业的产品并且效果不错。这样才有说服力。

（四）鼓动提示法

鼓动提示法是指推销人员通过传递推销信心、刺激顾客购买欲望的方式迫使顾客立即采取购买行为的洽谈方法。例如："今天是优惠期的最后一天""只剩这最后一批产品了"等。使用这种提示方法时要注意以下几点：

（1）要有针对性地采取这种提示策略，避免大范围使用，否则会给顾客留下虚伪的印象。

（2）所鼓动的信息必须是真实准确的，一旦有意欺骗顾客，会带来非常坏的恶劣影响。

（3）采用这种策略时应考虑顾客的个性，一般情况下对那些个性较强、偏内向、沉稳的顾客不宜采用。

（五）积极提示法

积极提示法是推销人员用积极的语言或其他积极方式劝说顾客购买所推销产品的方法。所谓积极的语言与积极的方式可以理解为肯定的正面的提示、热情的语言、赞美的语言等会产生正向效应的语言。例如："欢迎参加我们社的旅游团，又安全又实惠，所看景点又多又好""你看，这是摩托车手参加比赛的照片，小伙子们多神气！他们戴的是我们公司生产的头盔。"在运用此种方法的同时，可先与顾客一起讨论，再给予正面的、肯定的答复，从而克服正面语言过于平淡的缺陷。此外，所用的语言与词句都应是实事求是的，是可以证实的。

【小案例】

你是一家大游览巴士的销售代表，专门提供游览巴士和个人接送的服务。你与××夫人——一位准新娘的母亲在洽谈生意，她考虑请你们去送参加婚礼的外地宾客去参加婚宴，最后再送回旅馆。

你的前期工作做得很好，可她还是拿不定注意，总是能想出这样那样的反对意见来。

夫人："我不知道怎么回事，就是下不了决心。"

你："这的确很难做决定。让我来帮你吧。"

这时你从公事包内拿出一张纸来一面写上"正面"的考虑，另一面则是"反面"的考虑。

你："我们把赞成和反对的理由写下来，应该有助于做决定吧。"

夫人（点头）："嗯，很好。"

你："好，就这样。合约上规定，我们为你接送参加婚礼的客人。在这种欢乐的场合，多喝几杯很正常，不过你不希望有人酒醉驾车吧？"

夫人："对。"

你："很好。"

你将这个安全的考虑及其他相关事项，全部写在"正面"的那一面。

你："我们也谈到，整个婚礼过程的圆满，由于我们的接送，不至于在婚礼结束之后，还有人要赶着离开。最后，你也不希望所有的亲友都乘出租车前往，增加喜宴的麻烦。这些就是你投资我们服务的好处，对不对？"

夫人："没错。"

你："好极了，你看，上面我们谈到有关正面的考虑（这时你将纸递过去给她看），包括安全性、便利性以及对婚礼掌控性强等。现在你可以告诉我，反对的理由是什么？"

到此，你已经帮客户找出这项产品的优点。不过你可别再节外生枝，帮对方思考反对的理由。

当然。你的客户也可能会说："我实在找不出什么反对的理由。"此时你就不应该再犹豫，准备成交吧！

但假如客户看了那张对照表，发觉不对劲，又有其他意见呢？至少她已经花工夫再仔细思考了一遍，接下来所提的理由都是比较具体实在的。你也比较好理解。

【分析提示】

与顾客一起讨论，对顾客的提问再给予正面的、肯定的答复，从而克服正面语言过于平坦的缺陷。可以最终促使交易的成功。

（六）联想提示法

联想提示法，是指推销人员通过提示事实，描述某些情景，使顾客产生某种联想，刺激顾客购买欲望的推销洽谈的方法。联想提示法要求推销人员善于运用语言的艺术去表达、描绘，避免刻板、教条的语言，也不能采用过分夸张、华丽的词藻。这样，提示的语言方能打动顾客，感染顾客，让顾客觉得贴切可信。

【小示范】

一位推销瓷片的推销员的一句话打动了顾客："你把这种天蓝色的瓷片铺在淋浴室里，每当你洗澡的时候，就有种置身大海的感觉。"这一方法中，推销人员向顾客勾画出梦幻般的情景，让顾客去想象，使产品更具有吸引人的魅力，从而达到强化顾客购买欲望的良好效果。

一位推销灯光设备的推销员对顾客说："这些光彩夺目的灯光设备，在白天您可能感觉不到它的好处，但是夜幕降临时，可以使所有的行人都看到贵店的橱窗。如果不安装这些灯光设备，即使人们从你的橱窗外面经过，也注意不到橱窗里的展品。反之，安装了这些灯光设备之后，会使贵店的外观比对面的商店显得更舒适、温馨。耀眼的灯光照射在橱窗内的展品上，行人都会清楚地看到。您想一想，要是这些灯光设备能为您吸引成千上万的顾客，那您就会多做多少生意啊！"

（七）逻辑提示法

所谓逻辑提示法，是指推销人员使用逻辑推理来劝说顾客购买推销品的一种洽谈方法。它通过逻辑的力量，促使顾客进行理智思考，从而明确购买的利益与好处，并最终做出理智的购买抉择。逻辑提示法符合购买者的理智购买动机。例如："所有企业都希望降低成本，我公司生产的这种产品可以降低生产成本，提高经济效益。所以，贵厂可以考虑使用这种产品。"在运用逻辑提示法时应注意以下几点：

（1）逻辑提示法的适合有较强的理智购买动机的顾客。按照个性可以将顾客的购买动机分为理智型、情感型、惠顾型。通常情况下那些文化层次较高、财力较薄弱、意志力较强的顾客才可能具有理智性动机，因而可以对他们运用逻辑推理提示法。而倾向情感型购买动机与惠顾型购买动机的顾客，则不适用这种方法。

（2）要以理服人。推销人员首先自身要了解产品的科学原理，然后再运用严密的逻辑推理，做到以理服人，避免强词夺理，让对方找到你的种种漏洞，贻笑大方。

（3）应做到情理并重。人都是有情有义有欲望的，因此，推销人员应该把科学的却显得有点干巴巴的逻辑推理与说服艺术结合起来，对顾客既晓之以理，又动之以情，促使顾客的购买行为合理化，从而使顾客较快地采取购买行为。例如，下面两段逻辑提示就很有说服力。

"现在市场竞争激烈，各企业都希望降低生产成本，我们这种材料能降低生产成本，提高贵厂产品的市场竞争力，贵厂应该采用这种新型材料。"

"目前市场不景气，各企业都在努力开拓市场，找一家有实力、有水平的广告公司协助策划宣传是应该的、有利的。"

二、演示法

演示法又称直观示范法，是推销人员运用非语言的形式，通过实际操作推销品或辅助物品，让顾客通过视觉、听觉、味觉、嗅觉和触觉直接感受推销品信息，最终促使顾客购买推销品的洽谈方法。演示法主要有以下几种。

（一）产品演示法

产品演示法，是指推销人员通过直接演示推销品本身来劝说顾客购买推销品的洽谈方法。推销员通过对产品的现场展示、操作表演等方式，把产品的性能、特色、优点表现出来，使顾客对产品有直观的了解。从现代推销学原理讲，推销品本身就是一个沉默的推销员，是一个最准确、最可靠的产品信息来源，再生动的描述与说明，都不能比产品自身留给消费者的印象更深刻，可谓百闻不如一见。

产品演示法的作用有两个方面：一是形象地介绍产品。因为现代推销品众多，推销人员无法完全利用口头语言来传递全部推销信息，千言万语不如让顾客通过感官直接与推销品见面；二是起证实作用。产品演示法可以制造一个真实可信的推销情景，直观了解，胜于雄辩。运用产品演示法时应注意：应根据产品的特点选择演示的内容、方法、时间、地点等，比如，一些过大、过长、过重的产品可以采用产品模型或样本演示的方式；应根据推销洽谈进展的需要，选择适当的时机进行演示；应注意演示的步骤与艺术，最好是边演示边讲解，并注意演示的气氛与情景效应；应鼓动顾客一块参与，使顾客亲身体验产品的优点，从而产生认同感与占有欲望。

【小案例】

郑州柴油机厂为打开该厂"金牛"牌柴油机在内蒙古的市场，举行了一场别开生面的"拔河赛"。一台装有"金牛"牌柴油机的拖拉机，与十几台装有相同马力、不同牌号柴油机的拖拉机轮番较量，无不取胜。该厂通过这种方式向顾客展示了"金牛"牌柴油机马力大的特点。

【分析提示】让产品"说话"更能说服顾客。

（二）文字、图片演示法

文字、图片演示法是指推销人员通过展示有关推销品的文字、图片资料来劝说顾客购买的洽谈方法。在不能或不便直接展示或用语言难以说明的产品的情况下，推销人员通过向顾客展示推销品的文字、图片、图表、音像等资料，能更加生动、形象、真实可靠地向顾客介绍产品。比如一些商品工作原理、统计数据、价目表等，通过文字、图片可以做到动静结合，图文并茂，收到良好的推销效果。

【小案例】

小李是一家家庭装饰公司的销售员，在接待顾客时，小李总是首先询问顾客对房间装饰的总体想法，了解各房间尺寸，然后通过电脑软件将装饰后的效果显示在电脑屏幕上让顾客看。由于顾客能够在房屋未完成装饰前就看到装饰后的效果，因此顾客很容易接受小李的建议，往往在与小李的洽谈中就签定了装饰协议。

【分析提示】通过文字、图片可以做到动静结合，图文并茂，收到良好的推销效果。

（三）音响、影视演示法

音响、影视演示法是指推销人员利用录音、录像、光盘等现代工具进行演示，来劝说顾客购买推销品的洽谈方法。这种方法具有很强的说服力和感染力，是一种非常有效的演示方法，可以使顾客有身临其境的感觉，例如，某旅行社推出的旅游线路电视介绍短片、产品生产流程片等。

（四）证明演示法

证明演示法是指推销人员通过演示有关的证明资料或进行破坏性的表演，来劝说顾客购买推销品的洽谈方法。这是现代推销洽谈经常用到的方法。比如，生产许可证、产品质量鉴定书等。推销人员在运用中应注意以下几点。

（1）准备很充分的证明资料；

（2）演示的推销证明资料必须真实可靠；

（3）选择恰当的时机和方法进行证明演示，令人信服。

任务四 推销洽谈的策略和技巧

推销洽谈的策略和技巧多种多样，巧妙运用推销洽谈的策略和技巧可以起到事半功倍的作用，能够顺利化解僵局，最终使双方达成一致。

一、推销洽谈的策略

在推销洽谈过程中，人们根据经验总结出一些策略，本章就主要的策略介绍如下。

（一）最后通牒策略

在推销洽谈过程中，富有经验的洽谈人员常常体验到，通常约有90%的时间花费在讨论一些无关紧要的事情上，而关键性的问题和实质性的问题却是在最后剩下的不到10%的时间里谈成的。

因此，洽谈者必须认真安排好谈判的全部时间与最后时间的关系。首先，要安排好谈判时间表，合理估计每个问题使用的谈判时间；其次，把开始的大部分时间用在讨论外围问题或枝节性的小问题上，而将剩下的一点"最后十分钟"的时间花在洽谈实质性的问题或关键性的大问题上。这样的时间安排顺序的好处是：避免谈判一开始，就在讨论实质问题上发生"触礁""翻船"。同时，在推销的准备阶段上，要有全面了解考察对手的时间安排。

（二）自我发难策略

自我发难策略是在洽谈中针对对方可能提出的问题，先自行摆出，再加以解释并阐明立场的洽谈策略。这种策略必须建立在深入调查，知己知彼的基础上，问题必须选的恰当，理由必须令人信服。否则不但达不到预定的目的，还会使自己处于被动的局面。例如，由于己方的报价比其他企业同类产品高20%，估计对方一定会对这一问题心存疑惑，并且会怀疑己方洽谈的诚意，进而影响到他们对洽谈的态度和信心。因此，在洽谈的一开始就应予以介绍：与同类产品的报价相比，本企业的价格要高20%，看起来似乎价格过高，但是实际并不高。首先，本企业采用的是进口优质原料，质量绝对可靠，而其他企业产品则采的是国产原料。第二，本企业完全按 ISO9000 标准进行生产和管理，产品合格率比其他同类产品高30%；第三，本产品获得国家专利，有独特的性能；第四，在一年内，对不合格的产品一律给予退换；第五，本企业是该行业最大的供应商，货源充足，能够保证长期稳定的供应。通过这种自我发难，解释疑难，使对方感到己方是以诚相见，从而解除疑虑，顺利达到洽谈目的。但是，这种策略必须建立在深入调查，知己知彼的基础上，问题必须选得恰当，理由必须令人信服。否则不但达不到预定的目的，还会使自己处于被动的局面。

（三）步步为营策略

步步为营策略是指在洽谈中，不是一次就提出总目标，而是先从某一具体目标入手，步步为营，最后完成整个目标的洽谈策略。这种洽谈方法有利于取得阶段性的胜利，可以一步一步掌握主动，相反，如果一揽子将己方目标一下子说出来，会令对手难以接受。例如，先就订货数量、产品规格、型号、质量标准等进行洽谈，待达成一致意见后再就产品价格进行洽谈，然后，再就付款方式、交货时间等进行洽谈，等等，在每个具体问题上都取得了成果，也就完成了总的洽谈任务。

（四）折衷调和策略

折衷调和策略是指在洽谈处于僵持局面时，由一方提出折衷调和方案的前提是对方也必须作出一些让步以达成协议的策略。例如，我同意降价 10%，但你也得同意将订货数量增加 30%；这种折衷调和貌似公平，但实际上并不一定，对付这种策略必须权衡得失，要经过仔细的计算，用数字说明问题。有时在关键问题坚持自己的立场是可以使对方妥协，达成交易的，这需要具体问题具体分析。有时，对方提出采用这种策略是想取得更好的交易效果，满足对方更大利益，实质上也是试探性的考察己方的态度，从另一种程度上来讲，对方已经默许了己方的条件。

（五）参与说服策略

在推销洽谈中，如果推销员把意见说成是自己的，可能顾客会有异议，因此，往往聪明的推销员先倾听顾客的意见，在顾客提出自己能够接受的意见后，推销人员在承认顾客意见的前提下，结合实际情况做出适当的补充和修改。这就是参与说服策略，这种策略减少了顾客反对的概率。因为，如果他们反对这个意见就是反对自己。

（六）寻找共同点策略

推销洽谈几乎都是从寻找共同点开始的，因为大家彼此都不愿意接受不同意见，从部分意见相同点开始入手谈判，可以形成良好的气氛，缩短双方与顾客之间的感情距离，为进一步洽谈打下良好的基础。

二、推销洽谈的技巧

（一）洽谈中的倾听技巧

所谓的倾听技巧就是在推销洽谈的过程中，推销人员不要一味地口若悬河、滔滔不绝，不给顾客表达自己思想的机会，要善于倾听的一种策略。在推销谈判中，倾听能发掘事实真相，探索顾客的真实想法，并且通过倾听能够赢得顾客的好感，容易判断顾客的意图，避免推销中的失误。所以，听往往比说还重要。推销人员在倾听顾客谈话时要做到以下几点。

（1）听时要专注。一般来说，思维的速度比说话要快 4 倍。因此，人们往往容易在听的时候思考别人的问题，找到顾客的需求，从而寻找洽谈的方法与策略。

（2）听时要鉴别。要善于听出顾客言语中所蕴涵的观念和用意，若顾客故意含糊其辞，则可以要求对方解释清楚。

（3）要容忍听进一些可能触犯你的讲话，让对方讲完，不要中途打断或驳斥。

（4）倾听要积极回应。对方阐述的观点，在听的同时，推销人员要做出积极的回应，此时不需要长篇大论、喧宾夺主。可以用少量是非判断词语或语气词即可，比如，啊、是、对等。

（二）洽谈中的语言技巧

推销洽谈是推销人员与顾客双方在洽谈中不断磋商、互相妥协、解决分歧，以求最终达成双方均可接受，彼此获益的协议过程。为此，推销人员应当熟练掌握一定的语言技巧，以保证推销洽谈的顺利进行。这种语言技巧具体可以分为阐述技巧、提问技巧、回答技巧、僵局技巧等。

1. 阐述的技巧

在洽谈中，阐述是说明自己一方的观点。但有时为了争取主动，切不可过早地表明己方的立场、观点、目标。因此往往先请对方先做阐述，通过倾听了解对方的意图后己方再根据对方的立场有针对性地阐明观点。此时需要注意阐述时可以有针对性地叙述说明对方关心的问题，力求做到言语准确、翔实，不可用好像、大概、差不多等含糊词语。有时涉及一些机密问题，即便对方问到也要做到滴水不漏。比如，该公司产品的成本价是多少？据说贵公司产品是从××地区进货的等。

2. 提问的技巧

推销人员在洽谈中，为了摸清对方意图，表达己方的意愿，往往需要向顾客提出问题。在提问时，要做到：

（1）提出的问题最好是范围界限比较清楚的，使顾客的回答能有具体内容

（2）提问要促进洽谈成功的关键性问题。

（3）提问时切忌提出令人难堪和不快，甚至有敌意的问题，以免伤害顾客感情，使洽谈陷入僵局。

（4）提问态度要谦和友好，用词要恰当、婉转，注意提问的时间性，不要随便打断顾客的讲话，要耐心听完对方的讲话再提问。

3. 回答的技巧

在推销洽谈中，对于顾客的提问，推销人员首先要坚持诚实的原则，给予客观真实的回答，赢得顾客的好感和信任。但是，有时顾客为了自己的利益，提出一些难题或者是涉及企业秘密的问题，推销人员就应该使用一些技巧来回答。回答顾客提问时有以下技巧：

（1）回答时要有条有理，言简意赅，通俗易懂；

（2）对于一些不便回答的问题，应使用模糊语言，向对方透露一些不太确切的信息或者回避问话中的关键问题、转移话题、偷换主题，也可采取反攻法，要求对方先回答自己的问题，或者找借口，找些客观理由表示无法或暂时无法回答对方问题；

（3）倘若对方明确反对己方的观点，甚至言辞过于激动、情绪激昂。为避免直接的冲突，推销人员要用幽默的语言，委婉含蓄地表达。避免出现僵局迫使洽谈破裂。

4. 处理僵局的技巧

在推销洽谈中，经常会出现推销人员与顾客双方的利益相互不肯退步，会

出现各抒己见，互不相让的僵持局面，使洽谈无法进行下去，甚至导致洽谈不欢而散，无法取得交易的成功。形成僵局的原因很多，在洽谈中，僵局随时都可能发生。只要我们掌握一些处理僵局的技巧，问题就会迎刃而解。

（1）要尽量避免僵局出现。推销人员是卖家，在现代市场买方环境中，卖家更应积极主动设法避免僵局出现，有时需要暂时放下既定目标，在原则允许的范围内，小范围的妥协退让，这也是一种高姿态的表现，这样做可以避免僵局的出现；此外，一旦推销人员发现现场气氛不对或者对方略有不满时，应该尽量寻找轻松和谐的话语，对于实在不能让步的条件可以先肯定顾客的部分意见，大量引用事实证据的基础上谦虚、客气地列出问题的客观性来反驳对方，使其知难而退。

（2）要设法绕过僵局。在洽谈中，若僵局已形成，一时无法解决，可采用下列方法绕过僵局：暂时放下此问题，避而不谈，待时机成熟之后再商定；在发生分歧，出现僵局时，推心置腹交换意见，化解冲突；邀请有影响力的第三者作为公立方调解。

（3）打破僵局。在僵局形成之后，绕过僵局只是权宜之策，最终要想办法打破僵局。打破僵局的方法有：其一，扩展洽谈领域。单一的交易条件不能达成协议，把洽谈的领域扩展，如价格上出现僵局时，可将交货期、付款方式方面适当让步；其二，更换洽谈人员。在洽谈陷入僵局时，人们为了顾全自己的面子和尊严，谁也不愿先让步，这时可以换一个推销人员参与洽谈，这时，聪明的推销团队会暂时停止洽谈，更换另外的推销人员再次进行洽谈；其三，让步。在不过分损害己方利益时，可以考虑以高姿态首先做一些小的让步。

> **学习小结**

推销洽谈是一个复杂的、具有丰富内容和循序渐进的活动过程。整个推销洽谈的过程包括四个阶段：准备阶段、摸底阶段、报价阶段、磋商阶段、成交阶段。

推销洽谈是项很复杂的工作，既需要推销洽谈人员有较深的专业知识，又要求其掌握一定的洽谈方法、策略和技巧。推销洽谈的方法可以分为提示法和演示法两种。

推销洽谈的策略有最后通牒策略、自我发难策略、步步为营策略、折衷调和策略、参与说服策略和寻找共同点策略。

推销洽谈的技巧有倾听技巧和语言技巧。

思 考 题

1. 推销洽谈的原则有哪些？

2. 推销洽谈的策略、方法各有哪些？

3. 推销洽谈的技巧涉及到哪些方面？

实 训 题

1. 推销洽谈

（1）演练者：推销人员。

（2）设定条件：根据有关资料，选定 A 公司为待开拓的新客户。推销员首次前往该公司，与采购部长洽谈推销。作为一个专职推销员，你应如何与对方洽谈，以拿到对方的定单。

（3）背景资料：

①客户名称：A；

②经营规模：年销售额××万元，下属店铺××个；

③采购部长：50 岁，精力旺盛，经验老到，善谈。

2. 与年老负责人的洽谈

（1）演练者：全体销售人员。

（2）设定条件：一般讲来，年轻推销员与客户的年老负责人之间不易沟通，一方是初出茅庐；一方是德高望重，身处要位。他们对推销工作的成功有着至关重要的作用。而仅仅是点头哈腰，显然是不行的。给出五分钟，看推销员如何取得对方好感与信任，创造出一个良好的洽谈气氛。

（3）背景材料：

①大型百货公司；

②与本企业保持数年的业务关系，年交易额为××万元；

③采购部长，50多岁，寡言少语，有威严感，盛气凌人。

案例分析题

推销员小胡供职的湖南怀化一家综合性服务企业，策划了一个"十佳礼仪小姐大奖赛"的广告演出活动。他受命推销公司活动计划，以赢得广告客户，获得营业收入。

当地的工商企业不少，从哪家企业开始呢？小胡想，参与这个活动的企业必须具备两个条件：一是效益好，能有广告资金投入；二是重视广告宣传，乐于投入资金。一家制药企业——广州白云山制药总厂怀化分厂进入了他的视野。这是一家沿海地区先进企业与内陆合办的工厂，联营后，通过加大科技投入、不断开发新产品、努力提高产品质量、强化销售等一系列措施，使工厂发生了很大的变化。特别是企业带来的广东人注重广告宣传，注重销售等新的营销观念深深地吸引了小胡，他决定上门推销。

厂长是一位精明的医学硕士，年龄和小胡差不多，是位30岁刚出头的年轻人。因为年龄相仿，经历相似，可以交谈的话题很多，容易相处，一见面小胡决定先不谈正事，融洽感情再说。于是自我介绍后，小胡即代表公司感谢白云山总厂对湖南特别是湘西人民的支持，对他们远离家乡、远离亲人在外艰苦创业的精神表示钦佩，并和他们谈起了工作、生活和工厂生产情况。待气氛缓和之后，小胡就将一本《公共关系》杂志递给了厂长，并翻出事先折好页的文章，请厂长指教。

推销怎么要带上一本杂志呢？原来事前小胡做了充分准备。临去之前，小胡请一位与厂里很熟的朋友为他预先约见。动身时又带上一本西安出版的《公共关系》杂志，因为里面刊登着小胡的一篇文章："公关广告的基本类型"，文章中引用了广州白云山制药总厂开展赞助型公关广告的实例，这也算是小胡和白云山厂的联系，拿着到时肯定会帮上忙的。果然不出所料，杂志起到了作用，当厂长看到已用红线划出的白云山厂实例后，马上来了兴趣，不仅把实例看完，还把文章从公关广告与商品广告的不同，一直到公关广告有赞助型、服务型等7种基本类型的全文都认认真真看了一遍。待厂长看完抬起头来，小胡乘机把计划和盘托出。或许是文章的宣传效应，没等小胡怎么解释公关广告宣传如何如何重要，厂长便对这次活动表现了浓厚的兴趣，并就其中一些技术性问题进行询问。等听到小胡圆满的回答，了解到活动安排十分周密后便欣然应允，答应投入广告费一万元，买下本次大奖赛活动的冠名权。很快，一份关于举办"正清杯"十佳礼仪小姐大赛广告宣传协议书正式签署，一万元广告费如期汇到了公司的帐户上。

问题：

1. 推销洽谈的过程包括哪些？

2. 小胡成功的原因是什么？

任务一 顾客异议的类型及成因

在推销过程中，不同顾客对推销人员所传递的信息会有不同的反应。有的是积极响应，同意购买，有的是怀疑、观望，有的提出异议甚至干脆拒绝购买。在推销实践中，顾客迅速对推销品做出积极反应的情况非常少，大多数顾客都会对推销产品提出自己的意见、建议甚至是偏见，并有可能以此为由拒绝购买。从销售成交的过程来看，顾客提出异议是很正常的事情，它既是成交的障碍，更是成交的前奏。一方面，推销人员可以通过顾客异议了解有关产品、公司以及推销人员本身存在的问题和不足，以及顾客所关注的问题，从而改进推销工作；另一方面，通过处理顾客异议，可以使顾客对推销品的了解更加全面深刻，从而一步一步迈向推销所要的目标——成交。

一、顾客异议的概念

顾客异议又叫推销障碍，是指在推销洽谈中被顾客用来作为拒绝购买理由的各种怀疑、意见和看法。在交易过程中，推销人员和顾客既是交易伙伴，又是利益相对方，双方都希望通过谈判最大化自己的利益并尽可能地回避风险。提出顾客异议是顾客为争取有利的成交条件所采取的方法。在实际推销过程中，推销人员会经常遇到："对不起，我很忙"、"这个事情我做不了主""你这种产品颜色太难看了""价格太贵了""质量能保证吗？"等顾客设置的成交障碍，这些都是我们常见的顾客异议。

在推销过程中不存在顾客异议几乎是不可能的，推销成交经常通过顾客异议的产生和消除而得以实现。只有顾客通过推销活动开始注意产品或者顾客有购买产品的意向，顾客才会对推销品关注并提出异议。当顾客提出延期或者反对购买的理由时，正是推销员进行有针对性的解释和劝说，以促成交易的有利时机。另一方面，顾客异议还表明了顾客所关心的主要问题——成交障碍所在，这是顾客对推销品感兴趣的表现，是顾客发出的购买信号，这为推销员提供了推销努力的机会和方向。推销实践证明，顾客异议通常是推销人员应该注意的推销重点，推销人员应当充分利用顾客提出推销异议这一有利时机，及时准确的给予顾客满意的答复，针对性地使顾客加深对商品的认识，改变他们原先的看法。不能将顾客异议简单地看做对方不感兴趣的标识，而放弃了促成交易的宝贵机会。

二、顾客异议的类型

提出顾客异议往往是顾客保护自己的行为，其本质不具有攻击性，但对顾客异议的处理不但可能影响一次推销的结果，有的还可能形成舆论，造成对推销活动在更长时间、更大空间上的不利影响。要消除异议的负面影响，首先要准确识别和区分顾客异议的类型，然后采取相应的办法予以处理。

(一) 从顾客异议本质来看，可以分为以下三种类型

(1) 真实异议。顾客确实有对该产品的需求，有心购买产品，但从自己的利益出发对推销品或成交条件提出质疑和探讨。例如，对商品功能、质量、价格、售后服务、交货期限等方面的各种顾虑和质疑。在这种情况下，顾客会十分注意推销员所做出的反应并期盼得到合理解释。此时，推销员必须做出积极的响应，或有针对性地补充说明商品的相关信息，或对商品存在的问题做出比较分析和负责任的许诺。如用高质量来化解价格高的异议，用低价格化解商品功能的短板、用允许退换、长期保修的承诺来消除顾客对商品某些质量不足或使用寿命短的疑虑。只有承认存在的问题，并提出较妥善解决问题的办法，才能解决这类顾客异议，而对顾客异议避而不谈或肤浅而不着边际的解释往往导致推销活动的失败。

(2) 虚假异议。有时顾客对推销品没有需求，压根没有购买意向。顾客并非真正是对推销品不满意，而是为了拒绝购买而故意编造的各种反对意见和看法，这是顾客对推销活动的一种虚假反应。与真实意义相比，虚假异议所关注的也是商品功能、质量、价格、售后服务等方面，但是虚假异议往往更加过分甚至难以解决。虚假异议的产生有多种原因，例如，有的顾客为了掩饰自己无权做出购买决定，就推说商品质量有问题，或者托词要比较比较再做决定。而有的顾客已经决定要购买其他商品，只是为了了解更多相关产品的情况也会提出虚假异议。一般情况下，对虚假异议，推销人员可以不予理睬或一带而

过。因为即使推销人员处理了所有的虚假异议，顾客也不会做出购买行为，故虚假异议又称无效异议。

（3）破坏性异议。顾客不听推销人员的解释和建议，从主观意愿出发，提出缺乏事实根据或者不合理的意见。对这类型的异议，推销员不能因为顾客不正确而一定要搞出一个是非输赢不可，应引导其将注意力放到能对推销品做出正确认识的方面来。例如，有的顾客认为进口的电视机比国产电视机有更好的显示效果，国产货的质量没有保证等理由拒绝考虑国产电视机，促销人员可以采取沉默或者用国产厂家的质量不差，服务更有保障回应顾客的异议。

（二）从顾客异议指向的客体看，可以分为以下七种类型

（1）价格异议。价格异议是指顾客认为商品的价格过高或过低而产生的异议。在推销工作中经常会听到这样一些议论："这个商品的价格太高了""这样地价格是不是在开玩笑""别人同样的产品比你的还便宜"。价格异议往往来自于顾客受以往的购买习惯、收入水平、购买经验、认识水平以及其他的外部因素影响。

商品的价格是顾客最敏感的问题之一，也是最容易提出异议的问题之一，因为商品价格与顾客的切身利益息息相关。因而不论产品的价格高低，总有一些人会说价格太高不合理。即使有的顾客心里已经认为价格比较低廉，他们还是会在口头上提出异议，希望价格降低获得更多的利益或者心理满足。许多顾客在产生购买欲望之后，首先就对价格提出异议。对价格的异议通常包括价值异议、折扣异议、回扣异议、支付方式异议以及支付能力异议等。价值异议是顾客认为商品价值与其价格不匹配。折扣异议和回扣异议是顾客对价格折扣力度和回扣的数量及方式等提出的异议。支付方式异议对用现金支付还是非现金支付，是一次付清还是分期付款等产生的异议。支付能力异议是顾客以无钱购买为由提出的一种异议。通常顾客出于面子和信用的考虑，是不愿意让别人知道其经济状况不佳的。如果提出这种异议，可能是寻找借口拒绝购买。

（2）需求异议。需求异议是顾客提出自己不需要所推销的商品。常见的需求异议有："我上个月刚刚买过一款""我们以前买的还能用""这个东西没有多大用处"等。这种异议是对推销的一种拒绝，根本就不需要进一步洽谈购买其他事宜。顾客提出这类异议，或许是确实不需要推销的商品，或许是借口，或许是对推销品给自己带来的利益缺乏认识。推销人员应该对顾客需求异议作具体分析，通过试探性的交谈弄清顾客提出异议的真实原因，然后妥善加以处理。从现代推销理论来讲，早在顾客审查阶段，推销人员就对顾客的需求状况作了严格的资格审查，在接近准备阶段又进行了更具体的需求状况分析，因此推销人员对顾客的需求和爱好应该是心中有数的。推销人员应该利用所掌握的情况巧妙地转化顾客的异议。如果是顾客对商品缺乏认识，推销员应当详尽地介绍产品的功能、价值等信息，帮助顾客认识产品给自己带来的利益。当然，也有可能是推销员判断失误。如果顾客确实不需要推销品，推销员就应当停止推销，因为推销商品必须建立在满足顾客需要的基础之上，明知顾客不需要仍然要强行推销是很难达成交易的，即使勉强成交，顾客事后也容易产生不满。

（3）产品异议。这是顾客对推销品的使用价值、质量、式样、设计、结构、规格、品牌、包装等方面提出的异议。比如"这款产品颜色过于鲜艳""你们产品的尺寸似乎太小了"等。它表明顾客已经确定自己的需要，但是却担心推销品不能很好的满足自己的需要。这类异议带有一定的主观色彩，主要是顾客的认识水平、购买习惯以及其他各种社会成见影响所造成的，与企业的广告宣传也有一定的关系。推销员应在充分了解产品的基础上，采用适当的方法进行比较说明，消除顾客的异议。

（4）企业异议。顾客的这种异议往往和产品异议有一定的联系，有时由于对产品的偏见还会影响到对企业的看法。顾客把企业的社会知名度和美誉度不高，企业厂址过于偏僻和企业规模太小等因素与企业的产品性能联系在一起而产生了顾虑。在企业信誉不佳，知名度不高、售后服务跟不上，特别是顾客对推销人员代表的企业不了解，受传统的购买习惯约束的情况下容易提出这类反对意见。其实顾客是需要推销的商品，也愿意购买，只是对眼前的生产单位有疑虑，这时推销人员应当有锲而不舍的精神，采用反复接近法增加洽谈次数，增进感情联络。推销人员还要适当的向顾客宣传企业，向顾客提供便捷的了解企业的渠道。推销人员还应当对顾客提出的现有供货单位进行了解，弄清顾客的真正意图，消除顾客疑虑。如果顾客只是对推销员所属的企业不了解，则应加强对自己的企业及其推销产品的宣传和介绍。如果顾客以此为借口另有所图，要在弄清其真实目的的基础上给与可能的让步或优惠。如果确实存在着竞争者，应在不贬低对手的前提下，说明自己的推销品所具有的比较优势，以及给顾客带来更大的利益。

（5）推销员异议。这是顾客针对某些特定的推销人员提出的反对意见。这可能是由于推销员本身的不足造成的。顾客因对推销人员不信任或反感而提出异议，意味着顾客并不是不想购买推销品，只是对某位特定的推销人员的推销行为提出质疑。推销员异议一般属于真实的异议。对推销人员的异议，顾客一般不直截了当地表达出来，而是以其他方式表示出来。

推销员异议产生的原因大致有以下几个方面：

- 推销员无法赢得客户的好感，举止态度令客户产生反感；
- 推销员夸大其词，以不实的说辞来哄骗顾客；
- 推销员高深莫测，使用过于专业的术语，顾客听不懂；
- 推销员调查不清，引用不正确的调查资料；
- 推销员沟通不当，说得太多不得要领或听得太少；
- 推销员展示产品失败；
- 推销员姿态过高，不能照顾到顾客的尊严。

推销人员异议正是推销人员努力地方向和内容。顾客提出的推销人员异议，要求推销人员一方面提高服务质量，并向企业提出建议以改进营销工作，塑造良好的企业形象；另一方面要不断地提高自身素质和修养，善于运用各种推销策略与技巧来改变顾客的主观看法，以达到推销的目的。

（6）货源异议。货源异议是顾客对产品来源如原产地、生产厂家、品牌型号等提出的异议。由于经济全球化带来的影响，许多跨国公司在全球组织生产与销售，即时同一家企业也会有不同的生产场地。而有些企业为了提高品牌含金量，把公司在国外注册，然后在国内组织生产和销售，给人一种国外进口品牌的印象，而且由于产品型号日益繁多，功能也五花八门，顾客很难对同一品牌或者同一型号产品的来源进行正确鉴定。这些现象都很容易导致顾客对某些货物来路的真实性产生疑问，或者是不愿意接受信不过或不知名企业、品牌的推销品。顾客常常会提出，"我们常常购买某某厂的产品""没听说过你们这家公司""这种产品的原产地是哪里""你们和××产品是一家吗""你们有产品进口报关手续吗"等问题。对于货源异议，推销人员要在正确分析的基础上，明确清晰地告诉顾客产品的来源，以化解异议。

（7）服务异议。服务异议是顾客对推销品交易附带承诺的售前、售中、售后服务的异议，如对服务方式、方法、服务延续时间、服务延伸程度、服务实现的保证措施等多方面的意见。从营销学的产品整体概念分析，服务是产品的附加部分，有关服务的异议属于产品异议。但是在市场竞争日趋激烈的情况下，加强服务，提高商品的附加值已经成为企业竞争的一种重要手段。顾客购买行为的发生，在很大程度上取决于企业能够提供什么服务及服务的质量和水平。优质的服务能够增强顾客购买商品的决心，树立企业及产品的信誉，防止顾客产生服务异议。对待顾客的服务异议，推销员应诚恳接受并耐心解释，并针对性的予以解决，以树立企业良好的形象。

（三）从异议产生的主体来分，可以分为以下四种

（1）购买时间异议。购买时间异议是顾客有意拖延购买而提出的反对意见。一般有三种可能性：第一种情况是顾客对推销品已经认可，但由于目前经济状况不好，手头现金不足，提出延期付款和改变支付方式的要求，比如采取分期付款。第二种情况是顾客对商品缺乏认识，还存在各种各样的顾虑，害怕上当受骗，于是告诉推销员："我们考虑一下，过几天再给你准信""我们不能马上决定，研究以后再说吧"。第三种情况是顾客尚未作出购买决定，所提异议只是一种推诿的借口。

在不同阶段提出的购买时间异议，反映了顾客不同的异议原因。

• 推销活动开始时提出：应视为是一种搪塞的表现，顾客没有购买产品的意向，这是顾客拒绝接近的一种手段。

• 在推销活动进行中提出：大多表明顾客的其他异议已经很少或不存在了，只是在购买的时间上仍在犹豫，属于有效异议。要认真应对，加以解决。

• 在推销活动即将结束时提出：说明顾客已经决定购买产品，只有一点点顾虑，只要稍加鼓励即可成交。

顾客提出推迟购买时间，说明他不急于购买。他有足够的时间，还可能提出其他优惠条件要求。所以推销人员对顾客提出时间异议要有耐心，但是也必须抓紧时间及时处理。在市场瞬息万变的情况下，顾客拖延购买时间过长，可能招致竞争者的介入，给推销工作带来更大的困难。推销人员可以用"时间价值法"，说明尽快购买的好处，还可以和顾客约定具体购买的时间，或签订预售合同。

（2）权力异议。在业务洽谈中，有时顾客会拿出"订货的事我无权决定，得请示领导""我做不了主"等理由来拖延或者拒绝购买。这类关于决策权力或者购买人资格的异议，是顾客自认为无权购买推销品的异议，被称为权力异议。就权力异议的性质来看，真实的权力异议是直接成交的主要障碍，说明推销员在顾客资格审查时出现了差错，应及时予以纠正，重新选择有关销售对象进行推销活动；而对于虚假的权力异议，应看作是顾客拒绝推销人员和推销品的一种借口，要采取合适的转化技术予以化解。

（3）财力异议。财力异议也称为支付能力异议，即顾客自称无钱购买推销品而产生的异议。例如"我们单位最近经费紧张"。这类异议也有真实的和虚假的两种。一般来说，顾客处于自尊心的需要，不愿意让人知道其财力有限，出现这种虚假异议的真正原因可能是顾客早已决定购买其他产品，或者是顾客不愿意动用存款，也可能是因为推销员说明不够而使顾客没有意识到产品的价值。推销员对此应采取相应措施化解异议。如果顾客确实无力购买或不想购买推销品，推销员最好的解决办法是暂时停止向他推销。

（4）政策异议。是指顾客对自己的购买行为是否符合有关政策的规定而有所担忧进而提出的一种异议，也称为责任异议。比如"这类办公用品，上级部门规定不准购买"。提出政策异议的顾客大多属于组织购买者。在现实生活中，购买政策多属于向社会公开的信息，在顾客看来，推销人员理应熟悉和掌握推销品的有关购买政策。可以说政策异议是顾客向推销人员发出的请求帮助的信号，是顾客在探询推销人员并寻找应对措施的一种方法。可见，推销人员熟悉推销品的相关购买政策是非常重要的，以便在实际推销活动中能有的放矢地解决顾客的政策异议方面的问题。

顾客异议是多种多样的，推销人员必须根据推销品的特点，在推销计划实施之前，对各种可能出现的顾客异议做出分析和预测，做好化解各类顾客异议的准备，这样就能大大提高推销洽谈中的应变能力，有利于妥善处理好顾客异议。

三、顾客异议的成因

在推销过程中，顾客异议的成因是多种多样的。既有主观因素，又有客观因素；既有必然因素，又有偶然因素；既有可控因素，又有不可控因素。推销活动的最终目的是要达成交易，但是不论推销品能为顾客带来多少利益，顾客必须为此而付出代价。顾客总是处在有限的支付能力与无限的消费欲望的矛盾之中，他必须评价并考虑商品交易给他带来的收益和代价。从这个意义上来讲，顾客是天生的推销异议的持有者。从社会心理上看，顾客为了保护自己会避开被迫接受的交往。只有在推销人员与之建立起协调的可信赖的关系，让他感到推销员及其所代表的企业能真正地给予帮助时，顾客才不会拒绝推销。顾客异议是不可避免的，是推销活动中的正常现象。为了更科学的预测、控制和处理各种顾客异议，推销人员应该了解产生顾客异议的主要原因。归纳起来主要有以下四个方面的原因。

（一）顾客方面的原因

（1）顾客的自我保护。人有本能的自我保护意识，在没弄清楚事情之前，会对陌生人心存恐惧，自然会心存警戒，摆出排斥的态度，来自我保护，防止自身利益损失。

当推销人员向顾客推销时，对于顾客来说推销人员就是一位不速之客，推销品也是陌生之物。即使顾客明白推销品的功能、作用，是自己所需要的物品，但他也会表示出一种本能的拒绝，或者提出这样那样的问题乃至反对意见。绝大多数的顾客不是不需要推销品，其提出的异议都是在进行自我保护，也就是防止自我利益的损失。他们总是把得到的与付出的做比较。因此，推销人员要注意唤起顾客的兴趣，提醒顾客购买推销品所能带给的利益，才能消除顾客的不安，排除障碍，进而达成交易。

（2）顾客不了解自身的需要。由于顾客没有发现自己存在的问题，没有意识到需要改变现状，而固守原来的消费方式，对于购买对象、购买内容和购买方式墨守成规、不思改变，缺乏对新产品、新服务、新供应商的需求与购买动机。推销员对于这类缺乏认识而产生需求异议的顾客，应通过深入全面地调查了解后确认顾客的需要，并从关系与服务顾客的角度出发，利用各种提示和演示技术，提供更多的推销信息，使之接受信息的消费方式和生活方式，帮助顾客了解自己的需要和问题，唤醒顾客的购买欲望。

（3）顾客不了解产品。随着现代科技的发展，产品的生命周期日趋缩短而新产品更是层出不穷。有些新产品，尤其是高科技产品的特点与优势并不能一目了然，需要有一定的有关高科技产品的基础知识才能够了解，因此会造成一些顾客的认知障碍，从而造成顾客异议。一般来讲，顾客的文化素质越低，则产生该类异议的机会就越多。推销人员应当以各种有效的展示与演示方式深入浅出地向顾客推荐商品，进行有关的启蒙及普及工作，说明该产品的使用趋势，使顾客对产品产生正确的认识，达到消除顾客异议的目的。

（4）顾客的情绪不好，心情欠佳。人的行为有时会受到情绪的影响。推销人员和顾客约好见面的，但是顾客临时遇到不开心的事情时，就会将心里的不痛快发泄到推销人员或推销品上，提出各种异议，甚至恶意反对，借题大发牢骚，肆意埋怨。此时，推销人员需要理智和冷静，需要足够的克制和耐心，正视这类异议，做到以柔克刚，缓和气氛，消除对方的不良情绪。如果推销人员因为这些意义，失去耐心就可能陷入尴尬境地。

（5）顾客的决策权有限。在实际的推销洽谈过程中，推销人员会遇到顾客说："对不起，这个我说了不算""等我家里人回来再说吧""我们再商量一下"等托词，这可能说明顾客确实决策权力不足，或顾客有权但不想承担责任，或者是找借口。推销人员要仔细分析，针对不同的情况，区别对待。团体顾客由于组织机构上的原因，也会产生有关政策与决策权异议。目前我国的工商企业具有多种经营形式和组织结构，不同类型的企业拥有不同的经营自主权，各个企业又有不同的规章制度与决策程序。推销人员必须在实施推销计划之前了解清楚准顾客的有关情况，找准决策人，以避免产生权力异议，浪费不必要的时间和精力。

（6）顾客缺乏足够的购买力。顾客的购买力是指在一定的时期内，顾客具有购买商品的货币支付能力。它是顾客满足需求、实现购买的物质基础。有效的顾客必须具有购买能力，如果顾客缺乏购买力，就会拒绝购买，或者希望得到一定的优惠。有时顾客也会以此作为借口来拒绝推销人员，有时也会利用其他异议来掩饰缺乏购买力的真正原因。因此，推销人员要认真分析顾客缺乏购买力的原因，以便做出适宜的处理。对于购买力有限的顾客，要在可能的基础上给出一定的价格优惠，若顾客仅仅用购买力不够来掩盖其购买意愿，推销人员就应当停止推销努力。

（7）顾客的购买经验与成见。对于特定的推销品，顾客往往有过购买的经验并因为购买经验或其他因素而形成了偏见。这些偏见与成见往往不符合逻辑，其产生原因较为复杂并带有强烈的感情色彩，单纯讲道理就难以消除由此而产生的异议。在不影响推销的前提下，推销员应尽可能避免讨论偏见、成见或习惯问题。将重点放在推销品的特点与给顾客带来的利益上。处理这类顾客异议时，推销员首先要推销的是产品特色以及新的消费观念和消费方式，引导顾客改变原有的生活方式，促成交易。

（8）顾客有比较固定的采购渠道。这类异议多见于组织顾客，大多数工商企业在长期的生产经营活动中，往往与某些推销人员及其所代表的企业形成了比较固定的购销合作关系，双方相互了解并彼此信任。当新的推销人员及其企业不能使顾客确信可以得到更多的利益和更可靠的合作时，顾客是不敢冒险丢掉以往的供应关系的，因而对陌生的推销员和推销品怀有疑惑、排斥的心理。对于此类异议，推销人员要利用企业和产品的良好形象建立起一种信任关系，并进一步宣传本企业产品给顾客带来的比较利益。

另外，从顾客方面看，还有顾客喜欢自我表现、顾客以往在接受推销方面的不愉快经历，以及在社会不良风气的影响下，有的顾客以采购谋求私利等都可能是产生推销异议的根源。

（二）推销品方面的原因

推销品自身的问题致使顾客对推销品产生异议的原因也有很多，大致可归纳为以下几方面。

（1）推销品的质量。推销品的质量包括：推销品的性能（适用性、有效性、可靠性、方便性等）、规格、颜色、型号、外观包装等。如果顾客对推销品的上述某一方面存在疑虑、不满，便会产生异议。当然，有些异议确实是推销本身有质量问题，有的却是顾客对推销品的质量存在认识上的误区或成见，有的仅仅是顾客想获得价格或其他方面优惠的借口。所以，推销人员要耐心听取顾客的异议，与顾客进行有效地交流，去伪存真，发现其真实的原因，对症下药，设法消除异议。

（2）推销品的价格。美国的一项调查显示：有75.1%推销人员在推销过程中遇到有价格异议的顾客。顾客产生价格异议的原因主要有以下几种情形：顾客主观上认为推销品价格太高，物非所值，希望通过异议的解决得到价格优惠；顾客希望通过价格异议达到其他目的；顾客无购买能力等。要解决价格异议，推销人员必须加强学习，掌握丰富的商品知识、市场知识和一定的推销技巧，提高自身的业务素质。

（3）推销品的品牌及包装。商品的品牌一定程度上可以代表商品的质量和特色。在市场中，同类同质的商品就因为品牌不同，售价、销售量、美誉度都不同。一般来说，顾客为了保险起见，也就是顾客为了获得的心理安全度高些，通常在购买商品时都会挑选名牌产品。顾客对品牌知名度不是很高的产品会提出异议，怀疑产品的可靠性和其使用价值。

商品的包装是商品的重要组成部分，可以保护和美化商品、利于消费者识别、促进产品销售和使用，是商品竞争的重要手段之一。一般顾客都喜欢购买包装精巧、大方、美观、环保的商品，而对与产品的包装方式、颜色、使用便捷程度提出异议。

可见，无论是品牌还是包装，它们都是商品的有机组成部分，都可能引起顾客的异议。推销人员要能灵活处理，有针对性的化解异议。此外，企业也应该重视商品的品牌创建和商品包装。

（4）推销品的销售服务。商品的销售服务包括商品的售前、售中、和售后服务。在日益激烈的市场竞争中，顾客对销售服务的要求越来越高。销售服务的好坏直接影响到顾客的购买行为。

在实际推销过程中，顾客对推销品的服务异议主要有；推销人员未能向顾客提供足够的产品信息和企业信息；没能提供顾客满意的服务；对产品的售后服务不能提供一个明确的信息或不能得到顾客的认同等。

对企业来讲，商品的销售服务是现在乃至将来市场竞争中的最有效的手段，推销人员为减少顾客的异议，应尽其所能，为顾客提供一流的、全方位的服务，以赢得顾客，扩大销售。

（三）推销人员方面的原因

顾客的异议可能是由于推销人员素质低、能力差造成的。例如，推销人员的推销礼仪欠缺；不注重自己的仪表；推销语气不够虔诚、对推销品的知识一知半解，缺乏信心；推销技巧不熟练等。因此，推销人员能力、素质的高低，直接关系到推销洽谈的成功与否，推销人员一定要重视自身修养，提高业务能力及水平。

（四）企业方面的原因

在推销洽谈中，顾客的异议有时还会来源于企业。例如，企业经营管理水平低，产品质量不好、不守信用、企业知名度不高等。这些都会影响到顾客的购买行为，顾客对企业没有好的印象，自然对企业所生产的商品就不会有好的评价，也就不会去购买。推销人员要通过便捷的渠道让顾客了解本企业优秀之处。

任 务 二　处理顾客异议的原则和策略

顾客异议的产生是产品推销过程中经常发生的事情，推销人员只有正视顾客异议，以最大的耐心和热情倾听顾客异议并认真分析顾客异议产生的原因，才能够采用适当的方法对顾客异议进行消除和转化，最终促成交易。虽然顾客异议产生的原因很多，发生的时间、地点、表现方式和外部环境也各不相同，但是他们却有许多共同的特点，因此，推销人员掌握一些处理顾客异议的基本原则和策略，将会使推销工作更加富有成效，并使顾客产生良好的印象。

一、处理顾客异议的原则

推销人员在处理顾客异议的时候，为了使顾客异议能够最大程度消除或者转化，应树立以顾客为中心的营销观念，并遵循以下原则。

（一）尊重顾客异议原则

顾客对推销产品产生异议有很多方面的原因，要么是对产品功能、性能不了解，要么是产品价格还不够理想，或者是交易条件过于苛刻、推销人员礼仪不当、对公司不了解等。当顾客异议发生时，要有宽容的态度，应当学会耐心倾听并从顾客的立场出发考虑顾客异议产生的原因。顾客异议可以帮助推销人员发现和分析工作中存在的不足和改进的机会，同时也给推销工作提供了工作开展的线索和努力方向。顾客存在异议，正好说明推销活动还存在着不足之处。另一方面，能否尊重顾客也是推销人员是否具有良好修养的一个体现，也是推销工作能否顺利进行的基本条件。只有尊重顾客，才能在此基础上做好异议转化工作。顾客之所以购买推销品，并不都是出于理智，在许多情况下还出于感情。无论顾客异议有无道理和事实依据，推销员都应以温和的态度和语言表示欢迎。这不仅会使顾客感到推销员对推销品具有自信心和具有谦虚的品德，而且会使顾客感到推销员对他们的需求与问题具有诚挚的态度。

（二）客观对待原则

顾客既然提出异议，一定有他的理由。所以，对持有异议的顾客，要尊重、理解、体谅他，并找出异议的真正原因，然后帮助他、说服他。另外，推销人员还要学会洞察顾客的心理，认真分析顾客的各种异议，分清到底哪些是真实的异议，哪些是顾客拒绝购买的托词，并深入探寻其异议背后的"隐藏动机"。推销人员向顾客提出问题，并细致地观察。只有认真准确地分析各种顾客异议，才能从中了解顾客的真实意图，才能在此基础上有针对性地处理各种异议，从而提高推销的成功率。

（三）尊重顾客原则

推销洽谈的过程是一个人际交流的过程，相互尊重是基本前提。推销人员与顾客保持融洽的关系是一个永恒的原则。满足受尊重的需要是顾客愿意接受推销的心理基础，很难想象感情和自尊受到伤害的顾客还有兴致购买商品。在推销洽谈过程中，推销员应避免与顾客辩论、争论，更不允许争吵。推销员首先应当时刻牢记提出异议的顾客是合作伙伴，是借以实现推销业绩的利益相关者，而不是与之对立的敌人。这样才可能与顾客建立友好的关系，保持推销洽谈的良好氛围。客户至上、永不争辩的原则应当有一个适当的度，既不使对方难堪丢面子而产生对立情绪，又要使对方注意到你的意见的正确性和合理性。

【小技能】

处理抱怨的技巧

香港某公司培训推销员时，列出应如何对待顾客拒绝或抱怨的方法如下：

（1）不要回避或漠视顾客的不满；

（2）推销人员要有容忍对方责难的雅量；

（3）要冷静听完对方的抱怨；

（4）不要争辩；

（5）尊重对方的立场，尽量照顾对方的面子；

（6）不要意气用事，改变一下人物、时间或地点不失为一个好方法；

（7）切忌过于主观；

（8）不要替自己找借口；

（9）不要急于下结论；

（10）避免采取轻视对方的言行；

（11）报告主管，商谈解决之道；

（12）要有"转祸为福"的应变能力；

…………

（四）及时处理原则

对于顾客提出的异议，如果顾客异议是推销人员必须答复的，而且能够给消费者一个圆满的答复，应立即处理，及时化解顾客疑虑，以免因为拖延造成更大的推销困难；如果推销人员不知顾客的真实用意，难以回答或者顾客情绪激动，则不一定立即答复，可以策略性地转移顾客的注意力，平复顾客的情绪，比如对顾客表示同情，或者了解一下异议有关的细节，并告诉顾客会尽快向公司反映情况。对于不能直接回答的问题，推销人员应及时向公司反映并将有关结果尽快回复顾客，要态度诚恳，切不可言而无信、搪塞顾客。如果有的异议已在预料之中，推销人员应做好准备，先发制人，在顾客提出异议之前及时解答，消除顾客的疑虑，节省时间，提高效率。

（五）顾客受益原则

满足顾客的利益是推销成功的根本保障。顾客之所以会产生异议，主要是由于对产品及其公司不了解，对产品价值估计不足，或者产品功能与对自己的需要存在一定的偏差，或者对售后服务存在顾虑等。但现实经济生活中，不存在无风险的市场和不付出成本的购买，也不存在完美无缺的商品。推销员要完全满足顾客的需要是不可能的，因此推销员对异议的处理应从积极方面入手，真正做到从顾客的立场出发，理解顾客的困惑，为顾客提供帮助，满足顾客的需求和利益要求，从产品性能、同类产品性价比、公司经营策略及服务保障等多个方面阐述推销产品能够给顾客带来的利益，使顾客相信使用推销品将能够给他带来真正的利益。例如，对工业用户从"降低成本""提高效益"的角度；对中间商，用"进货价格低""商品质量优""商品流转快"的保证；对消费者则以"使用效果好""物超所值""服务有保障"等为理由，点明顾客从购买中获得的利益，消除顾客因购买会遭受损失和风险的顾虑。

二、处理顾客异议的策略

在推销洽谈过程中，顾客异议多种多样。只有有效地应对和处理各类顾客异议，才能有效地促成交易。处理顾客异议的基本策略很多，主要有以下几种。

（一）处理价格异议的策略

【小知识】

有人曾对世界各地参加推销研究班的推销人员进行了调查，调查结果揭示了顾客提出价格异议的动机主要有以下几个方面：顾客只想买到便宜产品；顾客想利用这种策略达到其他目的；顾客想比其他顾客以更低的价格购买推销品；顾客想在讨价还价中击败推销人员，以此显示他的谈判能力；顾客想向众人露一手，证明他有才能；顾客不了解商品的价值；顾客想了解商品的真正价格；顾客想从另一个供应商那里买到更便宜的产品；顾客还有更重要的异议，这些异议与价格没有什么联系，他只是把价格作为一种掩饰。

推销人员应当首先分析、确认顾客提出价格异议的背后动机是什么，然后有针对性地采取以下策略。如果判断顾客的价格异议是虚假异议，则可以友好地建议顾客去比较一下同类产品的情况，给顾客一个台阶下；如果顾客的价格异议是真实的，那么可以按照以下步骤开展工作。

（1）先谈价值，后谈价格；多谈价值，少谈价格。在推销过程中，推销人员不要过早的谈到商品价格。推销人员可以从产品的质量、使用寿命、使用成本、功能用途、维修、收益等方面进行对比分析，说明产品在价格与性能、价格与价值、推销品价格与竞争品价格等方面中某一方面或几方面的优势，让顾客充分认识到推销品的价值。

推销人员必须注意：在推销洽谈中，提出价格问题的最好时机是在会谈的末尾阶段，即在推销人员充分说明了推销品的好处，顾客已对此产生了浓厚的兴趣和购买欲望后，再谈及价格问题。除非是顾客急切地问到价格问题，不及时回答就会引起顾客猜疑，阻碍洽谈顺利进行。一般情况下，推销员不要主动提及价格，也不要急于回答顾客较早前提到的价格问题，更不要将推销焦点放在价格上，在报价后也不附加评议或征询顾客对价格的意见，以免顾客把注意力过多的集中到价格上，使洽谈陷入僵局。

（2）强调产品性价比。价格只是代表了产品的货币价值，是商品使用价值的外在表现。除非和使用价值相比较，否则价格本身没有意义。因此，在推销过程中，推销人员应避免单纯地与顾客讨论价格的高低；而必须把价格与商品性能、质量、服务等价值联系在一起。任何商品的价格的高低都是相对于产品的质量而言的，事实上"便宜"和"昂贵"的含义并不确切，带有浓厚的主观色彩，单纯考虑价格会造成顾客利益和价值的损失，在很大程度上，价格是人们的一种心理感觉，如果加以合适的引导和比较分析，顾客对价格问题都会有全新的认识和理解。所以，推销人员不要与顾客单纯讨论价格问题，而应通过介绍商品的特点、优点和带给顾客的利益，使顾客最终认识到，推销产品的使用价值是高的，价格是相对较低的。

（3）让步策略。在推销洽谈中，双方讨价还价是免不了的。在遇到价格障碍时，推销员首先要注意不可动摇对自己的企业及产品的信心，坚持报价，不轻易让步。只有充满自信，才可能说服别人。如果只想以降价化解价格异议，很容易被对方牵着鼻子走，并且给对方定价虚高的假象，不仅影响推销计划的完成，而且有损企业和产品形象。但是，推销员的职业特性也决定了他不可能永远坚持不让步。适当的让步可以在有利时机促成交易。在有些情况下，通过适当的让步可以获得大额订单，使顾客接受交货期较长的订货。推销员应当掌握的让步原则是：

- 不要作无意义的让步，应体现出己方的原则和立场；
- 以退为进，在让步时提出某些附加条件，减缓让步的速度和幅度；
- 让步要恰到好处，一次让步幅度不能过大，让步频率也不宜太快；

- 不做损害企业利益和形象的让步。

（4）心理策略。在向顾客报价时，首先说明该报价是考虑顾客情况后，给予顾客的最优惠价格，并暗示顾客这已经是公司所能够给予的价格底线，没有必要再做更大的让步，以抑制顾客继续讨价还价的念头。推销员在介绍产品单价时，还可使用较小的计量单位报价，以减少高额价格对顾客的心理冲击。如在条件允许的情况下，改吨为公斤，改公斤为克，改千米为米，改米为厘米，改大的包装单位为小包装单位。经过这种处理后，相同的价格会让顾客感觉小计量单位产品的价格较低。

（二）处理货源异议的策略

许多货源异议都是来自于顾客的购买经验与购买习惯，来自于顾客与以往客户的信任关系。推销员在处理这类异议时可采用以下策略。

（1）锲而不舍，坦诚相见。通常顾客在有比较稳定的供货单位和有过接受推销服务不如意甚至受骗上当的经历时，对新接触的推销人员怀有较强的戒备心，由此而产生货源异议。推销员的初步接触往往不太顺利，推销员应不怕遭受冷遇，越挫越勇，多与顾客直接接触，联络感情，增进彼此的信任感。在互相了解逐渐加深的情况下，顾客也容易对推销人员敞开心扉，说出自己的顾虑和期望，此时推销员就可以对顾客进行具有针对性的解释和劝说，最终促成交易。在与顾客的交往中，推销人员应当注意社交礼仪，以诚挚的态度消除顾客对公司或者产品的偏见。

（2）强调竞争受益。顾客常常会提出已有稳定的供货单位或者已经习惯某种产品，并对现状表示出满意，从而拒绝接受新产品和服务。此时推销人员应指出，不论是个人或者公司，在购买产品的时候采用单一来源的方法具有很大的风险性，如果供货单位一时失去供货能力或者破产，将会导致顾客因购买不到所需产品而影响生活或者生产；单一的供货渠道也致使企业难以应付供货商的涨价威胁。为了降低风险，顾客应当采取多渠道供货策略。采取多渠道进货，可以降低企业上游风险；增强顾客采购中的主动性和灵活性，可以对不同货源的产品质量、价格、交货期等进行多方面比较分析，择优选购，并获得引入竞争所带来的利益。

（3）提供例证。货源异议还来自于顾客对推销品质量的不信任。在解决货源异议时，推销人员应当说明其推销的产品是质量可靠，信誉卓著、渠道合法的产品，可以向顾客提供一些第三方的客观证据来消除顾客疑虑，例如，厂家的代理授权证书、企业营业执照、产品生产、销售许可证、质量管理体系认证证书、产品质量鉴定报告、获奖证书以及知名企业、知名人士的订货合同或者使用记录等资料。由于这些证据顾客可以通过其他渠道进行求证，有利于顾客消除顾虑，促进购买。

（三）处理购买时间异议的策略

在推销活动中，顾客经常会提出购买时间异议拖延成交的时机。事实上，顾客借故推托的时间异议多于真实的时间异议，他们主要是为了对所购产品进行更多的比较或者为了争取更大的价格或者服务优惠，针对这种异议，可以采取以下几种策略进行应对。

（1）货币时间价值法。一般说来，物价的变化会随着时间的推移而上扬。推销员可以结合产品的情况告诉顾客。未来产品的供求关系很有可能会发生变化，随着商品价格水平的上升，顾客可能要花费更多的金钱来购买同等数量的商品，而且拖延购买不仅费钱、费力，还耽误生产和消费，增大顾客的机会成本和时间成本，不符合现代社会"时间就是金钱，效率就是生命"的观念。

（2）良机激励法。主要是采用对顾客有利的机会激励顾客，使其不再犹豫不决，当机立断，拍板成交。例如，可以说"目前正值展销期间，在此期间购买可以有20%的优惠价格。""货已经不多了，如果你再犹豫的话，就可能被别人买去了。""如果现在不购买，以后就不会有这样的好机会。"但要注意的是，使用这种方法必须确有其事，不可虚张声势欺诈顾客，否则将使顾客产生反感，功亏一篑，适得其反。

（3）潜在风险法。这种方法是利用顾客不了解但又很可能会发生的一些潜在风险对顾客进行影响。例如，厂家调价、原材料涨价、宏观政策调整、市场竞争格局改变等情况对顾客进行影响，使顾客认识到存在的这些不确定因素可能给自己带来的损失，促使顾客尽早做出购买决定。

（4）竞争诱导法。推销人员向顾客指出购买该产品将会使顾客在某些方面获益，而且这些好处已经在他的竞争对手那里得到了证实，顾客如不尽快购买推销产品，将会在与同行的竞争中处于不利位置。例如，"您的同行某某厂在上个月已经购买了本套设备，现在已经开工生产了"。这种方法可以打破顾客心中假定的竞争均衡格局，引起顾客对其所处环境的关注，从而促使顾客为了改变其所处形势而做出购买决定。

任 务 三　处理顾客异议的方法

顾客异议表现形式多种多样，异议原因错综复杂，推销人员要积极深入地分析根源，探寻有效解决异议的方法，为排除推销障碍，促成交易打下良好的基础。由于顾客异议发生的时间、地点、环境条件各不相同，因此处理顾客异议的方法应该而且必须是多种多样的，根据有关推销专著的概括和介绍，最常用的处理顾客异议的方法有以下几种。

一、抵消处理法

抵消处理法又叫平衡处理法，是推销员在坦率地承认顾客异议所指出的问题的确存在，指出顾客可以从推销品及其购买条件中得到其他的优惠条件，使异议所提问题造成的损失得到充分补偿，从而使顾客得到心理平衡，增加购买欲望。顾客提出的异议中可能不少是无可辩驳的正确观点，而产品不可能尽善尽美，推销宣传也会有疏忽和不妥当之处，与竞争对手的产品和推销人员相比也有长短优劣。对于这些情况，推销人员不必躲闪回避，而应尊重事实，客观地对待异议，相信顾客也不会苛求到非要推销品没有任何缺陷时，才决定购买。如果推销员能通过充分说理和实例证明产品虽然有缺点，但优点更多，使顾客相信产品的优点大于缺点，顾客还是会乐意购买的。美国著名的推销专家约翰·温克勒尔的著作《讨价还价的技巧》指出，如果客户在价格上要挟你，就和他们谈质量；如果对方在质量上苛求你，就和他们谈服务；如果对方在服务上提出挑剔，你就和他们谈条件；如果对方在条件上逼近你，就和他们谈价格。总之，一个优秀的推销员能坦然地面对自己推销品的缺陷，相信推销品的优点足以让顾客忽略推销品的不足而决定购买。这种方法是一种可以普遍运用的方法。这种坦诚往往会赢得顾客的好感，比对异议视而不见，刻意回避要好得多。

【小案例】

在一次冰箱展销会上，一位打算购买冰箱的顾客指着不远处一台冰箱对身旁的推销员说："那种 AE 牌的冰箱和你们的这种冰箱同一类型、同一规格、同一星级，可是它的制冷速度要比你们的快，噪音也要小一些，而且冷冻室比你们的大 12 升。看来你们的冰箱不如 AE 牌的呀！"推销员回答："是的，你说的不错。我们冰箱噪音是大点，但仍然在国家标准允许的范围内，不会影响你家人的生活与健康。我们的冰箱制冷速度慢，可耗电量却比 AE 牌冰箱少得多。我们冰箱的冷冻室小但冷藏室很大，能储藏更多的食物。你一家三口人，每天能有多少东西需要冷冻呢？再说吧，我们的冰箱在价格上要比 AE 牌冰箱便宜 300 元，保修期也要长 6 年，我们还可以上门维修。"顾客听后，脸上露出欣然之色。

【分析提示】 该案例中这位推销员用"耗电量小、容量大、价格便宜、保修期长、维修方便"五种"长处"，弥补了自己冰箱"制冷慢、噪音大、冷冻室小"的"短处"，因而提高了自己冰箱的整体优势，使顾客觉得还是买该推销员推销的冰箱好。这就是补偿法的运用。

推销人员在运用这种方法时应当注意：使用此法的前提是顾客得到补偿的利益要大于异议涉及问题所造成的损失，否则得不偿失的结果反而会动摇顾客的购买决心；推销人员承认与肯定的顾客异议必须是真实而有效的，最好是单一的有效异议，并对已经承认的顾客异议，及时提出推销品及其成交条件的有关优点和利益给予补偿；在劝说中，应淡化顾客异议，强化符合顾客主要购买动机的推销品优点，使顾客认为异议得到了补偿。

二、问题引导处理法

问题引导处理法又叫处理法，是指推销人员利用顾客提出的异议，直接以询问的方式向顾客提出问题，引导顾客在回答问题过程中不知不觉地解答了自己的异议，甚至否定自己，同意推销人员观点的处理方法。

运用询问法来处理顾客异议，使推销人员掌握更多的顾客信息，为进一步推销创造了条件；带有请教意义的询问会让顾客感受到尊重或重视，从而愿意配合推销人员的工作，使推销保持良好的气氛与和谐的人际关系；另外，询问法还使推销人员从被动听顾客申诉异议变为主动地提出问题与顾客共同探讨，增强了顾客参与度。

【小案例】

顾客："你的产品是不错，不过，现在我还不想买。"

推销人员："先生，既然产品很好，您为什么现在不买呢？"

顾客："产品虽然不错，可它不值5万（元）一件啊！"

推销人员："那您说说这样的产品应该卖什么价格？"

顾客："反正太贵了，我们买不起。"

推销人员："看您说的！如果连您都买不起，还有什么人买得起？您给还个价。"

【分析提示】

在上述的案例中，推销人员对待顾客异议，没有马上讲事实摆道理，而是向顾客提出问题，引导顾客自己否定自己，最终达成交易。这种方法在实际推销过程中常常被推销人员所采用，并能取得成效。

但这种方法如果运用不当，可能会引发顾客的反感与抵触情绪。顾客在推销人员的多次询问或追问下，可能会产生更多的异议，破坏推销气氛，阻碍推销工作的顺利进行。推销人员在运用这种方法时，对顾客的询问应当及时。因为只有及时询问顾客，才能了解顾客的真实想法以把握出现购买障碍的真实根源。询问应紧紧围绕顾客的有关异议，避开次要的、无效的顾客异议，以提高推销效率。追问应适可而止，不能过多的重复，并注意尊重顾客。对于不形成购买障碍的，顾客不愿意讲的，或者根本说不清楚根源的异议就不要再追问。

三、沉默处理法

沉默处理法又叫不理睬法，是推销员判明顾客所提出的异议与推销活动以及实现推销目的无关或无关紧要以及无法回答时避而不答的处理异议方法。例如，顾客说："你们厂可真不好找。"推销员随声附和一语带过，接着转入正题说："是的，我们厂的位置是有点偏。您看看我们的新产品在功能上又有一些改进。"在推销活动中，有些顾客异议是无效的、无关的，甚至是虚假的，推销人员完全可以不予理会。

这种方法可以使推销人员避免在一些无关、无效的异议上浪费时间和精力，也避免发生节外生枝的争论，可以使推销员按照预定的推销计划、推销策略展开工作，把精力集中在推销的重点问题上，从而提高推销效率。当然也要注意顾客对异议的关注程度，准确判断，要分类处理。

【小案例】

涂料推销人员在向一位公司采购部经理进行推销活动。

顾客："你们公司生产的外墙涂料日晒雨淋后会出现褪色的情况吗？"

推销人员："经理您请放心，我们公司的产品质量是一流的，中国平安保险公司给我们担保。另外，您是否注意到东方大厦，它采用的就是本公司的产品，已经过去10年了，还是那么光彩依旧。"

顾客："东方大厦啊，我知道，不过听说你们公司交货不是很及时，如果真是这样的话。我们不能购买你们公司的产品，它会影响我们的工作。"

推销人员："经理先生，这是我们公司的产品说明书、国际质检标准复印件、产品价目表，这些是我们曾经合作过的企业以及他们对我们公司、产品的评价。下面我将给您介绍一下我们的企业以及我们的产品情况……"

【分析提示】

从该案例中，我们可以知道，采用不理不睬法处理顾客异议，就是回避、忽视它，将顾客的注意力转移到其他问题上来。使推销人员避免在一些无关、无效的异议上浪费时间和精力，也避免发生节外生枝的争论，从而可以节省时间，提高工作效率。

但是，这样做可能会使顾客觉得自己的异议没有得到应有的重视而产生不满。推销员运用这种方法时，要注意即使顾客述说的是无效或虚假的异议，也要耐心聆听，态度要温和谦恭，让顾客感到受尊重；在不理睬顾客的某一异议时，注意马上找到应该理睬的问题，避免顾客感到受冷落；有时为了沟通感情，也可以花费一点时间回答顾客一些无关紧要的问题。

四、反驳处理法

反驳处理法是推销人员根据比较明显的事实与充分的理由直接否定顾客异

议的方法。推销人员采用这种方法给顾客直接、明确、不容置疑的否定回答，迅速、有效地输出与顾客异议相悖的信息，以加大说服的力度和反馈速度，从而达到缩短推销时间、提高推销效率的目的。直接否定法适用于处理由于顾客的误解、成见、信息不足等而导致的有明显错误、漏洞、自相矛盾的异议，不适合于处理因个性、情感因素引起的顾客异议。

【小案例】

美国一位顾客向一位房地产经纪人提出购买异议："我听说这房子的财产税超过了 1000 美元，太高了！"推销人员非常熟悉有关税收法令，知道这位顾客的购买异议并没有可靠的根据，于是有根有据地加以反驳："这房子的财产税是 618.5 美元。如果您不放心，可以打电话问一问本地税务官。"

【分析提示】

在这个案例里，推销人员有效地使用直接否定法否定了顾客所提出的有关异议，显示了推销人员良好的专业知识能力。

正确地运用直接否定法，以合理而科学的根据反驳顾客，可以增强推销论证的说服力，增强顾客的购买信心。但这种方法在使用方面也存在一些缺点，对于一些提出虚假异议或者情绪不太好的顾客，容易使顾客产生心理压力和抵触情绪，甚至可能伤害顾客的自尊，引起顾客的反感或激怒顾客，造成推销洽谈的紧张气氛，不仅没有达到化解顾客异议的目的，反而制造了新的成交障碍。

使用这种方法，要注意沟通方法的选择。采用比较和善的语气和进行简单的铺垫，在反驳顾客的时候要站在顾客的立场上，摆事实、讲道理，让顾客消除疑虑，而不是靠强词夺理压服顾客。在说理的过程中，要特别注意给顾客提供更多的信息，推销员的言词要坚定，但是态度要诚恳真挚、平易近人、尊重顾客。推销员反驳异议，是对事不对人，给顾客留下台阶和回旋余地。推销员应考虑到顾客的个性和与顾客的熟悉程度，对不熟悉和个性敏感的顾客应尽量避免使用这种方法。

五、转折处理法

转折处理法是推销人员根据有关事实和理由间接否定顾客异议的方法。采用这种方法时，推销人员首先要承认顾客异议的合理成分，然后用"但是""不过""然而"等转折词将话锋一转，对顾客异议予以婉转否定。这种方法适用于顾客因为有效信息不足而产生的片面经验、成见、主观意见，而且顾客能自圆其说的情况。转折处理法可以与抵消处理法配合使用，效果更佳。

【小案例】

一位顾客在购买吸尘器时提出："这种型号的吸尘器价格太贵，几乎比另外一个型号贵了一倍。"推销员回答到："先生您说得很对，这个款式的价格确实是比较高。但是它的功能也是其他产品不能相比的，它有内置的可以灵活拆卸的垃圾桶，方便您及时清理吸尘器中的垃圾；它内置了雾化装置，确保吸尘过程中不会产生任何扬尘；而且它能够处理一些比较顽固的污垢，使洗尘效果更好，更加省时省力。所以，一分价钱一分货，它的性价比还是很高的。"

【分析提示】

在这个案例中，推销人员就是使用了间接否定的方法向顾客介绍了产品，并成功消除了顾客因为不了解产品性能而产生的异议。

在推销实践中，间接否定法较之直接否定法使用得更为广泛。这种方法不是直截了当地否定顾客的异议，而是先退后进，语气比较委婉，一般不会冒犯顾客，容易被顾客接受，能够缩短推销人员与顾客的心理距离，使顾客感到被尊重、被承认、被理解，委婉而富有人情味，有利于保持良好的推销气氛和人际关系。

这种方法在实际运用中也有一定的局限性。推销人员首先做出的"退让"，可能会削减顾客购买的信心，降低推销人员及其推销说服的力量，也会促使顾客因为受到鼓励而提出更多的异议。特别是这种方法要求推销人员不要直接反驳顾客异议，而是回避顾客异议内容，转换推销话题的角度，可能会使顾客觉得推销人员圆滑、玩弄技巧而产生反感情绪。推销人员运用间接否定法的关键是如何不露声色的转移话题。虽然这种方法又叫"转折处理法"，但是如果推销人员采用的词汇不恰当，一样会让顾客感觉被否定而产生不满。推销人员应选用否定意义不是很强的转换词，尽量做到转换自然，语气委婉。例如将"但是"改为"可是"。另外，运用这种方法要注意推销的重点。承认顾客异议有一定道理，是为了保全顾客面子，缩短双方的心理距离，从而达到消除顾客异议的目的，因而要淡化对顾客的"退让"，突出"但是"之后的推销劝说，使顾客改变原有看法而接受推销人员的建议。

六、利用处理法

利用处理法也叫转化法，是推销人员直接利用顾客异议中有利于推销成功的因素，并对此加工处理，转化为自己观点的一部分去消除顾客异议，说服其接受推销。

转化法是一种有效的处理顾客异议的方法。这种方法是"以彼之矛，攻彼之盾"，推销员可以改变顾客异议的性质和作用，把顾客拒绝购买的理由转化为说服顾客购买的理由，把顾客异议转化为推销提示，把成交的障碍转化为成交的动力，不仅有针对性地转变了顾客在最关键问题上的看法，而且使之不再提出新的异议。推销员直接承认，肯定顾客意见，在此基础上转化顾客异议，这样可以保持良好的人际关系和洽谈气氛。

【小案例】

顾客提出："你们的产品又涨价了，我们买不起。"推销员回答："你说得对，这些东西的价格又涨了。不过现在它所用的原材料的价格还在继续上涨，所以商品的价格还会涨得更高。现在不买，过一段时间价格会更贵。"

【分析提示】

这个例子中推销员就是利用产品涨价这个问题，向顾客解释了涨价的原因，并引导顾客及时做出购买决定。

转化法有很多优点，但是也有其局限性，如果这种方法使用得不当，反而会给推销工作带来麻烦。因为，推销人员是直接利用顾客的异议进行转化处理的，会使顾客感到有损自尊，产生一种被人利用、愚弄的感觉，可能会引起顾客的反感甚至恼怒，也可能会使顾客失望而提出更难解决的异议。

所以，推销人员在使用这种方法时应注意：

（1）要尽量真诚地响应顾客异议。由于在利用转化法时，顾客的异议是基础，顾客异议中所包含的积极因素是利用的论据，因此，推销人员只有先肯定这个基础与论据后才可以利用，推销员不仅应肯定顾客异议的实际性，合理性与积极性，而且应做到态度诚恳、语气热情、方式得当，并保持良好的推销气氛。

（2）必须认真分析与区别对待顾客异议。推销人员应肯定顾客的异议，但不是不加分析地肯定与赞美顾客的全部异议，而是要抓住顾客拒绝购买的关键因素。

（3）应当正确分析顾客购买动机与影响商品推销的各项因素，向顾客输出正确的信息。

七、预防处理法

预防处理法是指推销人员在推销拜访中，确信顾客会提出某种异议，就在顾客尚未提出异议时，自己先把问题说出来，继而适当地解释说明，予以回答。预防处理法的最大好处就是先发制人，有效地阻止顾客的异议。但采用这种方法，推销人员需要在推销活动的各个阶段对顾客可能提出的各种异议列出来，并详细准备好处理方法，在推销中视具体情况灵活组合运用。

【小案例】

推销人员希望顾客在 15 天内付款。"先生，您一眼就可以看出我们公司产品的质量是可靠的，并且价格也比较合理，在功能上也很有特点。您也知道，我们公司要维持合理价格，既凭借可靠的质量、高效率的操作，同时也采用企业界的一般做法，要求顾客在规定期限内付款，这样才能够保证我们资金的回流速度，从而把更多的实惠给到顾客，所以，虽然我们的付款要求比较严格，事实上也是增加了顾客的利益。"

【分析提示】这个例子中推销员在充分了解顾客的基础上，针对顾客关心的主要问题，先发制人，有效地阻止了顾客的异议，使顾客在最短的时间内了解产品，接受产品。

八、定制处理法

定制处理法是指推销人员按照顾客异议的具体要求重新为顾客提供符合要求的产品，从而进行顾客异议处理。这一方法很好地体现了现代市场营销观念中"按需生产"的观点，企业按照顾客异议的具体内容进行推销品的生产与销售，是满足顾客需求的最好方法，也是目前能够满足顾客需要的最高标准。另外，可以通过产品与推销的改进而带动企业生产与经营活动的进步，引发企业对新产品的开发与市场开拓，更好地体现企业及推销人员的服务精神，在当今竞争激烈的市场经济中，无疑也是一种比较有效的竞争方式。

在具体运用定制处理法来处理顾客异议时，要求企业及其员工应切实树立现代市场营销观念，把满足顾客需要作为企业的最高原则，在企业内部形成各部门各环节协调配合的整体运作体系，从而为兑现推销人员的允诺奠定各方面的基础，使定制处理法的实施有更大的可能性；另一方面，推销人员应掌握足够的信息，比如顾客异议的详细内容，顾客的真正需求，公司产品生产的有关情况等，然后确定能够为用户提供的定制内容，确保为客户承诺的事情能够最终落实。推销人员应讲究职业道德，讲究信用，在与顾客签订相关的合同之后，或是以其他形式做出承诺后，要千方百计地履行诺言。此外，定制处理法要顺利的使用，需要企业尽可能的降低成本、缩短流通环节、节约时间，以保证抓住顾客。

处理顾客异议的方法还有很多种，如使用证据法、举证劝诱法、有效类比法、旁敲侧击法等。推销人员应注意在实践中根据不同的具体情况灵活运用各种方法，并创造出行之有效的新方法，以争取创造良好的推销业绩。

学习小结

在推销实践中，顾客对推销品、推销人员、推销方式和交易条件发出怀疑、抱怨，提出否定或反面意见，既常见，也是正常的。正确对待和恰当处理顾客异议，是推销员必须具备的素质和基本功。

从顾客异议产生的主体来看，既有为不能立即购买找借口者，也有可能有一些真实的疑问，至于存有偏见者，为数甚少。从顾客异议指向的客体而言，最基本的有几种类型：价格异议、需求异议、货源异议、时间异议、服务异议等方面的原因。

从顾客方面考察，顾客异议的成因，可能是因为没有认识自己的需要，也可能有产品的质量、价格等方面的原因，也可能有推销方式、服务等方面的原因。

认真分析顾客异议的类型和成因，有利于最有效地恰当处理并化解顾客异议。

正确处理顾客异议的原则，一般应做到尊重顾客、永不争辩、维护顾客自尊、强调顾客受益。处理顾客异议的策略，在分析确认顾客异议的成因后，可针对性地采用有效化解价格异议、货源异议、时机异议的策略。

处理异议的方法，需要推销人员在实际工作中不断总结和提炼，将推销的实践经验应用于推销活动中。顾客的异议多种多样，本章所介绍的方法，要结合推销人员的能力特长、产品类型和顾客的具体情况，从实际情况出发，灵活应用，切忌生搬硬套。

思 考 题

1. 顾客异议是推销过程中出现的正常现象，为什么？

2. 怎样掌握处理顾客异议的时机策略？

3. 常见的顾客异议类型有哪些？请任选两种类型的顾客异议，说明应该如何处理？

实 训 题

1. 假定你是某手机公司的推销员，假定你要向顾客推销你公司的产品，完成下列练习。

（1）列出买主最有可能向你提出的三个异议。

（2）选择不同的方法分别处理以上的三个异议。

（3）为每个异议的处理写出你与买主之间的对话。

2. 以下是对于购买产品的一些普通异议，列出你对每一种异议的回答。

（1）对汽车：我需要和我的妻子商量商量；

（2）对打字机：我们不需要一个文字处理打字机；

（3）对人寿保险：我感觉自己很健康；

（4）对清洁器：这个产品比你们竞争对手的要贵；

（5）对除草机：这个东西看起来没有必要买；

（6）对微波炉：我看不出你们的微波炉有加热快的优势；

（7）对广播广告：我看不出你们对于报纸广告有任何优势；

（8）对购药者：我们已经有非阿司匹林止疼药的过多存货；

（9）对化妆品：你们的商品价格太高了；

（10）对房产推销人员：这儿离市区太远了，干什么都不是很方便啊。

案例分析题

一位财政金融计算器的推销人员向一家公司的经理推销自己的产品。

顾客："你们的商品价格太高了。"

推销人员："太高？"

顾客："你们产品的价格几乎比你们的竞争对手的价格高出25美元。"

推销人员："这正是您应该买我们产品的原因啊。我们的产品有许多好的品质，每个人都认为其物有所值。没有一种其他的产品能有我们产品独特的时间特征。您只要按一下这个按钮，就会看到时间和日期。"

顾客："这很好，但我感兴趣的是我的秘书能用于计算薪水总额、税收以及其他商业申请表的计算器。"

推销人员："您所说的仅仅是这种计算器最基本的一些功能。"

顾客："是这样的，你们有没有比这种便宜的计算器？"

推销人员："我明白您的意思了。但我认为质量也是一个重要的考虑因素，我们的计算器保证可以使用5年而不需要维修，这比竞争对手产品的有效使用期要多出2年，这就相当于每月的花费仅2美元。"

顾客："也许你是正确的，但我还需要考虑一下。"

推销人员："经理，您付给您的秘书多少工资？"

顾客："每小时10美元。"

推销人员："哦，先前我计算过，用我们的计算器可使你每天节省2小时的工作时间，相当于每天节省20美元，一周就是100美元。这些都代表您腰包中的金钱。如果您还下不了决心，这可是一个损失。"

顾客："这么说的话，那我就买吧。"

（资料来源：《现代推销技术》，钟立群主编，电子工业出版社 2005 年版）

问题：

1. 推销人员是采用哪些方法来处理顾客异议并说服顾客购买推销品的？

2. 如果你遇到这种情况，你会怎么处理？

3. 这个案例给了你什么启发？

项目八
成交及成交后行为

学习目标

1. 理解促成交易的含义
2. 熟悉并学会辨别成交的信号
3. 理解达成交易的基本策略
4. 熟悉并掌握促成交易的方法
5. 了解成交后跟踪的内容和方法

学习任务

任务名称：制定买卖合同，模拟成交过程。

任务具体描述：

如前所述，你已成功处理了顾客提出的异议，接下来你要及时抓住成交的信号，采取适当的成交方法促成成交。

完成任务提示：为了让学生完成以上情景任务，老师可安排以下驱动项目：

（1）将学生分组，要求每个小组制定一份买卖合同，由小组自评、互评以及教师点评评选出最佳买卖合同。

（2）每个小组选取一种或几种成交方法，进行现场模拟，由小组自评、互评以及教师点评评选出优胜小组。

学习内容

引 例

推销员马丽敲开了王先生的门，向他推销榨果汁机："王先生，你的同事李先生要我前来拜访，跟你谈一个你可能感兴趣的问题。"王先生打消了怀疑态度，让马丽进入室内。马丽全方位地讲解了榨果汁机的优良性能，并进行了精彩的示范。王先生表示出极大的兴趣，但是他认为操作步骤有些麻烦。马丽从容不迫地告诉他："操作起来是有些麻烦，但是考虑到其一流的质量和低廉的价格，这不算什么大问题。不会影响使用效果。"王先生点了点头。马丽乘机说："你喜欢黄色还是绿色？"王先生挑了一个绿色的，交易很快完成了。

引例说明，在推销成交阶段，推销人员要充分注意顾客的言行，及时捕捉成交信号，灵活运用成交策略与技巧，最终促成交易，达到推销的目标。

在推销过程中，促成交易是一个特殊的阶段，它是整个推销工作的最终目标，其他阶段只是达到推销目标的手段。如果推销没有成交，那么推销人员所做的一切努力都将白费。虽然成交的环境条件各不相同，成交的原因也各有特点，但是达成交易还是有一些共性的特征，推销人员掌握和熟悉这些特征后，对提高促销成效将有很大的帮助。

任 务 一　成交的信号

成交就是推销员帮助顾客做出使买卖双方都能接受的交易条件的活动过程。推销员可以直接请求顾客购买来推动和帮助顾客做出购买决定。实际上，任何一位成功的推销员都清楚，在推销成交活动中，压根就不存在神奇无比的推销技巧，也没有感染力十分强烈的语言技巧。成交是洽谈所取得的最终成果，是洽谈的延续。如果在洽谈中解决了所有的顾客异议，则达成交易是顺其自然的事。

成交信号是指顾客在语言、表情、行为等方面所泄露出来的打算购买推销品的一切暗示或提示。在实际推销工作中，顾客为了保证实现自己所提出的交易条件，取得交易谈判的主动权，一般不会首先提出成交，更不愿主动、明确地提出成交。但是顾客的购买意向总会通过各种方式表现出来，对于推销人员而言，必须善于观察顾客的言行，捕捉各种成交信号，及时促成交易。

顾客表现出来的成交信号主要有表情信号、语言信号、行为信号等。

一、表情信号

这是从顾客的面部表情和体态中所表现出来的一种成交信号，如在洽谈中面带微笑、下意识地点头表示同意你的意见、对产品不足表现出包容和理解的神情、对推销的商品表示兴趣和关注等。例如，一位保险推销员，在给顾客讲述一个充满感情的、很有说服力的第三者因为购买保险而从灾难中得到补偿的故事时，竟让对方忍不住双目含泪。这个信号非常清晰地告诉推销人员，顾客是非常有同情心并且关注自己的家庭成员的。这个信号为推销员销售保险产品提供了宝贵的线索和方向。

顾客的语言、行为、表情等表明了顾客的想法。推销人员可以据此识别顾客的购买意向，及时地发现、理解、利用顾客所表现出来的成交信号，促成交易。

把握成交时机，要求推销人员具备一定的直觉判断与职业敏感。一般而言，下列几种情况可视为促成交易的较好时机。

- 当顾客表示对产品非常有兴趣时；
- 顾客表情由紧张变得放松，微笑更加自然时；
- 当推销员对顾客的问题做了解释说明之后；
- 在推销人员向顾客介绍了推销品的主要优点之后；
- 在推销人员恰当地处理顾客异议之后；
- 顾客对某一推销要点表示赞许之后；
- 在顾客仔细研究产品、产品说明书、报价单、合同等情况下。

二、语言信号

顾客通过询问使用方法、价格、保养方法、使用注意事项、售后服务、交货期、交货手续、支付方式、新旧产品比较、竞争对手的产品及交货条件、市场评价、说出"喜欢"和"的确能解决我这个困扰"等表露出来的成交信号。以下几种情况都属于成交的语言信号。

- 顾客对商品给予一定的肯定或称赞；
- 开始询问使用该商品的其他用户的情况；
- 征求别人的意见或者看法；
- 询问交易方式、交货时间和付款条件；
- 详细了解商品的具体情况，包括商品的特点、使用方法、价格等；
- 对产品质量及加工过程提出质疑；或者对生产商资质表示质疑；
- 了解售后服务事项，如安装、维修、退换等。

语言信号种类很多，推销人员必须具体情况具体分析，准确捕捉语言信号，顺利促成交易。

三、行为信号

由于人的行为习惯，经常会有意无意地从动作行为上透露一些对成交比较有价值的信息，当有以下信号发生的时候，推销人员要立即抓住良机，勇敢、果断地去试探、引导客户签单。

- 反复阅读文件和说明书；

- 突然停止对商品的质疑；

- 认真观看有关的视听资料，并点头称是；

- 查看、询问合同条款；

- 要求推销人员展示样品，并亲手触摸、试用产品；

- 突然沉默或沉思，眼神和表情变得严肃，或表示好感，或笑容满面；

- 主动请出有决定权的负责人，或主动给你介绍其他部门的负责人；

- 突然给销售人员倒开水，变得热情起来等。

例如，一位女士在面对皮衣推销员时，虽然是大热天，她仍穿着皮衣在试衣镜前，足足折腾了一刻钟。她走来走去的样子好像是在做时装表演；而当她脱下皮衣时，两手忍不住又去摸皮毛，甚至眼里涌动着泪光。从该例我们可看出，这位女士的行为属于强烈的成交信号。

正因为通过顾客的行为我们可以发现许多顾客发出的成交信号，因此作为一位推销人员应尽力使顾客成为一位参与者，而不是一位旁观者。在这种情况下，通过细心观察，推销人员很容易发现成交信号。比如，当顾客在商品前流连忘返，或者来回看过几次的时候，就说明顾客对该产品有很大的兴趣，只要及时解决顾客的疑问，成交也就顺理成章了。

【小测验】

如果你是中高级住宅的推销员，根据你自己的经验和看法，下面哪些不是推销洽谈中的购买信号？

A. 顾客索取并阅读有关部门推销文件

B. 顾客提出有关价格异议

C. 顾客突然说自己还有一个紧急会议要参加

D. 顾客抱怨住宅的外观设计缺乏品位

E. 顾客要求推销员留下联系电话

F. 顾客详细询问价格和付款条件

【答案】CD

任务二 促成交易的策略

成交策略是促成交易活动的基本战术，适用于各种商品或服务的买卖活动。成交的实现，取决于推销人员是否真正掌握并灵活运用成交策略和成交战术。常用的成交策略主要有以下几种。

一、预防第三者"搅局"

正当你与顾客接近成交的节骨眼上，如果第三者突然冒出来，往往会给推销工作增加难度。要是这位不速之客不熟悉或者不欣赏你所推销的商品，准顾客又向他征求意见，十有八九会使生意告吹。这是否意味着顾客并不需要推销员所推销的商品呢？也许你会认为这正是推销员采取强硬推销的必然结果，不管是否存在第三者的"鼓励"，只要顾客真正能够从推销品中受益，有助于顾客解决所面临的问题，顾客是不会轻易改变主意的。但事实上在顾客购买某些产品时，准顾客购买的"天平"本来就非常敏感，稍微有点"风吹草动"就可能使准顾客改变主意。因为人们天然就有拒绝接受新事物的思想，排他性是一种惯性思维定势。有鉴于此，推销人员应尽量在没有别人干扰的情况下与准顾客成交，防止可能的第三者的"横加干涉"。为了防止顾客受到其他人的影响，你可以对准顾客说："咱们找个清静的地方谈吧！"以防患于未然。

二、保留一定的成交余地，适时促成交易

保留一定的成交余地，有两个方面的内涵。一是在某次推销面谈中，推销人员应该及时提出推销重点，但不能和盘托出。这是因为，顾客从对你的推销产生兴趣到做出购买决定，总是需要经过一定过程的。到成交阶段，推销人员如能再提示某个推销要点和优惠条件，就能促使顾客下最后的购买决心。为了最后促成交易，推销人员应该讲究策略，注意提示的时机和效果，留有一定的成交余地。二是即使某次推销未能达成交易，推销人员也要为顾客留下一定的购买余地，希望日后还有成交的机会。因为顾客的需求总是在不断地变化的，

他今天不接受你的推销，并不意味着他永远不接受。一次不成功的推销之后，你如果留下一张名片和产品目录，并对顾客说："如果有一天你需要什么的话，请随时与我联系，我很愿意为你服务。在价格和服务上，还可以考虑给你更优惠的条件。"那么，你就会经常发现这些回心转意的顾客。

三、保持积极的心态，正确对待成败

成交是推销过程中的一个重要的"门槛"，成交的障碍主要来自于两个方面：一是顾客异议，二是推销人员的心理障碍。推销人员由于自身知识、经验、性格、爱好以及所面对的顾客特点的不同，在推销过程中难免会产生或多或少的退缩、等候、观望、紧张等不利于成交的消极心理。这就是所谓的推销心理障碍。推销人员心理上的一些障碍，会直接影响到最终的成交。很多推销人员或多或少对成交有恐惧感，总是担心提出成交请求后遭到顾客的拒绝，或者认为顾客不会主动提出成交。事实上，人生本来就面临着种种拒绝，顾客对推销员说"不"是很正常的，只要你所推销的商品真能为顾客解决所面临的问题，就不怕顾客不识货，更何况遭到顾客的拒绝你并没有丝毫的损失。因此，推销人员必须克服恐惧心理，加强心理训练与培养，敢于不断提出成交请求。即使在提出试探性成交后遭到否决，还可以重新推荐商品，争取再次成交，相信付出的推销努力一定会得到回报。

另一方面，推销人员应以积极、坦然的态度对待成交的失败，真正做到胜不骄、败不馁。而实际上有些推销人员经历了几次失败之后，担心失败的心理障碍愈为严重，以至于产生心态上的恶性循环。实际上，即使是最优秀的推销人员，也不可能使每一次推销洽谈都导致最后的成交。在推销活动中，真正达成交易的只是少数。应该充分地认识到这一事实，推销人员才会鼓起勇气，不怕失败，坦然接受推销活动可能产生的不同结果。

【小案例】

美国百货大王梅西于1882年出生于波士顿。年轻时出过海，以后开了一家小杂货铺，卖些针线。然而，铺子很快就倒闭了。一年后他另外开了一家小杂货铺，没想到仍以失败而告终。

当淘金热席卷美国时，梅西在加利福尼亚开了个小饭馆，本以为供应淘金

客膳食是稳赚不赔的买卖，没想到多数淘金者一无所获，什么也买不起。这样一来，小铺又倒闭了。

回到马萨诸塞洲之后，梅西满怀信心地干起了布匹服装生意。可是这一回他不只是倒闭，简直是彻底破产，赔了个精光。

不死心的梅西又跑到新英格兰做布匹服装生意。这一回他终于找对了时机，买卖做得很好，甚至把生意做到了街上的商店。

梅西在头一年开张时账面上的收入才 11.08 美元，而现在位于曼哈顿中心地区的梅西公司已经成为世界上最大的百货商店之一了。百货大王成功的秘诀何在？

【分析提示】

所谓"失败乃成功之母"。成功正是在失败中发酵孕育的，它隐藏在你对挫败的否定并坚持不懈之中。做推销一定会遇到许多的拒绝，奢望一夕成功绝无可能。失败了多少次并不重要，重要的是你即将要采取哪些行动去帮助自己成功。一次的失败并不重要，重要的是永远不放弃成功的念头，只要坚持永不放弃，就一定可以成功。从某种意义上来说，没有失败的推销，只有推销员的失败。

四、因势利导，诱导顾客主动成交

诱导顾客主动成交就是要设法使顾客主动采取购买行动。这是成交的一项基本策略。一般而言，如果顾客主动提出购买，说明推销人员的说服工作十分有效，也意味着顾客对产品及交易条件十分满意，以致顾客认为没有必要再讨价还价，因而成交非常顺利。所以，在推销过程中，推销人员应尽可能地引导顾客主动购买产品，这样可以减少成交的阻力。

通常，人们都喜欢按照自己的意愿行事。由于自我意识的作用，对于别人的意见总会下意识地产生一种排斥心理，尽管别人的意见很对，也不乐意接受，即使接受了，心里也会感到不畅快，因此，推销员要采取适当的方法与技巧来诱导顾客主动成交，并使顾客觉得购买行为完全是个人的主意，而非别人强迫，这样，在成交的时候，顾客的心情就会十分轻松和愉快。

五、关键时刻亮出"王牌"

当你有一定把握看到准顾客准备与你签订合同，但由于对推销品仍有疑虑，犹豫不决时，你应该亮出"王牌"，"重拳"出击，掌握主动权，彻底摧毁顾客的心理防线，使之签订"城下之盟"。但王牌的使用是要讲究策略的，应该在推销的关键时刻亮出来，这要求推销员要有保留地介绍成交条件，不要一口气把全部有价值的宣传要点都用完，"弹尽粮绝"之时也就是"坐以待毙"之日。譬如推销员可以说："我忘记告诉你了，为了表明我们与贵公司合作的诚意，第一笔生意的运费由我们承担。"

六、充分利用最后的成交机会

在推销洽谈似乎要以失败告终时，推销员仍不要放弃推销努力，最后的成交机会始终是向你敞开着的，很多时候都能"峰回路转""柳暗花明"。因为此时顾客紧张的压力已经得到充分的释放，心理上如释重负，心情变得愉悦，甚至对"可怜的"的推销员产生一点同情心。甚至会产生购买产品的念头。这时，推销人员要善于察言观色，捕捉顾客心理活动的瞬间，抓住时机，充分利用这一最后的机会促成双方最终达成交易。美国有位推销员就特别擅长利用这一最后的时机达成交易。每当他要告别顾客时，便慢慢地收拾东西，有意无意地露出一些顾客未曾见过的产品样品，企图引起顾客的注意和兴趣，从而达成交易，在实际推销工作中，许多推销人员往往忽视这一最后的成交机会，而使一些本该达成的交易失之交臂。

任务三 促成交易的方法和技巧

所谓成交方法是指推销人员用来促成顾客做出购买决定，最终促使顾客采取购买行动的方法和技巧。它是成交活动的规律与经验的总结，常用的成交方法主要有以下几种。

一、请求成交法

请求成交法（Asking for the order）也叫直接成交法（Direct Approach），即是推销人员用明确的语言向准顾客直接提出购买的建议。当买卖已经"瓜熟蒂落"时，推销员自然就应说："既然没什么问题，我看我们现在就把合同订了吧"。

针对某些理智型的顾客，直接请求成交法也许是最有效的方法。请求成交法主要适合于以下情形。

（1）老客户。对于老顾客，因为买卖双方已建立了较好的人际关系，运用此法，顾客一般不会拒绝。例如："老张，最近我们生产出几种新口味的冰淇淋，您再进些货，很好销的！"

（2）顾客已发出购买信号。顾客对推销品产生购买欲望，但还未拿定主意或不愿主动提出成交时，推销人员宜采用请求成交法。例如：一位顾客对推销人员推荐的空调很感兴趣，反复地询问空调的安全性能、质量和价格等问题，但又迟迟不做出购买决定。这时推销人员可以用请求成交法。"这种空调是新产品，非常实用。现在厂家正在搞促销活动，享受八折的优惠价格，如果这时买下，您还会享受终身的免费维修，这些一定会让您感到满意的。"

（3）在解除顾客存在的重大障碍后。当推销人员尽力解决了顾客的问题和要求后，是顾客感到较为满意的时刻，推销人员可趁机采用请求成交法，促成交易。例如："您已经知道这种电热水器并没有您提到的问题，而且它的安全性能更好，您不妨就买这一型号的，我替您挑一台，好吗?"

但请求成交法也存在着缺陷。若销售人员不能把握恰当的成交机会，盲目要求成交很容易给顾客造成一种压力，从而产生一种抵制情绪，破坏本来很友好的成交气氛。此外，若销售人员急于成交，就会使顾客以为销售人员有求于自己，从而使销售人员丧失成交的主动权，使顾客获得心理上的优势。还有可能使顾客对先前达成的条件产生怀疑，从而增加成交的困难，降低成交的效率。

二、假定成交法

假定成交法是指在尚未确定成交，对方仍持有疑问时，销售人员就假定顾客已接受销售建议而直接要求其购买的成交法。譬如，推销员可做如下陈述："我稍后就打电话为您落实一下是否有存货？"如果准顾客对此不表示任何异议，则可认为顾客已经默许成交。

假定成交法是一种推动力。比如，你已将一部汽车开出去给顾客看过了，而感到完成这笔交易的时机已经成熟，这时你就可以进一步地解决这个问题，推动顾客能真正地签下订单。你可以这样对他说："杨先生，现在你只要花几分钟功夫就可以将换取牌照与过户的手续办妥，再有半个钟头，你就可以把这部新车开走了。如果你现在要去办公事，那么就把这一切交给我们吧，我们一定可以在最短时期内把它办好。"经你这样一说，如果顾客根本没有决定要买，他自然会向你说明。但如果他觉得换取牌照与过户手续相当麻烦而仍有所犹豫的话，那么你的这番话该可使他放心了，说明手续不成什么问题。

假定成交法，特别适用于对老顾客的推销。例如：一个化妆品推销员对一个正在比较各种口红颜色的顾客说："你手上的这支很适合你的年龄和肤色。来，我替你装好。"

假定成交法的优点是节省推销时间，效率高。它可以将推销提示转化为购买提示，适当减轻顾客的成交压力，促成交易。

假定成交法要求销售人员要正确的把握时机，盲目假定顾客已有了成交意向而直接明示成交，很容易给顾客造成过高的心理压力，导致可能成功的交易走向失败。这种方法若使用不当，还会使顾客产生种种疑虑，使销售人员陷于被动，增加成交的困难。

三、选择成交法

选择成交法是指推销人员向顾客提供两种或两种以上可供选择的购买方案来促成交易的成交方法。它是假定成交法的应用和发展，仍然以假定成交理论作为理论依据，即推销人员在假定成交的基础上向顾客提出成交决策的比较方案，先假定成交，后选择成交。顾客不能在买与不买之间选择，而只是在推销品不同的数量、规格、颜色、包装、样式、交货日期等方面做出选择，使顾客无论做出何种选择，导致的结果都是成交。

【小示范】

推销员："以车身的颜色来说，您喜欢灰色的还是黑色的？"

客户："嗯，如果从颜色上来看，我倒是喜欢黑色的。"

推销员："选得不错！现在最流行的就是黑色的！那么，汽车是在明天还是在后天送来呢？"

客户："既然要买，就越快越好吧！"

经过这样一番话，客户等于说要买了，所以这时推销员就说："那么明天就送货吧。"这样很快就达成了交易。

采用选择成交法，可以避免令顾客感到难以下决心是否购买的问题，而使顾客掌握一定的主动权，即选择权，从而比较容易作决定。但真正的成交的主动权仍在推销人员手中，因为顾客选来选去，无论选择哪一个都是成交。而且，选择成交法有一种语言上的暗示作用，当销售人员直接将具体购买方案摆到顾客面前时，顾客会感到难以拒绝，从而有利于促成交易。但是有时采用选择成交法会让顾客感到无所适从，从而丧失购买信心，增加新的成交心理障碍；有时也会让顾客感到压力较大，从而产生抵触情绪，并拒绝购买。使用选择成交法其所给出的选项不宜过多，否则顾客会无所适从。

四、总结利益成交法

总结利益成交法是指推销人员将顾客关注的产品的主要特色、优点和利益，在成交中以一种积极的方式来成功地加以概括总结，以得到顾客的认同并最终获取订单的成交方法。例如，吸尘器推销员运用总结利益成交法，他可能说："我们前面已经讨论过，这种配备高速电机的吸尘器〔特征〕比一般吸尘器转速快两倍〔优点〕，可以使清扫时间减少 15～30 分钟〔利益〕，是这样吧？〔试探成交如果得到积极回应〕你是想要卫士牌还是天使牌？"

总结利益法也许是争取订单最流行的方法。施乐公司培训中心的销售教员说，他们传授的大多数成交方法都是由总结利益法的三个基本步骤组成。

(1) 推销洽谈中其确定顾客关注的核心利益；

(2) 总结这些利益；

(3) 作出购买提议。

总结利益成交法能够使顾客全面了解商品的优点，便于激发顾客的购买兴趣，最大限度地吸引顾客的注意力，使顾客在明确自己既得利益的基础上迅速作出决策。总结利益成交法适用面很广，特别是适合于相对复杂的购买决策，如复杂产品的购买或向中间商推销。

但是采用此法，推销人员必须把握住顾客确实的内在需求，有针对性地汇总阐述产品的优点，不要"眉毛胡子一把抓"，更不能将顾客提出异议的方面作为优点加以阐述，以免遭到顾客的再次反对，使总结利益的劝说达不到效果。

【小示范】

在一次推销洽谈中，顾客（一位商店女经理张女士）向推销员暗示了她对产品的毛利率、交货时间及付款条件感兴趣。以下是他们之间的对话：

推销员：张女士，您说过对我们较高的毛利率、快捷的交货时间及付款方式特别偏爱，对吧？（总结利益并试探成交）

张女士：我想是的。

推销员：随着我们公司营销计划的实施，光顾你们商店的顾客就会增加，该商品的销售必将推动全商店的销售额超过平常的营业额，我建议您购买{陈述产品和数量}。下两个月内足够大的市场需求量，必将给您提供预期的利润，下周初我们就可交货（等待顾客的回应）。

五、从众成交法

从众成交法是推销人员利用人们的从众心理来促成准顾客购买推销品的成交方法。譬如一位服装店的销售人员在销售服装时说："您看这件衣服式样新颖、美观，是今年最流行的款式，颜色也合适，您穿上一定很漂亮，我们昨天刚进了四套，今天就剩下两套了。"

采用从众成交法，可以用一部分顾客去吸引另一部分顾客，从而有利于推销人员提高销售的效率。在日常生活中，人们或多或少都有一定的从众心理，顾客在购买商品时，不仅要依据自身的需求、爱好、价值观选购商品，而且也要考虑全社会的行为规范和审美观念，甚至在某些时候不得不屈从于社会的压力而放弃自身的爱好，以符合大多数人的消费行为。由于产品已取得了一些顾客的认同，使销售人员的说辞更加有说服力，有利于顾客消除怀疑，增强购买信心。

但是，有些顾客喜欢标新立异，与众不同。若销售人员对这些顾客错误地使用了从众成交法，反而会引起顾客的逆反心理，从而拒绝购买。如果推销人员所列举的"众"不恰当，非但无法说服顾客，反而会制造新的成交障碍，失去成交的机会。

六、小点成交法

小点成交法又称局部成交法，是推销人员利用局部成交来促成整体成交的方法。小点是指次要的、较小的成交问题。

小点成交法主要利用的是"减压"原理，以若干细小问题的决定来避开是否购买的决定，培养良好的洽谈氛围，导向最后的成交。购买者对重大的购买决策往往心理压力较大，较为慎重，担心有风险而造成重大损失，导致难以决断，特别是成交金额较大的交易。为了减轻顾客对待成交的心理压力，帮助顾客尽快下定决心，推销人员可以采取化整为零的方法，将整体性的全部决定变为分散性的逐个决定，先征得对方部分同意。让顾客逐个拿定注意，最后再综合整体，以促成购买决策得达成。

小点成交法具有许多优点，它可以创造良好的成交气氛，减轻顾客的心理压力；为推销人员提供了与顾客周旋的余地，即使一个小点不能成交，可以换其他的小点，直至达成交易。它还有利于推销人员合理利用各种成交信号，有效地促成交易。

【小案例】

一个办公用品推销人员到某局办公室推销一种纸张粉碎机。办公室主任在听完产品介绍后摆弄起这台机器，并自言自语道："东西倒很适用，只是办公室这些小青年，毛手毛脚，只怕没用两天就坏了。"

推销人员一听，马上接着说："这样好了，明天我把货送来时，顺便把纸张粉碎机的使用方法和注意事项给大家讲一下。这是我的名片，如果使用中出现故障，请随时与我联系，我们负责修理。主任，如果没有其他问题，我们就这么定了？"

（资料来源：《现代推销技术》，钟立群主编，电子工业出版社 2005年版）

【分析提示】

案例中该推销员采用的就是小点成交法。推销人员在假定顾客已经做出购买决定的前提下，就纸张粉碎机的使用和维修与主任达成协议，而避开了重大的成交问题，使办公室主任轻松地接受了成交。办公室主任很容易地接受了这个条件，实际上他也就接受了推销人员的推销建议。

小点成交法若使用不当，将提示的小点集中在顾客比较敏感或比较不满的地方，使顾客将注意力集中到销售人员不希望其注意的地方，很容易使顾客只看到其缺点或扩大了缺点，不利于成交。而且，若推销人员急于减轻顾客压力，盲目转移顾客注意力，还容易引起顾客的误会，不利于双方的交流。此外，这种方法一般需多个回合才能解决问题，销售时间较长，并会降低成交效率。

七、最后机会成交法

所谓最后机会成交法是指推销人员直接向顾客提示最后成交机会而促使顾客立即购买的一种成交方法。这一成交方法要求推销人员运用购买机会原理，向顾客提示"机不可失，时不再来"的机会，给顾客施加一定的成交压力，使顾客感到应该珍惜时机，尽快采取购买行为。例如，汽车推销员说："这种车型的汽车非常好卖，这一辆卖出去以后，我们也很难进到同样的车子或由于原材料需要进口，这批货卖完后，可能要很长时间才有货。"

最后机会成交法的关键在于把握住有利的时机，若使用得当，往往具有很强的说服力，产生立竿见影的效果，并能节省销售时间，提高销售效率。采用最后机会成交法最忌讳的是欺骗顾客。比如有些卖水果的小贩往往采取这种伎俩，对顾客说："就剩下这点儿了，五块钱卖给你。"等顾客买完离开后，又拿出一些来欺骗下一个顾客。这种做法一旦被发现，会令其丧失信誉，失去顾客的信誉。

八、优惠成交法

优惠成交法是推销人员通过提供优惠的交易条件来促成交易的方法。它利用了顾客在购买商品时，希望获得更大利益的心理，实行让利销售，促成交易。譬如商业推广中经常使用的"买二送一""买大家电送小家电"等。

正确地使用优惠成交法，利用顾客的求利心理，可以吸引并招揽顾客，有利于创造良好的成交气氛。而且利用批量成交优惠条件，可以促成大批量交易，提高成交的效率。该方法尤其适用于销售某些滞销品，减轻库存压力，加快存货周转速度。但是，采取优惠成交法，通过给顾客让利来促成交易，必将导致销售成本上升。若没有把握好让利的尺度，还会减少销售收益。此外，采用优惠成交法，有时会让顾客误以为优惠产品是次货而不予信任，从而丧失购买的信心，不利于促成交易。

九、体验成交法

体验成交法是推销人员为了让顾客加深对产品的了解，增强顾客对产品的信心而采取的试用或者模拟体验的一种成交方法。当推销人员和顾客商讨完有关产品、服务保障和交易条件后，为了促成交易，就需要在可能的条件下用形象化的手段直观地展示推销品。譬如用计算机给顾客演示产品的多媒体效果图和有关公司的发展理念、服务网络、文化等方面的情况，以进一步增强用户信心。体验成交法能给顾客留下非常深刻的直观印象。目前，在很多高价值，高技术含量的产品领域，体验成交非常流行，例如，汽车销售中的顾客试驾，软件销售中的顾客试用体验等。

体验成交法的运用必须要做好充分准备，并对产品中存在的不足要有清晰的认识并安排好应对策略。否则，由于顾客试用的时候很容易发现产品存在的不足而导致促销失败。

十、保证成交法

保证成交法是推销人员通过向顾客提供某种保证来促成交易的成交方法。保证成交法即是推销人员针对顾客的主要购买动机，向顾客提供一定的成交保证，消除顾客的成交心理障碍，降低顾客的购物风险，从而增强顾客的成交信心，促使尽快成交，保证成交法是一种大点成交法，直接提供成交保证，直至促成交易。例如："我们汽车保证您能够无故障行驶 20 万公里，并且还可以为您提供长达 8 年的售后服务保证，如果一旦遇到什么问题，我们公司的服务人员会随时上门为您提供服务。"

又如："您放心，我这儿绝对是全市最低价，如果你发现别家的货比我的货便宜，我可以立即给您退货。"

保证成交法通过提供保证使顾客没有了后顾之忧，增强了购买信心，从而可以放心购买产品。另外，该方法在说服顾客、处理顾客异议方面也有不同寻常的效果。保证成交法的保证内容一般包括商品质量、价格、交货时间、售后服务等。这种保证直击顾客的成交心理障碍，极大地改善成交气氛，有利于促成交易。使用保证成交法时，一定要做到言而有信。不能为一时的利益而信口承诺，结果又无法实行，必将丧失销售信用，不利于与顾客发展长久的关系。

任务四　成交后跟踪

推销人员与顾客成交签约后，是否意味推销活动的结束呢？回答是否定的。从现代推销学的角度看，成交并非意味着推销活动的结束，而仅仅只是"关系推销"进程的开始。在签订完买卖合同之后，应及时地向顾客告别，根据合同的规定和要求，做好货物发放、装运、安装与操作指导等后续服务工作，保持与顾客的联系，解决顾客在使用产品中所遇到的各种问题，真正让顾客满意，并发展和巩固双方之间的友谊，为下一次更大规模的交易打下坚实的基础。

一、成交后跟踪的意义

成交后跟踪是指推销人员在成交签约后继续与顾客交往，并完成与成交相关的一系列工作，以更好地实现推销目标的行为过程。推销的目标是在满足顾客需求的基础上实现自身的利益。顾客利益与推销人员利益是相辅相成的两个方面，在成交签约后并没有得到真正的实现。顾客需要有完善的售后服务，推销人员需要回收货款以及发展与顾客的关系。于是成交后跟踪就成为一项十分重要的工作。

成交后跟踪的意义主要表现在以下几个方面。

（一） 它体现了以满足顾客需求为中心的现代推销观念

成交后跟踪使顾客在购买商品后还能继续得到推销人员在使用、保养、维修等方面的服务，以及购买后如果在质量、价格等方面出现问题能得到妥善的解决。这两个方面使顾客需求得到真正意义上的实现，使顾客在交易中获得真实的利益。所以说，成交后跟踪是在现代推销观念指导下的一种行为。

（二） 成交后跟踪使企业的经营目标和推销人员的利益最终得以实现

企业的经营目标是获取利润，推销人员要获取报酬，如何获取？只有收回货款后才能得以实现。而在现代推销活动中，回收货款往往是在成交后的跟踪阶段中完成的。

（三） 成交后跟踪有利于提高企业的竞争力

随着科学技术的进步，同类产品在其品质和性能上的差异越来越小。企业间竞争的重点开始转移到为消费者提供各种形式的售后服务。售后服务是否完善，已成为消费者选择商品时要考虑的一个重要方面。而各种形式的售后服务，也是在成交后的跟踪过程中完成的。

（四） 成交后跟踪有利于获取重要的市场信息

通过成交后的跟踪，推销人员可以获取顾客对产品数量、质量、花色品种、价格等方面要求的信息。因此，成交后的跟踪过程，实际上就是获取顾客信息反馈的过程，便于企业开发新的产品。

（五） 成交后的跟踪有利于和顾客建立起良好的合作关系

成交后的跟踪工作可以加强推销人员和顾客之间的联系，通过为顾客提供服务了解顾客的习惯、爱好和职业，从而有利于和顾客建立比较紧密的个人情感联络，有利于顾客重复购买或者推荐其朋友购买推销品。

二、成交后跟踪的内容

由于顾客需要的多样性，成交后跟踪所包含的内容是非常丰富的，这里主要介绍与顾客建立和保持良好的关系，售后服务和回收货款三个方面。

（一）与顾客建立和保持良好的关系

在交易达成后，仍应保持一分冷静，不要得意忘形，谨防乐极生悲，要用诚挚的语言对顾客的合作表示感谢。如："能跟您达成这笔交易，我感到万分地高兴，谢谢您的支持。"但推销人员也应认识到，交易的达成是对购买双方都有利的事情，是一项互惠互利的交易，也不必过分地表示感谢。你帮助顾客解决了他们所遇到的问题，同时也获得了定单，是"双赢"的好事。

1. 与顾客保持良好关系的作用

在达成交易告别顾客后，推销员应抓紧时间去落实买卖合同中的各项条款，应该认识到合同对推销员的约束作用，推销员在整个推销过程中自始至终都要坚持以顾客为中心，开辟与顾客之间的沟通渠道，并确保通道的畅通，保持与顾客的接触和联系，了解顾客对购买的满意状况，更重要的是利用通道来解决顾客的不满，发展并维持与顾客的长期合作关系。与顾客保持良好关系的作用表现在以下两个方面。

（1）便于获取顾客对产品的评价信息。一方面，通过与顾客保持联系，可以获取顾客各方面的反馈信息，作为企业正确决策的依据；另一方面，通过做好成交的善后处理工作，能使顾客感觉到推销人员及其所代表的企业为他们提供服务的诚意，便于提高推销人员及其企业的信誉。

（2）有利于发展和壮大自己的顾客队伍。成交之后，经常访问顾客，了解产品的使用情况，提供售后服务，与之建立并保持良好的关系，可以使顾客连续地、更多地购买推销品，并且可以防止竞争者介入，抢走顾客。同时，老顾客还会把他的朋友介绍给推销人员，使其成为推销人员的新客户，使顾客队伍不断发展和壮大。

作为推销员应该清楚认识到，生意在很大程度上决定了人与人之间，公司与公司之间的关系。推销员应当发展、培养和维系这种关系，只有这样才能使生意兴隆。

【小案例】

奔驰汽车公司的销售服务

德国著名的奔驰汽车公司的销售服务措施简直就是撒向全国乃至全世界的

两张网。它的第一张网是推销服务网。任何一位顾客或潜在的顾客在它的推销处或推销人员那里，都可以对其汽车的样式、性能、特点等得到全面的了解。而且，根据顾客的不同需求和爱好，对诸如车型、空间设备、车体设备、车体颜色，甚至不同程度的保险钥匙等，都可以分别给以满足。第二张网是维修网。奔驰公司在国内共设了 1000 多个维修站。维修站的工作人员，技术娴熟，态度热情，修车速度快。在任何一条公路上，汽车出了故障，车主只要向就近的维修站打个电话，维修站就会派技术人员来帮助修理，或者将车拉到站里进行修理，一般的修理项目当天就能完成，不影响车主使用奔驰汽车成功的秘诀何在？（资料来源：《现代推销技术》，李海琼主编，浙江大学出版社 2004 年版）。

【分析提示】

21 世纪的企业竞争，"产品"已不是唯一致胜法宝，唯有运用"服务"策略，才能赢得更大的竞争优势。奔驰汽车的成功不仅仅在于其产品质量的精良，更重要的是它所提供的全方位的售后服务。可以预料，随着汽车市场竞争的加剧，它将带给顾客更多的利益和需求的满足。

2. 与顾客保持联系的方法

推销人员应积极主动地、经常地深入顾客之中，加强彼此之间的联系。联系的方法多种多样，主要有以下几种。

（1）通过信函、电话、走访、面谈、电子邮件等形式。通过这些方式既可以加深感情，又可以询问顾客对企业产品的使用情况，用后的感觉，是否满意，是否符合自己预期的要求，有什么意见和建议，并及时将搜集到的信息反馈给企业的设计和生产部门，以便改进产品和服务。

（2）通过售后服务、上门维修的方式。

（3）在本企业的一些重大喜庆日子或企业举行各种优惠活动时，邀请顾客参加、寄送资料或优惠券等。如新产品的开发成功，新厂房落成典礼，新的生产流水线投产，产品获奖，企业成立周年庆典，举办价格优惠或赠送纪念品活动等，都是很好的机会。

（4）在国家规定的节日或者传统的节日到来之前，向客户致以节日的问候。问候可以是电话、邮件，也可以是联谊活动或者赠送小礼品。

（5）在属于顾客个人的节日，如生日、结婚纪念日等有特殊意义的时刻，向他们致以节日的问候，将会给顾客留下十分深刻的印象并迅速拉近与客户的距离，但是要做到这些，需要推销人员做个有心人。

上述这些实用的方法有利于推销员与顾客相互记住对方，更重要的一点是无论做什么事都要富有人情味。发送一张贺卡、一份剪报或一篇文章的复印件并不需要周密思考，也不需要花很多的时间和精力，关键是给顾客留下深刻印象，其秘密就是亲自动笔写的几句话。

3. 了解顾客的满意程度

顾客满意度是指顾客对购买活动及其购买物品的感受，即推销过程及推销品满足顾客期望的程度。如果实际感受与购买预期相吻合，顾客就会满意；如果实际感受与购买预期有较大的反差，则顾客就不会满意。如果顾客满意，就会倾向于继续购买推销员所推销的其他物品并保持高度的品牌忠诚。

顾客满意程度对于推销员本人或者其所代表的公司都是非常重要的，为了及时搜集顾客对购买过程的感受，许多公司设立了专门的售后服务部门对顾客使用情况进行跟踪和管理。作为推销员本身，也应该高度重视与顾客的售后联系，随时准备好解决顾客使用产品过程中所遇到的问题，争取顾客进行重复购买或者介绍朋友进行购买。

（二）售后服务

售后服务是指企业及其推销人员在商品到达消费者手里后，为保证顾客正常使用而继续提供的各项服务工作。售后服务的目的是为顾客提供方便，保证客户的满意度，促进企业的推销工作。随着人们收入水平的提高，顾客不仅要求买到中意的商品，而且更要求买到商品后能够方便地使用。

1. 开展售后服务的原因

（1）服务是产品价格的一部分。购买者所支付的产品价格，本身就包含了服务的费用，他们有权享用，也应当得到完善的服务享受。当然，服务的范围，程度要看推销品的技术复杂程度，销售额大小，长期合作的可能性而定。

（2）售后服务是顾客对产品正常使用的必备条件。确保产品能够正常使用是推销员分内的事，不管所售产品是什么，只要购买者有售后服务的要求，需要运输与安装、调试、示范及培训，需要了解有关的特殊知识和操作技巧，推销员就有义务做好善后工作。

（3）售后服务是与顾客建立信任关系的基础。不管顾客是一次性购买还是多次惠顾，良好的售后服务都能够不同程度地提高顾客的满意度，增强顾客对推销人员及其所代表的公司的信任。

（4）售后服务是稳定企业及其推销人员业务的有力保障。要扩大销售额，有两条基本途径：一是找到新顾客；二是出售更多的产品给老顾客。良好的售后服务对这两种增加销售额的途径都有很大帮助。

2. 售后服务的内容

售后服务包含的内容非常丰富。随着竞争的加剧，新的售后服务形式更是层出不穷，提供给顾客更多的利益和需求的满足。从目前来看，售后服务主要包括下列内容。

（1）送货服务。对购买大件商品，或一次性购买数量较多，自行携带不便以及有特殊困难的顾客，企业均有必要提供送货上门服务。原来这种服务主要是提供给生产者用户和中间商的，如今已被广泛地应用在对零售客户的服务中。例如，在激烈的市场竞争中，一些家具经销商，十分重视及时送货上门。这种服务大大地方便了顾客，刺激了顾客的购买。

（2）安装服务。有些商品在使用前需要在使用地点进行安装。由企业的专门安装人员上门提供免费安装，既可当场测试，又可保证商品质量。同时，上门安装还是售后服务的一种主要形式。例如，著名的海尔公司销售空调器后，会为顾客提供免费安装，安装人员为了不给顾客带来麻烦，他们自带鞋套，自带饮水，并在空调器安装完毕后帮助顾客将室内收拾整齐，同时给顾客仔细讲解使用、保养方法，耐心解答顾客的疑问，深受顾客欢迎。

（3）包装服务。商品包装是在商品售出后，根据顾客的要求，提供普通包装、礼品包装、组合包装、整件包装等的服务。这种服务既为顾客提供了方便，又是一种重要的广告宣传方法。如在包装物上印上企业名称、地址及产品介绍，能起到很好的信息传播作用。

（4）"三包"服务。"三包"服务是指对售出商品的包修、包换、包退的服务。企业应根据不同商品的特点和不同的条件，制定具体的"三包"方法，真正为顾客提供方便。

实质上，包换也好，包退也好，目的只有一个，那就是降低消费者的购物风险，使其顺利做出购买决策，实现真正意义上的互惠互利交易。当顾客认识到企业为顾客服务的诚意时，包退、包换反过来会大大刺激销售。不仅提高了企业信誉，还赢得了更多的顾客。

（5）帮助顾客解决所遇到的其他问题。推销员必须向对待自己的问题那样对待顾客的问题。因为从长远看，只有顾客获得成功，你才能再次与顾客进行交易，来扩大自己的成交额。同时，推销员处理顾客所遇到的问题的速度，也体现了你对顾客的重视程度。

（三）回收货款

销售的目的就是在顾客获得所需的产品的同时，企业也能够快速回笼货款。收不回货款的推销是失败的推销，会使经营者蒙受损失，所以在售出货物后及时收回货款，就成为推销人员的一项重要工作任务。

在现代推销活动中，赊销、预付或者为中间商铺货作为一种商业信用，在销售中扮演着非常重要的角色，是企业占领市场，扩大销售额的重要手段。如何才能及时、全额地收回货款是降低企业经营风险的关键因素。要做好货款的回收工作，需要从下列几个方面加以注意。

（1）在商品销售前进行顾客的资信调查。顾客的资信主要包括顾客的支付能力和信用记录两个方面。在推销前，从多方面了解顾客的资信状况，是推销人员选择顾客的重要内容，同时也是能够及时全额地回收货款的安全保障。否则，即使销售了产品，但是由于顾客资信不良而造成烂账，反倒不如没有成交。

（2）在收款过程中保持合适的收款态度。如果因为采取不恰当的态度而影响收回货款，那是得不偿失的。因此，推销人员应针对不同的客户、不同的情况，采取相应的收款态度。一般情况下，收款态度过于软弱，就无法收回货款；收款态度过于强硬，容易引起冲突，不利于企业形象，而且会影响双方今后的合作。所以，推销人员在收款时，要态度认真，有理有节。这样，既有利于货款的回收，又有利于维持双方已经建立起来的良好关系。

（3）正确掌握和运用收款技巧。推销人员掌握一定的收款技巧，有利于货款的回收。例如，成交签约时要有明确的付款日期，不要给对方留有余地；按约定的时间上门收款，推销人员自己拖延上门收款的时间，会给对方再次拖欠以借口；如果不能及时收款，就以公司有规定为由暂停有关的产品安装程序，从而引起顾客的重视而早日付款；注意收款的时机，了解顾客的资金状况，在顾客账面上有款时上门收款；争取顾客的理解和同情，让顾客知道马上收回这笔货款对推销人员的重要性；收款时要携带事先开好的发票，以免错失收款机会，因为客户通常都凭发票付款；如果确实无法按约收款，则必须将下次收款的日期和金额，在客户面前清楚地做书面记录，让顾客明确认识到这件事情的严肃性和重要性。

这里介绍的只是一些常用的收款技术。在实际工作中，还需要推销人员针对不同的顾客，灵活运用。无论采用何种技术，目的是明确的，即及时、全额地收回货款。

学习小结

成交是整个推销进程中最重要的步骤之一，直接关系到推销的成败。在推销成交的过程中，要注意成交中的一些基本问题。比如要有正确的成交心态、防止第三者对成交的破坏、关键时刻亮出绝招、锲而不舍地做出推销努力等。

要获得推销的成功，除了掌握成交的一些基本技巧外，也应熟悉常用的推销方法，根据推销员自身、推销品及推销对象的情况选择合适的一种或几种推销方法在实践中加以运用，并不断总结和完善。这些方法包括：请求成交法、假定成交法、选择成交法、从众成交法、机会成交法、优惠成交法、小点成交法、总结利益成交法、体验成交法等。

达成交易并不是推销过程的终结，而是关系推销的开始。在推销成交后，应注意保持冷静，尽量避免对顾客的干扰。在成交后的工作中应采取必要的措施保住顾客。由于服务是产品价格的一部分，服务是顾客正常使用产品的必备条件，服务是建立信任关系的基础，服务有助于推销额的增加等方面的原因，推销员必须依据顾客及中间商的不同情况，随同产品的出售提供不同层次的服务。

思 考 题

1. 如何理解成交内涵？

2. 作为推销人员，应掌握哪些成交策略？

3. 什么是成交信号？成交信号有哪些表现形式？

4. 推销活动中有哪些成交的主要方法？

5. 应用总结利益成交法时应注意什么？

6. 如何和顾客建立良好的关系？

7. 如何理解成交后服务的重要性？

8. 遇到顾客延期付款时，推销人员该如何处理？

实 训 题

针对某一产品进行一次推销实践活动，运用所学的各种成交的方法促成交易，并写出推销过程。

案例分析题

克里斯·亨利（Chris Henry）是一个工业用阀门、法兰、密封圈及密封剂的推销员，他正在访问壳牌石油公司（Shell Oil）的购买者格雷·马斯洛，希望他能使用 Furmanite 牌子的密封制品来防渗透。克里斯刚和购买者讨论完产品的特色、优点、利益，也说明了公司的营销计划和业务开展计划，他感觉到快大功告成了。以下是他们二人的推销对话：

克里斯："让我来总结我们曾经谈到的。您说过您喜欢由于快速修理所节省下来的钱，您也喜欢我们快速的反应而节省的时间，最后一点我们的服务实行 3 年担保。是这样的吧？"

格雷："是的，大概是这样吧。"

克里斯："格雷，我提议带一伙人来这里维修这些阀门渗透，您看是让我的人星期一来呢还是别的什么时候？"

格雷："不用这么快吧！你们的密封产品到底可不可靠？"

克里斯："格雷，非常可靠。去年，我们为美孚（Mobil）做了同样的服务，至今为止我们都未因担保而返回修理，您听起来觉得可靠吗？"

格雷："我想还行吧。"

克里斯："我知道您做出决策时经验丰富、富有专业性，而且您也认同这是一个对你们厂正确的、有益的服务，让我安排一些人来，您看是下星期还是两周内？"

格雷："克里斯，我还是拿不定主意。"

克里斯："一定有什么原因让您至今犹豫不决，您不介意我问吧？"

格雷："我不能肯定这是否是一个正确的决策。"

克里斯："就是这件事让你烦恼吗？"

格雷："是的。"

克里斯："只有您自己对自身的决策充满自信，您才可能接受我们的服务，对吧？"

格雷："可能是吧。"

克里斯："格雷，让我告诉您我们已经达成共识的地方。由于能够节省成本，您喜欢我们的在线修理服务；由于能得到及时的渗透维修，您喜欢我们快捷的服务回应；而且您也喜欢我们训练有素的服务人员及对服务所做的担保。是这些吧？"

格雷："没错。"

克里斯："那什么时候着手这项工作呢？"

格雷："克里斯，计划看起来很不错，但我这个月没有钱，或许下个月我们才能做这项工作。"

克里斯："一点也没问题，格雷。我尊重您在时间上的选择，下个月5号我再来您这里，确定维修工人动身的时间。"

问题：

1. 列表说明推销员使用了哪些成交方法？

2. 多重成交技术的优缺点各有哪些？

3. 克里斯是否应该再次提出成交？为什么？

4. 假定克里斯觉得他能达成更多的成交额，您认为他可能会怎样做？

项目九

推销人员管理

学习目标

1. 认识推销人员招聘与选拔的过程
2. 理解推销人员薪酬的类型及激励方法
3. 了解推销人员培训的程序
4. 掌握推销人员绩效评估的依据与方法

学习任务

任务名称：制定招聘计划，进行人员管理。

任务具体描述：

接上所述，时间过得真快，转眼已到月末，公司要对员工进行绩效考核，到底什么样的考核激励机制才能让员工保持良好的士气，争取下个月以致年末能取得更好的业绩?

完成任务提示:为了让学生完成以上情景任务,老师可安排以下驱动项目:

1. 将学生分组,安排小组成员通过教材、网络以及实地调查的形式搜集有关资料,为福特汽车 4S 店拟定推销员招聘计划,计划中要详细描述推销员的岗位职责及任职资格等内容。

2. 以小组为单位,搜集不同企业激励推销人员的方式,并进行小组内及小组间交流,然后进行课堂讨论,提出自己的观点及看法。

学习内容

引 例

甜品公司是美国的巧克力和可可产品的制造商。甜品公司利用地域组织将产品卖给全国的批发商和零售商。它首要的目标是通过分销高质量的产品,为消费者提供最高的价值。为了保证这些目标的实现,公司雇佣具备出色的计划和组织能力、领导能力、说服力、主动性,并具备较强的沟通能力的销售人员。

在甜品公司,推销人员代表公司并传递公司形象。推销人员的主要责任包括:推销和分销所有产品、保证甜品公司的所有产品在指定的地区内畅销、实施促销计划、推销新产品。除此之外,推销人员必须扮演顾客的销售顾问,包括维护好客户关系并在指定地域内发展新客户。推销人员和他们的销售经理共同工作,目的是实现具体的推销目标。

甜品公司堪萨斯城地区销售经理罗布·古姆最近失去了一位高业绩的销售人员——阿琳·奥勒。罗布现在正全力寻找能接替阿琳职位的人。他在当地的报纸《堪萨斯之星》上登了广告。此外,他还与当地的高校、职业介绍所联系了,看他们能否介绍一些可能的候选人。通过这些努力,罗布收到了几份简历。阅读过简历后,罗布决定对其中两人进行面试,下面是面试的摘录。

应聘者克里斯廷·皮罗恩现在是一家工业产品公司驻堪萨斯城的地区销售代表,有三年的工作经验。

罗布:"你为什么要做销售工作?"

克里斯廷："我选择销售工作有以下几个原因。首先，我喜欢与其他人打交道并且帮助他们解决问题，我把销售工作看作实现这个目的的一种手段；其次，销售工作使我在一定程度上独立，我是一个自我激励型的人，不喜欢在别人的严密监督管理下做事；第三，销售工作的收入很可观，使我能够获得我该得的。"

罗布："大体来讲，你怎样完成一件事？"

克里斯廷："很简单，计划。我每天都订立一定的目标，然后计划如何实现这些目标。计划使我有条理，依靠条理，我觉得我能够完成许多事。"

罗布："这个职位需要一些外出推销，你怎么看？"

克里斯廷："我现在的工作也经常外出，我喜欢外出，所以我不会烦。"

罗布："你组织过团队吗？"

克里斯廷："组织过。我大三的时候组织了学校的一个新社团——企业家俱乐部，并担任了两年该社团的主席。毕业时我们的社团已有40名成员，我感到很骄傲。现在我也是几个公民社团的成员，尽管我没参与过这些团员的组织工作。"

下面是对应聘者琼·斯坦的面试摘录，他来自明尼苏达州，他刚刚以3.8分（满分4.0）的G.P.A成绩获得当地大学的文理学双学士。他的专业是市场营销。

罗布："你为什么想从事销售工作？"

琼："我认为销售工作很灵活。基本上可以完全支配自己的时间，我喜欢这样。而且，销售工作比坐在办公桌前工作更加令人兴奋，因为你可以和人打交道。还有，销售人员的收入颇为可观。"

罗布："大体来讲，你怎样完成一件事？"

琼："我认为处理问题的最好办法就是跳进去马上解决。打个比方，就是抓住牛角，拖延会使事情更糟糕。"

罗布："这个职位需要一些外出推销，你怎么看？"

琼："大学时我参加过田径队，经常外出。现在我也频繁地回明尼苏打看望家人和朋友，我觉得外出并不会使我厌烦。"

罗布："你组织过团队吗？"

琼："大学里我在几个社团里工作，有时候我是社团的领导，我总是尽力做好自己的工作。我曾经是美国市场营销协会的成员。"

罗布决定在这一点上不再花时间做进一步调查了。由于他现在的推销人员已经忙不过来了，他决定在这两个人中选一个。

这个例子说明，选拔合适的销售人员是销售管理的重要内容之一，也是企业实现销售目标的保证。

推销人员的管理是销售管理的重要组成部分，推销人员应学习销售管理知识，因为从就业角度来看，相比其他管理职位，企业尤其是拥有较多或很多推销人员的企业，销售管理的职位是比较多的，如销售督导、销售团队经理、分区经理和大区销售经理等。大学毕业的推销人员两三年后甚至更短的时间内就有可能被提拔为分区销售经理。销售经理首先是一个管理者，而管理是一项特殊的技能。推销人员有时被提拔到管理岗位上，是因为他们具有出类拔萃的销售能力。但仅有销售能力是难以成为一个优秀的管理者的，从推销人员转变成销售经理，最重要的是不断学习以适应新变化。

推销人员的管理内容主要包括：选择、培训、激励和监管推销人员。销售活动是由推销人员来完成的，销售经理的重要职责之一是为组织挑选合适人员，并使他们的行为符合组织要求。

任务一 推销人员的招聘与选拔

选对人比培训人更重要如果在招聘选拔方面出现失误，公司将会蒙受损失，严重的情况下公司会付出沉重的代价，总体来说，错误选才会带来以下影响。

1. 公司的业绩受影响

公司如果招聘到的员工不能满足工作需要，最直接的损失就是公司的业绩目标难以达成。而且是愈重要的岗位、级别愈高的岗位，对公司造成的损失愈大。

2. 公司经营成本增加

不合格的员工既不能为企业创造利润，又会降低生产力，最终只能被解聘。企业需再次花费时间和精力去招聘新人，增加企业运作成本。

3. 影响员工士气

不合格员工会在工作表现、态度、业绩等方面影响周围的团队成员，不良的情绪往往会在团队中蔓延，会让员工产生人心惶惶的感觉。

4. 顾客服务受到影响

如果员工不具备一定的能力或者缺少良好的客户服务意识，在与外部客户接触的时候，不能很好地处理或完成工作，都可能给客户留下较差的印象，或者造成较低的客户满意度，对公司形象来说，这是很大的损害。

5. 给人力资源部造成工作压力

有时用人部门或者公司领导会把错误选才的责任归咎到人力资源部，从而给人力资源部的工作造成压力，在选才时变得更加谨慎；并且有时因为这方面的问题而造成了业务部门在其他人力资源工作上的配合力度不足的情况。

企业要组建一支高效率的销售队伍，关键在于选择有能力的优秀的推销人员。选对人比培训人更重要，错误选才会影响公司的业绩。一般的推销人员与优秀的推销人员业务水平有很大差异。在美国，一项对500多家公司调查的结果表明，27%的推销人员创造了52%的销售额。除了销售效率上的差别外，公司经营成本（培训费用）的增加（缺少良好的客户服务意识，造成较低的客户满意度，损害公司形象）。因此招聘与选拔高效率的推销人员是推销人员管理的重要内容。

一、推销人员的招聘与选拔过程

推销人员的招聘与选拔过程包括以下两个步骤。

（一）招聘与选拔计划

详细的招聘与选拔计划在推销人员的招聘与选拔过程中起着举足轻重的作用，合理的计划为寻找合适的候选人提供了充足的时间，有助于避免因仓促错误的决策而导致企业的损失。招聘与选拔计划的任务如下。

1. 职位分析

职位分析是对组织中某个特定工作岗位的任务、职责、工作环境、工作强度、任职条件以及工作的其他特征进行分析，以便对该工作岗位的任职做出明确的规定。

职位分析要解决一个岗位所需明确的七个问题：who（用谁）、what（做何事）、when（何时）、where（何地）、how（如何）、why（为何）、for who（为谁）。

通过对所搜集来的信息进行整理和分析，职位分析的结果应用主要体现在编制职位说明书上。职位说明书基本上可以包括两大部分：职位描述和任职者要求。

2. 职位描述

职位描述主要表达的是任职者实际从事的工作活动和这些工作活动的流程、与组织内外的关联等关于工作本身特性的信息，是详细说明工作要求的正式文件。主要内容有：职位名称、职责任务、隶属关系、产品、顾客类型、与工作相关的重要要求等。它可以减少推销人员的角色模糊，明确职责以及让潜在的推销人员熟悉销售工作，还可以为推销人员设立目标。

3. 任职者要求

任职者要求根据工作描述所提出的对职位任职者的基本要求，即任职条件。它是完成工作所必要的职业条件，包括经验、知识、能力、教育水平、愿意出外推销、人际关系能力、自我激励及独立工作的能力等。

综上所述，一个完整的职位说明书包含的要素有以下几点。

（1）职位名称：是指公司内的工作岗位的头衔。主要反应岗位的功能，比如销售工程师、销售经理、人事主管或人事经理等。

（2）部门名称：该职位属于哪个大的部门。比如说公司里有销售部、商品部、市场部等。

（3）直接主管：担任这个职位的上级头衔是什么。

（4）任职条件：承担这个职位应具备的一些基本的条件，比如说学历、专业技能、工作经验等。

（5）专业资格：一些特殊的工种要求专业资格认证，如会计师、工程师等。

（6）下属人数：一个好的职位说明书应该把下属写上，或附上一个组织结构图，把这个职位的上下职位关系交待清楚，下属有直接下属和间接下属之分，间接下属常涉及交叉汇报关系，在人数计算上，常常折半计算。

（7）沟通关系及频率：这个职位要与哪些部门、哪一类人员打交道，包括对内对外两部分，与对方打交道的频率也应该写清楚。

（8）职位设置的目的：就是这个职位存在的理由，或者说为什么要设置这样一个职位，通常的格式是：是什么，做什么。

工作内容和岗位职责通常是一个职位说明书的核心部分。

（二）职位名称：公司人力资源主管

（1）岗位职责

a. 制订与基本的经营政策有密切关系的人事政策。

b. 负责、配合各部门组织人员的招聘工作。

c. 负责公司岗位定编、人员规划、职位描述，配合其他部门对骨干员工进行职业生涯规划。

d. 配合制定年度人员岗位调整计划、薪金计划、培训计划。

e. 负责组织公司的绩效评估工作，并提供相应的评估分析。

f. 负责与当地社保中心及相关事宜的政府机构及时沟通。

g. 负责公司劳动关系相关的一切合同的初步审阅及事后合同的统一管理。

h. 负责公司考勤、薪资的统计、核算。

i. 公司员工纪律奖惩的统一管理。

j. 负责公司所有员工的个人档案资料的录入及管理。

k. 负责公司员工手册的执行实施、完善。

l. 负责公司人力资源相关的成本预算、控制。

m. 公司员工内部调动、晋升、降职等。

n. 负责公司员工关系的建设，解决员工对公司建设的合理化建议、意见。

（2）任职要求

a. 人力资源、管理或相关专业大学本科以上学历。

b. 受过现代人力资源管理技术、劳动法规、财务会计知识和管理能力开发等方面的培训。

c. 3 年以上人力资源管理相关工作经验。

d. 对人力资源管理事务性的工作有娴熟的处理技巧，熟悉人事工作流程。

e. 熟悉国家、地区及企业关于合同管理、薪金制度、用人机制、保险福利待遇和培训方针。

f. 熟练使用办公软件及相关的人事管理软件。

g. 对人及组织变化敏感，具有很强的沟通、协调和推进能力。

h. 高度的敬业精神及高涨的工作激情，能接受高强度的工作，工作态度积极乐观。

i. 善于与各类性格的人交往，待人公平。

j. 对现代企业人力资源管理模式有系统的了解和实践经验积累，对人力资源战略规划、人才的发现与引进、薪酬设计、绩效考核、岗位培训、福利待遇、公司制度建设、组织与人员调整、员工职业生涯设计等具有丰富的实践经验。

二、推销人员招聘的途径

（一）内部招聘

内部招聘是从企业内部人员中选聘具有推销人员素质的人来充实推销队伍

或者让内部员工动员自己的亲属、朋友、同学、熟人加入企业的销售行列。如果采用内部招聘的方式，可以采用以下方式。

1. 内部晋升

给推销人员升职、发展的机会，对于激励推销人员非常有利。

2. 内部公开招聘

在公司内部有职位空缺时，可以通过内部通告的形式进行公开招聘。

内部招聘的优点有：

（1）应聘者熟悉产品。应聘者来自企业内部，他们对企业的产品较为熟悉，所以他们从事推销工作不需要产品知识的专门培训。

（2）招聘成本低。企业可以从内部员工那里了解有关应征者的许多情况，从而节省了部分招聘程序和费用。

但内部招聘有可能会造成企业部门之间的矛盾，容易形成"帮派"小团体和裙带关系网，造成管理上的困难。

（二）外部招聘

外部招聘是企业根据需要以公开的形式通过全面考核来录用推销人员。企业可以根据实际情况灵活选择媒体广告、大学校园、人才交流会等招聘方式。

1. 媒体广告

媒体广告是企业招聘最常用的方式，可供选择的广告媒体有：报纸、杂志、电视、广播、网络等。不同媒体有不同特点。报纸发布招聘信息具有可储存性优点，有些发行频率高、发行量大的报纸，能吸引较多的求职者。互联网则具有信息容量大，不受时空限制等优点而且可统计浏览人数，缺点是海量的信息不易引起注意。

2. 大学校园

校园招聘是企业录用新推销人员最常用的途径，也可以为企业的长期发展提供人才储备。方式有招聘张贴、招聘会、毕业实习、学校推荐等。大学生受过良好的高等教育，并系统地学习了营销方面的理论知识，为今后的培训奠定了基础；因为刚刚参加工作，他们对销售工作充满了热情，一般较为积极主动。缺点是大学生缺乏销售经验，适应工作较慢。

3. 人才交流会

全国各地的人才交流中心每年都要举办多场人才交流洽谈会。如北京工人体育馆、首都体育馆、北京展览馆、国际展览中心、海淀体育馆等地几乎每年都举办春、秋季人才交流洽谈会，在招聘会中，用人企业和应聘者可以直接进行接洽和交流，节省了企业和应聘者的时间。

随着人才交流市场的日益完善，招聘会呈现向专业方向发展的趋势，比如有应届生双向选择会、海外留学人员洽谈会、建筑设计人才交流会等。洽谈会可以省时省力，应聘者集中，企业的选择余地较大，但招聘高级人才还是较为困难。

4. 人才交流服务机构

有的企业把招聘的任务委托给中介机构或职业介绍所来完成，这些机构既帮助公司招聘员工，又帮助个人找工作。

企业在选用这些人才服务机构时，要注意做到：向就业服务机构提供一份精确而完整的职务描述书并对中介机构的资质进行考察，要明确双方的责任与义务。

5. 猎头公司

猎头公司就是那些专门有偿地为特定组织寻找适合特定职位的最具条件的人才，并尽力挖墙角的机构，也称为人才搜寻公司或高级人才代理招聘机构。猎头公司在搜寻高层管理人员和专门技术人员方面具有很大的利用价值。选择猎头公司的原则为：确信这家猎头机构能够自始至终完成整个招聘过程；了解该机构中直接负责自己企业业务的人；了解该机构的收费标准和收费方式；了解该企业的资质；向猎头公司服务过的客户进行调查。

除了以上的招聘渠道之外，企业还可以请专业的协会/学会帮助推荐一些专门人才，内部员工推荐也是一种很好的招聘渠道。另外，某些职位上还可以招聘一些退休、下岗人员。

【小案例】

百家食品有限公司是一家外商独资企业，生产世界知名的"百家"品牌系列巧克力及糖果产品。公司总部设在北京，现已在全国20多个大中城市设立了办事机构。因公司业务不断扩大，现诚聘分区经理（北京）一名。

岗位职责：

（1）负责与大型零售客户的谈判与沟通。

（2）负责区域性促销计划的制定与实施。

应聘要求：

（1）大学本科以上学历。

（2）5 年以上消费品销售经验。

（3）良好的英语沟通能力。

联系地址：北京市××路××号，百家食品有限公司人力资源部××收

E－mail：ChinaHR＠BAIJIA.com

【分析提示】百家食品公司的招聘广告职位描述是清晰的，有利于销售人员明确职责。

三、推销人员选拔的过程

招聘是为了发现人才及鼓励应聘者，而选拔则是从应聘者中选择合适的人选。选拔过程的详细程度因企业而异。大型企业的选拔过程通常会较为复杂，一般可分为筛选申请表和简历、面试、测试、笔试、人员的选定和录用等步骤。在较小的企业中，应聘者只由销售经理核准便可。

（一）筛选申请表和简历

申请表的作用主要是防止明显不合格的人员继续参加以后各阶段的选拔，以节省选拔的时间及费用，提高效率。要让申请人据实填写申请表，必要时须出示有关证件资料，可据此初步断定申请人是否具备工作所需的一般条件，如年龄、学历、工作经验等。具体执行时可建立一种记分制度，分数高者优先。

分析简历是识别申请人工作简历的真伪、考察是否满足职位能力要求、职业生涯的发展程度、变更工作的频率及放弃上一份工作的原因等。筛选个人简历尤其注意那些和工作有关的内容。

（二）面试

面试是整个选拔过程的核心部分，几乎任何一种人事招聘都少不了这个环节。它在招聘中所起到的作用主要是：企业可就申请表、简历上的疑点和不明

白之处，通过面试加以讨论与验证；并可借此了解申请表和简历上没有的更多的情况，如兴趣、爱好、以往的工作经验等；面试时听取应聘人员对工作的设想并可设计模拟推销企业的商品，面试人可借此判断应聘人员的潜在推销能力。面试的类型主要有以下几方面。

1. 结构性面试

结构性面试是目前普遍采用的一种面试方法，在细致全面的工作分析的基础上，根据预先确定的内容、程序、针对岗位要求的要素提出一系列精心设计的问题。面试过程中主试人根据事先拟定好的问题逐项进行测试。一般着重考察工作经验、求职动机、岗位适应性和个人素质等。结构性面试减少了主观性，但收集信息的范围受到限制。

2. 非结构性面试

非结构性面试没有固定的内容和程序，应聘者可围绕主题自由发挥。这种方法灵活，获得的信息丰富深入，但主观性强、效率低。

3. 半结构化面试

半结构化面试是介于结构化面试与非结构面试两者之间，事先只是大致规定面试的内容、方式、程序等，允许主试人在具体操作过程中根据实际情况作些调整。

4. 压力面试

压力面试的目标是确定求职者将如何对工作上的压力做出反应。主试者提出一系列直率（通常是不礼貌）的问题，置被试者于防御境地，使之感到不舒服。主试者通常寻找被试者在回答问题时的破绽，在找到破绽后，主试者就集中对破绽提问，希望借此了解求职者在压力下的反应。

5. 小组面试

小组面试指由一群主试者对一个或多个候选人进行面试。企业可在面试中同时使用结构性面试和非结构性面试，从而结合两种方法的优点，避免单一方法的不足。

（三）测试

近年来越来越多的企业会对应聘者进行一些测验，以作为应聘者的能力、个性、品格的证明。常见的测评内容包括以下几种。

1. 智力测试

用来衡量应聘者的一般认知水平，如记忆、逻辑、推理等能力。

2. 能力倾向测试

用来衡量应聘者是否具有某些重要的能力，如言语理解能力、综合分析能力、组织协调能力、语言与文字表达能力等。

3. 个性测试

用来了解应聘者属于何种性格的人，如是内向型还是外向型，是主导型还是他导型，是情绪型还是稳定型等。

4. 诚实测试

用来检验应聘者的诚实性，了解其道德规范和行为体系。

5. 情境测试

将应聘者置于销售工作的特定情景之中，观察其行为反应，从而判断其个性特点等。

测评结果主要应用在正式面试前和录用决策前，作为正式面试的输入资料以备面试者参考。一般测评结果只作为评估求职者的参考因素，而不是必备的因素。

（四）笔试

笔试是让求职者在试卷上笔答事先拟好的试题，然后由主考人根据求职者解答的正确程序予以评定成绩的一种测试方法。

通过笔试，通常可以测量求职者的基本知识、专业知识、管理知识、相关知识以及综合分析能力、文字表达能力等素质能力的差异。

笔试的长处：一次考试能提出十几道乃至上百道试题，试题的"取样"较多，对知识、技能和能力的考察信度和效度较高；可以大规模地进行评价，因此，花的时间少、效率高，比较经济；受测试者的心理压力较小，容易发挥正常水平；成绩评定比较客观，而且可以保存受测试者回答问题的真实材料。

笔试法的局限性主要是不能直接与应聘者见面，不直观，不能全面考察求职者的工作态度、品行修养及组织管理能力、口头表达能力和操作技能等，而且不能排除作弊和偶然性。因此，需要采用其他测试方法进行补充。

笔试一般用于进行批量招聘的初选过程里，简历初步筛选完毕后组织笔试对应聘者个人专业知识进行系统评价。

【小案例】

以下是应聘销售部门主管的经历：

我到了 M 公司，与来参加面试的其他七人围坐在圆形会议桌前。面试的考官代表公司向大家问好，拿出一盒积木，让我们八人一起设计一个公园。我们花了大约一小时的时间建好了公园，之后考官问了我们几个问题，这个"节目"就算结束了。休息了一会，考官发给我们一些心理测试题，上午的时间过去了。下午在一个单独的小房间，我被假设成是一个公司的代理总经理，批阅一大堆文件。在我批阅文件的过程中，有一个莫名其妙的顾客闯进来投诉。十分钟后总算把他打发走了，我继续批阅文件。这时一个工作人员进来递给我一张纸条，上面说要求我十分钟后作为总经理候选人参加竞选。我必须根据文件中得到的公司信息做一个竞选演说。于是我又匆忙准备这个演说。十分钟后工作人员带我到另一个房间，考官们已经在那里坐好了。我按照自己准备的内容做了演讲，紧张而有趣的一天就这样结束了。

【分析提示】此案例中的应聘者接受了用人单位的团队合作能力测试、情境测试以及面试等。

（五）人员的选定和录用

根据面试和测试的信息，按招聘计划数量，对考查合格者决定录用。一次招聘能满足计划数量当然很好，但要坚持宁缺毋滥，达不到要求，守可少招，等条件成熟时再行招聘。如果遇到市场行情很好，急需扩大销售市场之时，也可适当多招收，并经过岗前、岗中培训、考查，然后使用。录用的关键在于用人的轻重缓急，把人才用活，有进有出，不搞一次录用定终身。对未录用者也应致函表示感谢，并可将其存于企业后备人才库中。正式录用时，一般要经过体检，采取聘用制、劳动合同制。企业与应聘者正式签订合同方才有效，从而保证企业销售工作的连续性与稳定性。

任务二 推销人员的薪酬与激励

　　企业推销人员的薪酬制度涉及三个方面的问题：一是从推销人员的角度来看，希望补偿劳动付出，并从出色的表现上获得激励报酬，希望获得平等的待遇，得到与组织中其他做类似工作的可比较的推销人员薪酬，以及与竞争对手的推销人员可比较的薪酬；二是从组织的角度看，可以用来提高销售额，保持客户群，鼓励特定产品的推销或促进推销人员之间的团队合作，吸引并留住有能力的推销人员，从而建立并加强长期的顾客关系；三是从消费者的角度看，消费者希望从推销人员手中以较低价格获得自己所需要的商品。可见这三者的追求目标并不一致，正是由于这种目标之间存在的固有矛盾，使得建立一套合理的奖酬制度成为一件比较复杂的事情。因此最佳的推销人员薪酬系统应实现对组织的需求、推销人员的需求及顾客的需求三者的平衡。

　　销售队伍是企业市场营销的主要组成部分，销售员工直接与客户接触，促成业务交易和货款回收，是公司获取利润的直接工作者。公司既要不断激励销售员工创造业绩，又要满足其工作成就感，为销售员工建立一个行之有效的薪酬制度。

　　销售是一项极具挑战性的工作，销售员工在工作中相对要遇到更多的挫折，因此容易感到沮丧，并丧失信心。合理的薪酬奖励是激励他们克服困难，力创佳绩的法宝。

一、推销人员薪酬设计应遵循的原则

推销人员薪酬设计应遵循以下几项原则。

（一）公平性原则

保证公司的薪酬设计对内具有公平性，让推销人员觉得只要在相同的岗位做出相同的业绩，都将获得相同的薪酬。薪酬的标准充分体现多劳多得的分配原则。

薪酬设计同行业水准

（1）如果薪酬水准较同行业类似工作的薪酬水准低，则难以吸引或保留可用的优良销售人员。

（2）如果薪酬水准较同行业类似工作的薪酬水准高，则必将增加销售成本。因而提高售价，从而可能减少销货量。

值得一提的是：参考同行业水准是有一定困难的，这主要是因为同行业间各种销售工作仍有较大的差异，而且又不易获得可靠的资料。

（二）激励性原则

薪酬制度必须能够给推销人员足够的激励，能够调动他们的积极性，取得最佳的销售业绩。当推销人员得到自己满意的报酬，他所感受的不仅是物质上的收获，还能体会到企业对其工作的肯定和认同，这会促使他进一步努力地工作。为达到激励目的，企业的薪酬制度要体现绩效优先，奖勤罚懒。建立一个能够激励员工不断奋发向上的心理环境。

（三）灵活性原则

理想的推销人员薪酬制度应该具有变通性，能够结合企业的实际情况进行调整。灵活性能适应企业不同地区、不同产品以及不同推销人员的需要。

（四）稳定性原则

稳定的薪酬制度能够保证推销人员有稳定的收入，保证其正常的工作和生活。此外，薪酬制度一旦建立，在一定时段上应保持相对稳定，经常变化的薪酬制度会使推销人员无法断定自己的努力将得到怎样的回报，会抑制他们的努力程度。

（五）控制性原则

薪酬制度应实现对推销人员的有效控制，这是企业保持推销队伍的稳定性并最终占领市场的关键。

二、推销人员的薪酬类型

根据企业的实际经验，推销人员奖酬制度大体有固定薪金、直接佣金和各个薪酬要素的组合等类型。

（一）固定薪金

所谓固定薪金是指无论销售额多少，推销人员在一定的工作时间内只获得固定数额的报酬。

1. 优点

（1）易于操作，计算简单。

（2）使销售人员有安全感。

（3）容易管理和控制推销人员，人员调整时矛盾比较少。

2. 缺点

（1）缺乏激励作用，不利于推销人员销售业绩增加。

（2）不能鼓励先进，有失公正，容易导致高绩效推销人员的流失。

（3）不管销量如何，都有固定销售费用支出，有可能成为新企业或衰落企业的负担。

3. 适用情况

（1）适用于需要集体努力的销售工作。

（2）一般情况下，固定薪金适用于接受培训的员工和只进行客户服务或宣传性销售活动的员工。

（3）当推销人员需要花费较长的学习期才能实现销售高效率时。

（4）当公司要进入新的销售领域或推销新产品时。

（二）纯佣金制

销售人员的收入由销售结果决定，通常是以销售额、回款额或销售利润来衡量。由于销售人员全部工资来自于销售佣金，所以在这种方案下无效率的销售人员最终会主动提出辞职。

1. 优点

（1）推销人员的收入直接与所期望的结果相联系，激励作用明显。

（2）有利于推销人员的优胜劣汰。

（3）有利于控制销售成本，使销售衰落期的成本减少到最小。

2. 缺点

（1）推销人员收入不稳定，缺乏安全感，难以建立对企业的忠诚。

（2）销售人员流失率高且抵制销售区域的改变，销售管理难度大。

（3）推销人员只关心业绩，可能产生强力推销，顾客满意度降低。

3．适用情况

（1）企业严格控制销售成本时。

（2）产品和服务只需开展较少的非销售工作时。

（3）雇佣兼职销售人员时。

这种方案通常用在直销公司、批发、保险、汽车公司、房地产公司等销售队伍中。

（三）混合方案

由于固定的薪酬制度缺乏弹性，对销售人员的激励作用较为不够，而且纯粹佣金制令销售人员的收入波动较大，对销售人员缺乏安全感。所以现在越来越多的企业采取了混合薪酬制度的方法，它即保证了销售人员的基本生活稳定又达到了激励销售人员的作用。主要有以下三种形式。

1．薪金加奖金

奖金按销售人员对企业做出的贡献多少发放。可鼓励销售人员兼做若干涉及非推销的销售管理的工作。具有较大灵活性但可能导致销售人员对销售额不够重视。

2．薪金加佣金

销售人员既有稳定的收入，又可获得随销售额增加而增加的佣金。有时佣金太少，激励作用效果不大。

3．薪金加佣金加奖金

综合了安全保证、激励效果、完成特定目标等优点，但管理复杂。

我国企业销售人员现行的薪酬形式一般是基本工资加提成，但如何对工资和提成进行组合？高工资低提成，还是高提成低工资？这些将直接影响销售队伍的工作积极性和业绩。

薪酬制度各有利弊，销售经理要视企业的具体情况进行选择，如考虑公司影响力、企业产品的特性、企业采取的营销方式、以及销售员工的工作性质、发展状况、管理制度等。同一企业中针对销售经理与普通销售员工的不同职责可采用不同的薪酬制度；知名度较高，管理体制趋于成熟，客户群相对稳定的企业，其销售额更大程度上是来自于公司整体规划和推广投入，采用高工资低提成。反之，如果一个企业处于起步阶段，需要依赖销售员工不断拜访客户以开拓市场，或是产品性质决定其需要不断开拓新的客户源，保持与客户的密切联系，利用低工资高提成的薪酬制度更能刺激销售员工的工作积极性。

三、推销人员的激励

激励在管理学中被理解为一种精神力量或状态，对组织成员起加强、激发和推动作用，并引导行为指向目标。一般来说，组织中的任何成员都需要激励，推销人员更是如此。推销人员需要更多的激励是由其工作性质决定的。推销人员的工作时间长短不定，并经常遇到挫折，所以要使推销人员保持高昂的斗志和良好的精神状态，把销售工作做到更好，企业就需要对销售人员进行适当的激励。

（一）激励的方法

激励操作的具体形式多种多样，按其内容可归为精神激励和物质激励两大类型。二者结合构成了激励的整体内容。通常精神激励需要借助一定的物质载体，而物质激励又必须包含一定的思想内容。例如奖状、奖章等精神激励就是直接借助物质形式体现的，而奖金、奖品等物质激励则意味着组织和社会对其成绩的认可，本身就含有精神价值。企业对销售人员的激励方法有以下几种。

1. 目标激励

目标激励是指企业为销售人员确定一些应达到的销售目标，并以目标完成的情况来决定对其进行奖惩的一种激励方式。目标激励是一个十分有效且可以常用的激励方法，尤其对推销人员更是如此。销售目标一般有销售额（量）、毛利额、客户总数、新开发的客户数、费用目标（如差旅费、业务费）和货款回收率等。其中制定销售额（量）、毛利额、回款额是企业普遍的做法。应注意：销售经理在给销售人员制定目标时，应考虑市场总体的现状、销售人员以往的销售业绩、所辖地区的销售潜力、销售人员对销售目标的认可程度等。在目标激励中，报酬制定应有利于鼓励业绩优秀的推销人员。

2. 物质激励

物质激励是指对业绩突出的推销人员给予晋级、奖金、奖品和额外报酬等经济手段进行激励的一种激励方式。以此来调动推销人员的积极性。物质刺激往往与目标激励联系起来使用。研究人员在评估各种可行激励的价值的大小时发现，物质激励对推销人员的激励作用最为强烈。

3. 销售竞赛

销售竞赛是利用奖金或其他报酬来激励推销人员完成管理层所确定的目标的一种激励方法。销售竞赛要有一个清晰、明确的目标，要有合理的设计和公平的评判标准和落到实处的奖励。对于获得新客户、销售选购商品或处理积压存货这类目标，销售竞赛最能发挥作用。销售竞赛在增强销售和鼓舞士气的同时，也会带来一些不良后果。销售竞赛常常会导致进货过多，过度推销等，因此在选择销售竞赛方法时，也应注意防止负面作用。

【小案例】

大地之光清洁产品公司生产并销售家庭地板清洁产品，公司有很多产品分销渠道，从小杂货店、便利店到巨大的廉价商场。销售经理文斯·科尔曼要求区域销售经理鲍勃·赫曼一起协助他完成第四季度特定的销售任务，以达到年终目标。赫曼认为销售竞赛将是一个用来促进这一区域第四季度销售的最佳的方法。

赫曼所在的区域拥有 100 名推销人员，其中大约 20% 是女性。这个区域被划分成 5 个区，每个区有 20 名推销人员。为了避免推销人员之间的互相竞争，在竞争期间销售积分最高的推销人员将获得"优胜者"的称号并获得一次棒球露营旅行。大多数推销人员认为，他们可以增加销售额，不论是通过向当前的客户更多地推销还是寻找新的客户。一些推销人员要求客户提前购买，另外一些推销人员则要求客户订购比平常多的产品，否则取消其应得的激励。为了获得新客户，一些推销人员与那些信用很差的客户打交道，因为就算顾客没有支付能力，在比赛结束之前是不会表现出来的。

大约在比赛进行到 1/3 的时候，第三区的一名推销人员丹·泰特将获得一个新的大客户，这意味着他的销售额将大大增加。第三区的其他推销人员对比赛失去了热情。

当比赛就要结束时，赫曼注意到，销售并没有增长到他想象的那么多。此外女性推销人员并没有显著的销售增长。赫曼开始考虑，到底是哪出了错。

【分析提示】 这是一次失败的销售竞赛。案例说明销售竞赛应对所有销售人员都有激励作用，进行销售竞赛要防止出现过度推销等负面影响。

4. 晋升激励

晋升激励是指企业预留一些职位或对一些职位给出明确的任职条件，遵循能上能下的原则，对做出成绩并达到任职资格的销售人员给予相应晋升的一种激励方式。对于绝大多数推销人员而言，他们都会有晋升的愿望，希望得到更高的职位。有些采用销售人员定级管理的企业也常采取对销售成绩突出的人员予以晋升一级的办法，也是一种晋升激励。

5. 榜样激励

榜样的力量是无穷的，尤其是在身边的榜样。作为销售经理要善于运用成功的案例来激励推销人员，将本企业的优秀销售人员作为学习和赶超的目标，增强其工作的动力和增加克服困难，争取成功的决心和信心。有的企业通过每年评选"销售冠军""销售精英""星级销售员"等来激励销售人员，激励效果不错。

6. 工作激励

进行工作激励首先应合理分配销售任务，尽可能使分配的任务适合推销人员的兴趣、专长和工作努力。其次是利用"职务设计"方法，这一方法是美国管理学家哈克曼提出的，他指出如果在职务设计中充分考虑到技能的多样性、任务的完整性、工作的独立性，并阐明每项任务的意义以及设置反馈环节，就可以使员工体验到工作的重要性和所负责任，并及时了解工作的结果，从中产生强烈的内在激励作用，形成高质量的工作绩效及对工作的高度满足感，大大减少离职率及缺勤率。工作激励的关键是知人善任。

7. 荣誉激励

从人的动机看，人人都具有自我肯定、光荣、争取荣誉的需要。荣誉是企业为表彰做出的优异成绩推销员而授予的各种光荣称号（颁发奖状、徽章、荣誉证书、奖旗、授予称号等），是一种较高层次的激励，它表明一个人的社会存在价值。对推销人员贡献的公开表彰，可以满足他们的自尊，激发人们奋力进取，达到激励的目的。奖金、徽章或荣誉证书正是表明组织对推销人员工作业绩的认同，也强化了他们对组织的认同。对于一些工作表现比较突出、具有代表性的先进员工，给予必要的荣誉奖励，是很好的精神激励方法。荣誉激励成本低廉，但效果很好。所以企业负责人应深入了解销售人员的实际需要，他们不仅有物质生活上的需要，而且还有诸如理想、成就、荣誉、尊敬、安全等方面的精神需要。尤其当物质方面的需要基本满足后，对精神方面的需要就会更强烈一些。如有的公司每年都要评出"冠军推销员""推销状元""推销女状元"等效果很好。

【小案例】

拿破仑主张对军队"不用皮鞭而用荣誉来进行管理"，认为一个在伙伴面前受了体罚的人是不能对荣誉有所感受的。在征服意大利的一次战斗中，拿破仑夜间巡岗查哨，发现一名士兵斜倚着树根睡着了。他没有喊醒哨兵，却拿起枪替哨兵站岗。哨兵从沉睡中惊醒，认出了正在替自己站岗的司令官，十分恐慌和绝望，跪倒在他跟前，请求处罚。拿破仑和蔼地说："朋友，你们艰苦作战，又走了那么长的路，打瞌睡是可以理解的。但是目前，一时的疏忽就可能断送全军。我正好不困，就替你站个哨，下次可要小心。"众所周知，哨兵在岗位上睡觉，是要以军纪论处的，但拿破仑对长途跋涉、疲惫不堪而偶尔失职的哨兵却没有那样做，而是带着关爱的情感批评哨兵，这就使得哨兵从内心拥护他，爱戴他，不折不扣地执行他的命令。1799 年，法军从叙利亚撤退时，由于鼠疫猖獗，法军患者甚多，其他伤病员也不少。拿破仑在撤退的命令中明确规定，把所有的骡马和车辆全部用来载运伤病员，全体高级将领都必须步行，不准有任何特殊。当时，管理马匹的军官，认为总司令应该例外，就请示拿破仑留下一匹马供其使用。拿破仑勃然大怒，吼道："全体步行，我第一个先走。难道你不知道命令吗？"这个举动，迅速传遍全军，形成巨大的影响力。正是拿破仑本人的坚毅果敢和在关键时刻的以身作则，对于保持部队高昂的士气、走出当时所处的困境，起了巨大决定性作用。一个优秀的领导者，就应该通过自己的示范行为，去激发部属的积极性和荣誉感，给下级以信心和力量，自觉地去维护和争取荣誉。

【分析提示】对于员工来说，物质是基础，精神才是归宿，荣誉的力量是无限的。

8. 授权激励

加强推销人员的工作职责和挑战性，并授予他们相应的权力也是一种有效的激励方法。给推销人员独立完成工作的责任与权力意味着组织对他们的信任和支持，进而会对他们产生一定的激励作用。多变的市场环境和销售组织柔性化的发展趋势，使对推销人员适度放权也成为一种现实需要。给推销人员更多的职责和更大的权力，可以使他们获得更强的自尊心和自信心，并且感到自己不仅拥有自己的工作，并且还要对工作的结果负责，这必然增强其工作的努力程度，更利于工作目标的完成。

【小案例】

诸葛亮事必躬亲

熟悉三国故事的人都知道，蜀汉后期，诸葛亮执掌朝纲，凡朝中事不论大小，都要过问，几乎把所有的权力都集中到自己身上，北伐中原的前线军事指挥、粮草供应、朝中官吏任免、国家的农业生产、商品贸易等等。主簿杨颙曾经劝谏诸葛亮："我常见丞相亲自校对薄书，我认为没有这个必要。治理军国，自有体统，上下不可相互混淆。譬如治家之道，必然是仆人耕田，婢女做饭，这样都有事情可做，也都有所收获，一家之主则从容自在，高枕无忧。如果主人亲自劳作，必然形神皆瘁，终一事无成。难道主人的智力不如仆人、婢女吗？当然不是，而是这样做的话便失去了主人应有的身份。"诸葛亮听完后，不由得泪流满面，说："我不是不知道这些，但我受先帝托孤之重任，怕别人不像我这样忠心啊！""政事无巨细，咸决于亮""杖二十以上亲决"，其负面效果就是直接导致蜀汉朝廷在一旦缺乏了像诸葛亮这样强势而又出色的政治人才以后，政治上整个统治机构出现了"主暗而不知其过，臣下容身以求免罪，入其朝不闻正言"的局面，经济上则是经其野，民皆菜色，蜀汉政权也是江河日下。当司马懿派出的间谍向他汇报，诸葛亮日食不过数升，公务繁忙至极时，司马懿就高兴得不得了，因为他知道诸葛亮已经支撑不了太长时间了。

【分析提示】这个案例从反面说明了授权激励的作用。

9. 培训和发展机会激励

随着知识经济的扑面而来，当今世界日趋信息化、数字化、网络化。知识更新速度不断加快，使员工知识结构不合理和知识老化现象日益突出。他们虽然在实践中不断丰富和积累知识，但仍需要对他们采取等级证书学习、进高校深造、出国培训等激励措施，通过各种培训充实他们的知识，培养他们的能力，给他们提供进一步发展的机会，满足他们自我实现的需要。

（二）激励组合

推销人员的激励方法和途径很多，企业在对其进行激励时，必须根据管理的实际情况，灵活选择，合理组合。必须承认，个体的差异性，职业生涯的差异，家庭状况的差异，年龄的差异等都会不同程度地影响推销人员对不同需求的认知程度，因而会对同样的激励方法产生不同的应激力。管理者在决定通过满足需要来激励推销人员之前，必须知道他们的需要是什么，如果忽视了这一点，失败是经常发生的。依据推销人员的个体情况，针对性地采取相应的激励方法，形成一种有效的激励组合对于管理者来说是一项重要的工作，也是充分发挥激励作用的艺术。

【小案例】

一个部门来了两个推销人员。一个推销人员从来没有做过电脑硬件的销售，也没有很好的销售经验。另一位推销人员年龄比他大六七岁，在一家很著名的 IT 行业的公司做过几年的销售。部门销售经理在与他们进行面谈的时候，发现那位年龄大一些的推销人员在经验上和销售技巧方面都远远超过新推销人员。但是第一个季度过去了新推销人员完成了任务而老的推销人员没有完成任务。销售经理仔细地与老的推销人员一起讨论手中每一个客户的情况，结果发现他根本不了解他的客户，这说明他几乎没有花时间和客户在一起。询问其原因，他终于将原因说了出来：他进入公司以后的第一个季度，他们部门的经理离开了，新的经理上任以后调整了他的客户，他的心态受到了打击，觉得即使每天去见客户并与客户建立了良好的关系，客户也可能被分走。销售经理立即将一份准备好的 PIP（业绩提高计划）拿出来，要求他必须在两月时间内完成本季度任务的 60%，最终要 100%地完成本季度任务。销售经理告诉他："我理解你为什么会有这样的想法，但是我不能原谅你拿着公司的薪水，却不履行自己作为推销人员的职责。"这意味着如果不能在限定的时间内完成规定的任务，他要开始找新的工作了。这个季度结束的时候，他超额完成了销售任务，拿到了往常没有拿到的销售奖金。

【分析提示】 这个案例说明销售人员存在个体差异，激励方法要有针对性。

任务 三 推销人员的培训

在买方市场和产品同质化程度越来越高的今天，企业要树立和维护良好的企业形象，推销员要创造不凡业绩，必须不断提高推销员综合素质，才能保持竞争力。提高推销员素质要靠员工培训去实现，所以许多公司十分重视对销售队伍的培训。

一、培训的作用

推销人员的销售技能不是天生就有的，而是后天通过培训和实践获得的。销售培训的目的是培养推销人员的素质和能力。具体作用可表现在以下几个方面。

（一）增强销售技能，提高业绩水平

相同的产品由不同的推销人员销售会产生不同的效果，这反映出推销技能的差异。培训正是要把好的推销技能在组织内进行合理传授。通过销售培训，缩短了新推销人员"成长"的时间，使销售经验能成为大家共享的资源。此外随着环境的不断变化，科学的方法和手段也不断融入销售技能之中，推销人员要保持自己销售技能不落伍，必须进行持续培训以提高业绩水平。

（二）提高推销人员素质，维护企业形象

在商务活动中，推销人员代表的是企业的形象，顾客会从推销人员的知识、素质以及言谈举止中判断他所代表的企业。推销人员具备较高的素质，能对顾客产生良好的人格影响力、赢得顾客的信任和尊重，从而在顾客心目中塑造良好的企业形象；反之，素质低劣的推销人员，有可能会做出一些危害企业

利益的事，如不适当的承诺，缺乏诚信，贿赂顾客等，这必然会损害企业的形象和利益。因此通过培训提高推销人员的素质，对企业树立形象、获取更大利益的作用是十分明显的。

（三）提高推销人员的自信心和独立工作能力

销售工作面对各种不同类型的顾客，出现挫折甚至遭到羞辱是经常可能的，推销人员必须具备坚强的意志和非凡的耐心。能够忍受孤独的压力，用超乎寻常的自信和独当一面的工作能力去克服困难取得成功。有些推销人员面对各种困难的挑战，可能会缺乏自信，感到自卑和恐惧，特别是那些刚走出校门没有工作经验的新人，甚至会对自己的职业选择产生怀疑。因此企业对这些人员的培训是不可缺少的，通过培训让他们充分了解销售工作的特点，正确对待挫折以及克服挫折带来的孤独感和屈辱感，树立他们的自信心和提高独立工作的能力。

（四）降低人员流失率，稳定销售队伍

企业通过培训使推销人员提高自信心和独立工作能力，提高销售业绩，增加个人收入并产生成就感。这将大大提高推销人员对企业的归属感，降低他们的离职率，保持企业销售队伍的相对稳定。

（五）培养创造力，改善与顾客的关系

企业的产品能否最大限度地给顾客带来效用使顾客满意，有赖于推销人员是否具有服务顾客的创造力，是否具备现代营销知识，是否掌握销售理论、技术、方法以及各种必要的新知识。如果推销人员能够充分发挥创造力为顾客服务，使顾客满意，企业与顾客的关系就能长久稳定。特别是当推销人员能熟练、迅速地排除异议，帮助顾客解决问题时，那么顾客的忠诚感就会很快形成。

此外，一个人无论何时参加一个新组织，都需要同化到该组织的信念和活动中，这个同化过程叫社会化。销售队伍社会化是推销人员获得知识、技能和价值的过程。这个过程从组织第一次进行公开招聘开始，求职者更可能选择那些目标和价值与自己一致的组织。培训在销售队伍社会化过程中起着关键作用，新进的推销人员通常要接受公司的基本情况培训，公司通过基本培训提高销售队伍的社会化。需要说明的是培训是持续不断的。

二、制订与实施培训计划

（一）制订培训计划

培训计划的内容包括：确定培训内容、目标、选择培训师、选择培训对象、地点、方法。

1. 确定培训内容

确定培训内容就是根据企业状况进行培训需求分析，即确定员工是否需要培训，哪些方面需要培训的分析。企业存在的主要销售培训内容有：

（1）企业知识培训

企业知识的培训主要是针对新招聘的推销人员而言的，让他们了解基本概况。包括企业历史和成就，企业经营理念、现有的竞争地位、发展目标、组织架构、企业文化，从而尽快消除新招聘推销人员的陌生感并认同企业文化。使推销人员了解本企业的推销制度、方法、工作步骤等，使推销工作程序化、制度化。

（2）产品/行业知识培训

推销人员必须对本行业及本企业的产品有全面深刻的了解，产品知识培训可能涉及企业所有产品线、品牌、产品属性、产品原理、产品结构、产品性能、优劣势分析、产品的质量、使用材料、产品的包装、产品价格、使用维修保养、售后服务以及竞争产品在价格、构造、功能以及兼容性等方面的知识。推销人员全面掌握了产品知识，向顾客熟练地解释和回答有关产品方面的疑问，实事求是地把竞争者的产品同本企业的产品进行比较，同时也能使顾客了解产品的操作和使用方法，从而提高顾客对产品的购买兴趣，也增强推销人员的推销信心。行业知识包括行业动态、行业发展趋势、国家制订的行业相关政策法规、竞争对手状况等。

（3）顾客知识培训

在竞争的环境里，推销人员必须以顾客为导向才能成功，因此推销人员必须了解顾客。每个顾客的重点和问题都不同，推销人员要研究顾客类型、购买动机、购买习惯，学习如何鉴别和适应不同类型顾客的要求，以及如何对他们的要求做出反应；另外要了解本企业顾客的基本情况，包括顾客的地区分布、采购政策、购买动机和模式、经济收入以及习惯偏好等。

（4）销售技巧培训

掌握销售技巧和展示技巧，区域市场拓展技巧，双赢谈判技巧，学会揣摩顾客的心理，用最有效的方法去说服顾客。这是对推销人员进行培训的一项关键内容。

除以上培训内容外，客户管理、团队合作、时间管理、企业规章制度、基础财务管理、经济法、商务礼仪、职业形象塑造等也是培训重点。

2. 培训目标

企业的培训目标很多，主要包括发掘推销人员的潜能；增加推销人员对企业的信任；训练推销人员工作的方法；改善推销人员工作的态度；提高推销人员工作的情绪；奠定推销人员合作的基础等。最终目的是提高推销人员的综合素质，以增加销售，提高利润水平。企业的每次培训至少要确定一个主要目标。通过建立目标可更好地决定培训的顺序，也为评价培训的效果提供了标准，更有可能获得高层的预算支持。

3. 选择培训教师

培训教师承担具体的培训任务，是传授知识和技能的人。在培训中，培训教师的选择非常关键。培训教师素质的高低、意愿能力、教学方法都关系到培训的效果和质量。企业面对不同的培训内容和对象，可选择来自内部和外部不同的培训教师。

（1）内部培训师。很多企业拥有专职的培训人员，销售经理和高级推销人员也是内部培训师的人选。内部培训师熟知工作需求，可以用各种形式与受训者沟通，可进行现场培训，可简化控制和协调工作。不足之处是专职的培训人员不如外部专家那样能满足推销人员的特殊需要，而销售经理和高级推销人员由于不是专门的培训教师，缺少培训经验，培训效果不一定理想。

（2）外部培训师。外部培训师可以是销售培训的专业顾问，也可以是大学营销专业的资深讲师。这些外部培训师被认为更有权威性。不足之处是培训的成本高。

4. 选择培训对象

一般情况下，企业有三种类型的员工需要培训：一是新推销人员，培训目的是使他们尽快熟悉销售工作；二是有经验的推销人员，培训目的在于提高销售效率（企业推销人员中业绩处于中等水平的 60% 的推销人员是培训后投资回报最大的部分）；三是销售经理，企业期望他们掌握管理知识、提高管理技能。

【小案例】

丰田公司长期以来非常重视对员工的培训，实行全员全过程培训体系，主要包括三方面内容：（1）新员工培训：目的是使新员工成为一个真正的"丰田人"，培训为期半年，首先是一般教育，传授企业概况、公司业务内容等，然后进行工厂实习，接着是维修实习、销售实习。这样新员工对汽车的生产、维修及销售都有了实际的体验。在各销售店，新员工的训练指导由汽车销售公司的老推销人员承担。（2）推销人员的继续教育：具有两年以上销售经验的推销人员需到公司进修中心接受继续培训，利用讲座、角色扮演等形式学习提高推销技巧。此外，对于晋升人员要进行相应培训。（3）经销店负责人的培训：每年举办多次"经销店负责人讲座""经销店负责人讨论会"等，通过讨论会汽车销售公司希望把经销店的经营者培养成能适应经济环境变化的人，进而加强汽车销售和经销店的联系，互相沟通思想。丰田就是通过培训制度全面提高了企业的整体素质。

【分析提示】案例说明全方位的培训制度是企业提高竞争力的法宝。

5. 选择培训地点

根据培训地点的不同可分为集中培训和分开培训。集中培训是培训企业所有的推销人员，主要是在一般知识和态度方面的培训，并由总公司举行，以保证培训的质量和水平。分开培训是由各分公司分别自行培训其推销人员。有特殊培训目标的可采用此法，可以结合推销实践来进行。通常企业培训的地点为办公室、中心培训地、饭店、会议中心、其他地点等。

6. 选择培训方法

常用的培训方法主要有以下几种方法，企业可根据实际情况选择合适的方法。

（1）课堂培训法。这是一种课堂教学培训方法，一般由销售专家或有丰富推销经验的推销人员采取讲授的形式将知识传授给受训人员。这是应用最广泛的培训方法，一个培训教师可以同时对多名推销人员进行培训，所以费用较低，并能增加受训人员的实用知识。缺点是此法为单向沟通，受训人获得讨论的机会较少，讲授者也无法顾及受训人的个别差异。

（2）会议培训法。这种方法一般是组织推销人员就某一专门议题进行讨论，会议由主讲老师或销售专家组织。此法为双向沟通，受训人有表示意见及交换思想、学识、经验的机会，培训教师在会议过程中可以有针对性地就某一专题组织讨论。

（3）模拟培训法。这是一种由受训人员亲自参与并具有一定实战感的培训方法，为越来越多的企业所采用。其具体做法又可分为：实例研究法、角色扮演法、业务模拟法等。

实例研究法是一种由受训人分析所给的推销实例材料，并说明如何处理实例中遇到问题的模拟培训法。

角色扮演法是一种由受训人扮演销售人员，由有经验的销售人员扮演顾客，受训人向"顾客"进行推销的模拟培训法。

业务模拟法是一种模仿多种业务情况，让受训人在一定时间内作出一系列决定，观察受训人如何适用新情况的模拟培训法。

（4）实地培训法。这是一种在工作岗位上练兵的培训方法。在新来的推销人员接受一定的课堂培训后即可安排在工作岗位上，由有经验的推销人员带一段时间，然后逐渐放手，使其独立工作。这种方法有利于受训者较快地熟悉业务。

对推销人员培训方式可灵活多样，根据需要可采取脱产培训或不脱产学习形式。既可以送出去培训也可以把有关营销专家请进来举办讲座，还可以组织优秀的销售员现身说法等相互交流，提高整个培训的效果。

（二）实施培训计划

培训程序的最后一步是实施培训计划，要保证培训的实施必须做到三落实，即人员落实（培训师、受训者、管理者）、经费落实和时间落实。

三、培训效果评价

1. 成本—效益评估

培训成本主要包含直接成本和间接成本。

直接成本是指设备、设施、人事和材料四类；间接成本是指误工时间、仪器损耗、追赶时间三类。

培训效益主要包含财务指标和非财务指标。

财务指标是指企业利税增长率，销售管理费用降低，销售收入增长率；非财务指标是指市场占有率，企业排名上升，销售管理规范，人员流动率，创新能力等。

2. 员工满意度评估

培训的员工满意度主要针对企业内部员工满意度和企业外部员工满意度。

企业内部员工满意度：是指经培训后的他人对培训员工的满意度和受训员工自身满意度两方面，具体表现形式为缺勤率、抱怨率、离职率以及团队合作沟通等。

企业外部员工满意度—是指经培训后直接外部顾客满意度—表现形式为最终顾客满意度（产品投诉率，返修率和忠诚度），分销商满意度（销售订单、经销积极性、产品陈列、销售目标）；间接外部顾客满意度—表现形式为银行满意度（信用等级）、社区满意度（社区环境劳动就业）、政府满意度（公益事业）。

总之，销售培训是个系统的包装策划工程，企业在实施销售培训时从源头的培训调查直至培训后的绩效评估，应作出规范的适合本企业现状的培训流程制度。

通过培训的执行，来激励销售员工创造性地继承和发展国内外营销界多年来的知识和经验，提升销售团队和个人综合素质，并在销售实践中发挥出巨大的潜力。

任 务 四 推销人员的绩效评估

一、推销人员绩效评估的含义

推销人员绩效评估，就是按照一定的标准，采用科学的方法，对推销人员的品德、工作绩效、能力和态度进行综合的检查和评定，以确定其工作业绩和潜力的管理方法。具体地表现为对推销业务的核算。这是企业经营管理过程中不可缺少的重要环节。它对于提高推销人员能力，改善推销人员培训方案方法，提高推销工作效率提高企业的整个推销活动效果有着直接意义。

二、推销人员绩效评估的目的

推销人员绩效评估的目的主要在于分析推销工作及业务的效果，从中探索规律，总结经验教训，以便进一步改进和制定新的推销计划，进行科学决策。

1. 提高推销人员的业绩

如果推销人员了解绩效评估的标准，就会引导推销人员向此目标努力。绩效评估可使管理层能够发现那些优秀销售员使用的销售技术，并将其在其他销售人员中推广从而提高整个销售队伍的绩效；通过绩效评估，管理层能够发现推销人员弱项从而确定推销人员的具体培训需求，有针对性地加强培训。

2. 约束推销人员行为，促进销售队伍的良性竞争

绩效指标有些会明确告诉员工哪些是应该做，自己所做的工作是否与绩效指标相符合，约束员工日常行为和管理规范。科学的考核、公平的奖酬对激励推销人员有着重要的影响。绩效评估的结果可以保证推销人员薪酬的调整、奖金的发放与其实际的努力与成果相匹配；在销售队伍管理中，如果销售人员的升职和提薪都是以客观的绩效数据为基础，而不是基于偏袒、主观观察或者别的意见，那么就会显得公平、公正，有力推进销售工作。

3. 为任务（地区）分配决策提供依据

有助于发现改进销售计划的需要。管理层以绩效评估的标准对推销人员进行绩效评估，能够发现营销系统的不足，通过对销售计划的改进，将使计划更加准确、合理。

4. 为人力资源管理工作提供信息支持（招聘标准、提升与辞退）

推销员绩效评估的标准从某种程度上也可以是推销人员的招聘标准，而绩效评估的结果能够对推销人员是否适合销售岗位做出客观准确的判断，也可能会发现在管理方面具有潜能的销售人才，所以绩效评估是进行人事决策时重要的参考指标。

三、推销人员绩效评估的原则

为了保证绩效评估的科学性、有效性，企业在对推销人员进行绩效评估时应遵循以下原则。

1. 评价标准设计动态

绩效考核的指标设计必须科学、合理。绩效考核是一个过程，在实施过程中需要逐步调整，使指标和权重的设定更加科学合理，使实施过程趋于完善。绩效评估的过程客观公正。

2. 和奖惩制度挂钩，不流于形式

企业的产品推销工作是通过推销人员来完成的，如果没有一个赏罚严明的评估制度，企业的销售工作将陷入混乱，当有人可以滥竽充数时，那些积极并有能力的人自然不愿再努力。所以绩效评估要体现出激励性。

四、推销人员绩效评估的指标的设定

设定绩效考核指标必须符合 SMART 原则：

S：（Specific）——明确的、具体的，指标要清晰、明确，让考核者与被考核者能够准确的理解目标；

M：（Measurable）——可量化的。一家企业要量化老板、量化企业、量化组织架构。目标、考核指标更要量化，比较好、还不错这种词都不具备可量化性，将导致标准的模糊，一定是要数字化的。没有数字化的指标，是不能随意考核的，一考核就容易出现误差；

A：（Attainable）——可实现的，目标、考核指标，都必须是付出努力能够实现的，既不过高也不偏低。比如对销售经理的考核，去年销售收入 2000 万，今年要求 1.5 亿，也不给予任何支持，这就是一个完全不具备可实现性的指标。指标的目标值设定应是结合个人的情况、岗位的情况、过往历史的情况来设定的；

R：（Relevant）——实际性的、现实性的，而不是假设性的。现实性的定义是具备现有的资源，且存在客观性、实实在在的；

T：（Time bound）——有时限性的，目标、指标都是要有时限性，要在规定的时间内完成，时间一到，就要看结果。如要求 2000 万的销售额，单单这么要求

是没有意义的，必须规定在多长时间内完成 2000 万的销售额，这样才有意义。

五、推销人员绩效评估的指标要素

（1）工作业绩评价指标：数量、质量、效率（效益）。

（2）工作能力评价指标：专业知识、相关知识；技能、技术、技巧；工作经验；体力（见表 9-1）。

表 9-1　某企业员工人际交往能力等级对照表

	A	B	C	D
关系建立	易与他人建立可信赖的积极发展的长期关系	能够与他人建立可信赖的长期关系	较为自我，不易与他人建立长期关系	刚愎自用，不易与他人相处，自我封闭
解决矛盾	巧妙地和有建设性地解决不同矛盾	能够解决已发生的矛盾，不至对工作产生大的负面影响	解决矛盾的手法生硬，影响工作顺利进行	遇到矛盾不知如何解决

（3）工作态度评价指标：纪律性、协调性、主动性、责任感、自我开发（见表 9-2）。

（干涉变量）

表 9-2　责任感：在工作职责的基础上，完成任务的意识

级　别	定　义
一级	根据一般职责要求，基本完成工作目标
二级	根据工作标准来完成工作目标
三级	严格执行工作标准，有高度的自觉性与主动性
四级	对工作标准进行审视，能够提出改善意见
五级	能对整体工作方法、流程进行分析，并提出改善方案

（4）工作潜力评价指标：具有但未在工作中发挥出的能力

例如，工作态度指标

六、考评资料的搜集

在进行销售员业绩考评时，对销售人员的资料、信息搜集方面一定要全面和充分。资料的来源主要有销售人员的销售报告、销售情况记录、客户的投诉

和意见、工作态度和表现以及公司内其他职员的意见等。其中，最重要的来源是销售报告，这是考评销售人员的主要依据。

1. 销售员的销售工作报告

销售报告主要包括销售活动计划报告和销售业绩报告。其中销售活动计划分为年度市场营销计划和日常工作计划报告等。许多公司要求销售人员制定终端销售的年度计划，在计划中提出发展新客户和增加与现有客户交易的方案，或要求销售人员对销售区域的发展提出一般性意见，列出详细的预计销售量和利润估计。并有销售经理将对计划进行研究，提出建议，并以此作为制定销售定额的依据。销售员的日常工作计划由销售员提前一周或一月提交，说明计划进行的访问和巡回路线。销售主管接到业务代表的行动计划后，有时会与他们接触，提出改进意见等。

2. 企业销售记录

销售员的有关销售记录如终端客户情况记录、区域的销售记录、销售费用的支出等，都是评估销售员的宝贵资料。

3. 顾客及社会公众的评价

在评估销售人员时要调查销售员有无客户的投诉，要听取客户的意见。有些业务人员业绩很好，但在客户服务方面做得并不理想，这样会影响销售工作的进一步开展。

4. 工作态度和表现

销售员在平时的工作态度和表现也应当列入考评范围，一个销售人员的工作业绩再好，若工作态度和表现不好，也不是一个优秀的销售人员。

七、常用推销人员绩效考核的指标

常用的推销人员绩效考核指标主要有以下两类。

1. 基于成果的考核定量指标

一般常用的终端销售人员定量指标主要有以下几个方面：

（1）终端的开发数量：用来衡量销售员的开发能力。

（2）销售量：用于衡量销售增长状况，是最常用的指标。

（3）访问率（每天的访问次数）：为衡量销售人员的努力程度，但不能表示推销结果。

（4）访问成功率：为衡量销售人员工作效率的指标。

（5）平均订单数目：多与每日平均订单数目一起用来衡量、说明订单的规模与推销的效率。

（6）销售费用：用于衡量每次访问的成本。

（7）销售费用率：用于衡量销售费用占销售额的比率。

（8）新开发终端数目：这是开辟新客户的衡量标准。

（9）终端风险率：用于衡量销售员的结帐能力和抗风险意识。

（10）毛利：用于衡量利润的潜力。

（11）销售完成率是指实际销售完成量/销售任务 × 100%，主要考核员工任务完成情况。

（12）销售额增长率是指本月销售额减去上月销售额/上月销售额 × 100%，主要考核销售的进度。

为了实现最佳评核，企业在判定评核标准时应注意以下问题：一是销售区域的潜量、区域的差异、经济状况等因素对业务效果的影响；二是一些非数量化的标准很难求得平均值，如合作性、工作热忱、责任感、判断力度。

2. 基于行为的考核

基于行为的考核是定性指标，用定性指标来考核不可避免会有些主观，为了使其有效，应当再实地考察。这些指标有以下几个方面。

（1）推销技巧

友好关系的开发与建立；

顾客需求的确认和发现问题的能力；

推销介绍的水平；

视听辅助工具的采用；

处理异议的能力；

促成交易的能力；

（2）与顾客的关系

销售人员受顾客的欢迎吗？

顾客对销售人员的服务、建议和可靠性满意还是经常满腹牢骚？

（3）自我组织能力

销售人员对以下几条的实施情况如何？

推销访问准备　时间管理；

计划路线以避免无效果出行；

保持顾客最新状况的记录；

向总部提供市场信息；

对自己的绩效进行自我分析以克服自己的弱点。

（4）产品知识

对以下几点销售人员掌握多少？

自己的产品、顾客的利益和二者的联系；

竞争产品、顾客的利益和二者的关系；

自己的产品和竞争产品之间的优缺点。

（5）合作与态度

考察销售人员对以下几点的表现情况：

为完成管理部门的既定目标而努力工作，例如增加对准顾客的调查次数；

为提高推销技术而采纳实习训练中的和其他正确的建议；

是否具有积极主动性；

他对企业和企业产品持何种态度？

他对艰难的工作持何种态度；

推销人员在销售工作中的其他成功特征：举止与礼貌、主动性、团队意识等。

八、推销人员绩效评估的方法

企业对推销人员绩效评估的方法有很多，这里主要介绍以下四种方法。

（一）量表评价法

量表评价法是根据设计的等级评价量表来对推销人员进行评价的方法。这是目前应用最广泛的绩效评估法。无论推销人员的人数是多还是少，这种方法都适用；而且这种方法评价的定性定量考核较全面，故多为各类企事业单位所选用。

量表评价法是一种比较科学的量化考核方法，在考核中，考评人员主要按照预先设计好的量表来对量表评价法进行全面评价。实际运用中的量表形式多种多样，但其基本结构主要由两大部分构成，一部分是用以规定考核内容的指标体系，另一部分是用以表示各种指标相对重要程度的权数体系。

（二）排序法

所谓的排序法是通过将被考核者的业绩与其他人进行对比，将所有的被考核者排出一定的顺序来评价员工工作的考核方法。

在大部分的绩效考核方法中都会用评分来表明被考核者的工作业绩，但排序法不同，在排序法中是用对比来评价被考核者的工作业绩。

排序的形式分简单排序、配对比较和强制分布几种。简单排序是要求评定者依据工作绩效将员工从最好到最差排序。如有的公司在公司内部树一个排行榜，将销售人员根据其销售业绩进行排序，这比较适合于单价较低产品的终端销售。

配对比较法则如同"循环赛"一样，是将每一个员工进行比较，通过"积分"的多少，排出员工业绩的顺序。

强制分布是要求考核者将被考核者按一定比例的要求分派到每一个档次上，如业绩突出的占25%，中等的占65%，业绩不佳者占10%之类。强制分布的理论依据来自社会学的分层理论，这一理论发现，依据某个标准，任何一个群体在经过一段时间后都会自动产生分化，并且分化的结果符合统计学中正态分布的规律（见表9-3）。

表9-3 某企业考察孙、于、刘三位推销员的沟通技能

	非常好	好	一般	较差	差
孙	□				
于		□			
刘			□		

等级排序法能按每一标准对推销人员绩效进行区分但根据每个绩效标准排出所有推销人员的等级是复杂而困难的，因而实用性较差。

（三）目标管理法

目标管理法是最为传统的考核方法之一，一般以定量考核为主，主要考核

销售部门员工的销售业绩。目标管理法强调目标明确，即公司高层制定明确的任务，任务分解到每个员工，然后，以月为周期考核员工销售完成情况，让员工清楚自己的完成任务的情况，对员工起到有效的监督作用。目标管理法更有针对性，偏见与误差较少但较费时费力。

（四）360°绩效考核法

360°绩效考核法是指通过被考核人的上级、同级、下属和客户等，从不同职位、不同岗位、不同角度、不同部门等人的视角来考核员工的工作能力和业绩，从而得到较为客观和全面的考核信息。

这种方案优点如下：

第一，相对公正、公平，不同层面的人员对员工自身的素质能力、工作绩效的考核，利于考核结果的全面、客观评价；

第二，减少考核结果的偏差；

第三，这种评价过程中促成公司员工之间的交流和沟通，便于员工在以后的工作中进行换位思考，这提高了团队的凝聚力和工作效率。

六、绩效信息的运用

通过不同的方法对推销人员的行为、职业发展、结果和获利的评估，为企业提供了绩效的信息。企业管理层的关键任务是运用这些信息提高推销人员的绩效水平。即应用相关依据评估销售人员，确定每个推销人员的绝对和相对绩效，提供奖酬的依据。一旦有了评估的结果则需要比较评估结果以确定问题的范围，找出绩效问题的原因并决定销售管理行动解决问题。

（一）常见的绩效问题、原因和管理行动

问题一：未完成销售定额。

原因：定额不正确、客户覆盖不佳、销售访问太少。

管理行动：重新确定定额、分配销售区域、更密切监督，开发激励项目等。

问题二：未完成行为定额。

原因：定额不正确、努力不够、质量不佳。

管理行动：重新确定定额、开发激励项目、更密切监督、启动培训项目、

增加人员等。

问题三：未完成赢利定额。

原因：定额不正确、边际收益低费用高。

管理行动：重新确定定额、改进奖酬系统、使用激励项目、更密切监督等。

问题四：未完成职业发展。

原因：定额不正确、培训不够。

管理行动：重新确定定额、启动培训项目、开发激励项目、改进招聘方式等。

（二）绩效改进面谈

绩效评估的一个很重要目的就是改进绩效。但绩效评估工作之后，对推销员的考核结果常会出现无反馈现象。主要原因在于考核者不愿将考核结果及其对考核结果的解释反馈给被考核者，考核行为成为一种暗箱操作，被考核者无从知道考核者对自己哪些方面感到满意，哪些方面不满意，哪些需要改进。绩效评估失去它的意义。所以推销人员的绩效评估结束后，销售经理应将评估结果反馈给推销人员，反馈一般通过面谈形式进行。通过面谈应当设法达到以下目的。

1. 对绩效评估结果达成一致的意见

对同样的行为表现，往往不同的人会有不同的看法。销售经理对推销人员的评估，代表的是管理者的看法，而推销人员可能会对自己的绩效有另外的看法，因此，必须进行沟通以达成一致的看法，这样才能制定下一步的绩效改进计划。

2. 使被评估者认识到自己的成绩和优点

每一个人都有被认可的需要。当一个人做出成绩时，需要得到其他人的肯定或承认。因此，绩效反馈面谈的一个很重要的目的就是使推销人员认识到自己的成绩或优点，从而起到积极的激励作用。

3. 指出被评估者有待改进的方面

推销人员的绩效中可能存在一些不足之处，或者目前的绩效表现比较优秀，但如果今后想要做得更好仍然有一些需要改进的方面，这些都是在绩效反馈面谈过程中应该指出的。通常来说，推销人员想要听到的不只是肯定和表扬的话，他们也需要有人中肯地指出其有待改进的方面。

4. 帮助被评估者制定绩效改进计划

在双方对绩效评定的结果达成一致意见之后，销售经理可以在绩效反馈面谈的过程中帮助被评估者制定绩效改进计划，通过绩效反馈面谈，双方可以充分地商讨改进绩效的计划和具体的方法。推销人员可以提出自己的绩效改进计划、向销售经理提出自己需要的支持，以及提供自己的绩效改进信息。销售经理则对推销人员的改进绩效提出自己的建议。

5. 制定新的工作目标

绩效管理是一个往复不断的循环。一个绩效管理周期的结束，同时也是下一个绩效管理周期的开始。因此，上一个绩效管理周期的绩效反馈面谈可以与下一个绩效管理周期的绩效计划面谈并在一起进行。由于刚刚讨论过推销人员在本绩效周期中的绩效结果以及绩效的改进计划，在制定新的工作目标的时候就可以参照上一个绩效周期中的结果和存在的问题，这样可以有的放矢地使员工的绩效得到改进（见表 9-4）。

表 9-4　面谈中销售经理应注意的问题

应该做什么	不应该做什么
建立彼此的信赖	教训员工
对评定结果给予具体的解释	将工作考核和工资晋升一起讨论
聚焦于工作业绩和未来表现	只强调表现不好的一面
确定今后发展所需采取的具体措施	过分严肃或对某些失误"喋喋不休"
思考自己在下属今后发展中的角色	只讲不听，不给下属说话的机会
对理想的表现予以强化	认为双方在所有方面都有必要达成一致
以积极的方式结束面谈	将该员工与其他员工比较

【小案例】

唐伟力是某公司客户部的主管。今天早上他刚在自己的办公桌后坐好，主管客户部的副总裁叶总的秘书李敏玲就打了一个电话给他，说叶总叫他过去一下。唐伟力到了叶总的办公室，原来叶总是要跟他讨论他手下的一个客户经理王林的问题。在上次的绩效评估中，王林的评估结果远远低于平均水平。叶总找唐伟力谈话也就意味着这件事已经引起了公司高层的关注，叶总的意思是让他尽快做王林的工作，他说："小唐，你应该赶快做王林的工作，给他一个月的时间，如果他还是没有改进的话，就劝他走人。我们不允许因为他影响公司的效益，你必须对他采取一些措施。"

一整天，唐伟力都在想着与叶总谈话的事情，他心里想："是啊，我是应该采取一些措施。我一直对这件事情保持沉默，其实我非常希望王林能够改进绩效。在绩效反馈面谈的时候，我谈了一些希望，但看得出来，王林最近的情绪也不太好，因此，最近两周的业绩仍然没什么起色。他可能对自己的前途问题很敏感，我该怎么做呢？看来我必须再找王林好好谈谈。

【分析提示】案例说明，绩效评估的结果是绩效管理的依据，管理层需通过绩效改进面谈解决问题，提高推销人员的绩效水平。

学习小结

推销人员的管理是销售管理的重要组成部分，推销人员的管理内容主要包括：选择、培训、激励和监管推销人员。高效率销售队伍的关键在于有能力的优秀的推销人员。推销人员的招聘与选拔过程包括三个步骤：第一步是在组织整体的计划下进行推销人员的招聘与选拔计划活动，以确保与组织目标、战略、资源一致；第二步是新推销人员的招聘，为组织寻找足够的合适的候选人；第三步是推销人员的选拔，这是选拔候选人从事推销工作的过程。

推销人员奖酬制度的类型大体有固定薪金、直接佣金和各个薪酬要素的组合等多种形式。激励的形式按其内容可归为精神激励和物质激励两大类型，具体有目标激励、物质激励、榜样激励、竞赛激励等八种。

推销人员培训的程序包括确定培训需求、建立培训目标、评估培训选择、制定培训计划、实施培训计划五个方面，培训效果评价可以从三方面进行：培训过程、受训者和培训效果。

推销人员的绩效评估是指企业或推销人员对一定时期内推销工作状况的评定与估价。对推销人员绩效的全面评估应同时采用基于产出和基于行为的两种评估依据。基于产出依据主要包括结果和获利能力两个方面，基于行为依据包括行为和职业发展两个方面。企业管理层的关键任务是运用绩效评估的信息提高推销人员的绩效水平。而一旦有了评估的结果则需要比较评估结果以确定问题的范围，找出绩效问题的原因并决定销售管理行动解决问题。

思　考　题

1. 推销人员的招聘与选拔应遵循什么程序？

2. 推销人员薪酬制度包括哪几种类型，对推销人员的激励可采取什么方法？

3. 推销人员的培训方式和方法各有哪些？

4. 简述推销人员绩效评估的依据和方法。

实　训　题

1. 找三个不同的聘用推销人员的广告（如报纸、杂志、因特网），仔细研究每个广告，列出广告中招聘的职位的能力要求，然后根据广告内容进行职位描述并提出对每个广告的改进意见。

2. 为以下情况寻找最好的薪酬办法：

（1）积极地推销无形产品；

（2）确保推销人员会在零售店中进行展示并监督展示；

（3）推销大型工厂模具；

（4）抢占市场份额；

（5）推销办公用品；

（6）重视新产品的推销。

3. 某化妆品公司采用直销形式销售，需要若干上门推销的推销人员，请进行职位描述。设计面试时对应聘者要提的一系列问题并为该公司新招聘推销人员制定一个培训计划。

案例分析题

哈德公司的激励制度

顾问："早上好，约翰逊小姐。我是哈德公司的杰夫·米歇尔斯，愿意为您效劳。"

经理："我想你会的。需要咖啡吗？"

顾问："哦，不，谢谢！如果您愿意，我想和你谈点公事。您能告诉我一点关于您工作的事，我将非常荣幸。"

经理："好的，主要是我们对推销人员的薪酬支付方式不太满意。我们感到，现在的薪酬制度没有真正发挥作用。"

顾问："您能告诉我，你们希望推销人员能完成的任务是什么吗？"

经理："嗯。首先，我们希望他们在自己负责的销售地区内能够保持和增加销售量……"

顾问："请原谅，那是否意味着，他们将不得不为了新的零售客户而做大量的拜访？"

经理："不，拜访是不需要花大量时间的，不过我们确实希望我们的推销人员能够在新五金店开张时去拜访他们。"

顾问："那么，你们是通过现有客户实现销售量的吗？"

经理："是的。"

顾问："在销售的过程中，推销人员是怎么获得帮助的？"

经理："我们的割草机已在电视上和报纸上做了大量的广告宣传，这就能确保商人们知道我们进行的特殊销售。尤其是通过报纸广告，我想让商人们参与合作广告计划。我们的推销人员必须向商人们解释这一计划的有利之处。"

顾问："还有其他的吗？"

经理："有。当我们开发出新产品时，我们依靠推销人员将其推销给商人，并确保他们有存货。当出现问题时，我们也依靠推销人员处理这些问题。我们为我们与商人之间的关系而自豪。噢，以同样的方式，我们的推销人员还要负责对零售人员的培训工作。正因为如此，商人们也需要依赖我们。"

顾问："那么，你们的销售人员在服务方面也起了很大的作用，是吗？"

经理："是的。不过，最重要的还是有一些激励措施，使他们愿意出门，做好我们希望他们做的事情。"

（资料来源：托马斯·英格拉姆等《销售管理——分析与决策》，电子工业出版社 2003—07）

问题：

1. 如果你是这位管理顾问，你推荐哪种激励制度？

2. 实行这种激励制度有什么好处？

3. 如果你是管理顾问，你还会问哪些问题？

2. Labels Express 公司

萨莉·斯蒂科曼刚刚度过了她作为区域销售经理在 Labels Express 公司的第一个年头。Labels Express 公司是一个标签制造商和经销商。在加入 Labels Express 公司之前，萨莉是其竞争对手的一个推销人员。她被聘用部分原因是由于她的个人推销哲学。她的推销哲学很简单，有三个前提：第一，成功的销售需要正确的态度，即推销人员应该有积极、向前、不认输及合作的态度。第二，推销人员应该有进取心和创意。据萨莉的说法，"不去做，事情就不会发生"。第三，虽然要有进取心，但永远不能不顾道德。萨莉的观点是，诚实和有道德的行为才能保证长期的信任关系。

萨莉现正处于年终考核过程中。在年初时，她会见了每个推销人员以解释对他们进行评估所使用的准则，每个人都确定了几个定额，包括销售定额、新客户定额、销售访问定额等，每个定额的相对重要性由下面的权数系统确定；新客户——4，销售额——3，销售访问——2，其中 4 是最高评价权数。推销人员被告知，他们的绩效将决定于顾客抱怨数量和他们上交的报告。最后，推销人员还要对他们满足顾客需求的能力进行判定。这些包括提出提升业务的建议，帮助顾客解决问题，为顾客的临时问题寻找答案，回复顾客呼叫，并兑现承诺。

萨莉听说有一种名为 360°反馈的评估程序，包括来自各个资源的反馈。她认为这将会是一个很棒的评估方法并决定实施这个方法。她决定让每个推销人员发给顾客、团队成员和顾客服务成员（与推销人员的工作关系很近）每人一份问卷，让他们评价该推销人员的绩效。问卷应包含下列问题：（1）你在一个业务年度中与该人员有多少次联系？（2）你是否能通过与他的紧密工作来满足自身需要？（3）总体来说，你怎么评价这个推销人员？（4）你对该推销人员满意程度如何？这个问卷会返回给推销人员，然后上交以备使用。萨莉决定，如果她发现其中不喜欢的东西就去和推销人员讨论。她认为定额完成评估是一个简单过程，她可以很容易就确定差异之处并让推销人员认识到自身的不足之处。

（资料来源：托马斯·英格拉姆等《销售管理——分析与决策》，电子工业出版社 2003—07）

问题：

1. 评价萨莉对 360 度反馈法的使用。你能提出改善这个程序的意见吗？

2. 萨莉想要提供给推销人员的反馈是什么样的？你对如何实施绩效反馈有什么建议？

参考文献

［1］田玉来．现代推销技术［M］．北京：现代推销技术，2011．

［2］邱少波．现代推销技能［M］．上海：立信会计出版社，2008．

［3］李情民．现代推销理论与实务．合肥：合肥工业大学出版社，2009．

［4］孙金霞．推销与谈判实务［M］．武汉：华中科技大学出版社，2009．

［5］席波．推销原理与实务［M］．大连：东北财经大学出版社，2009．

［6］张晓青．推销实务［M］．大连：大连理工大学出版社，2007．

［7］钟立群编．现代推销技术［M］．北京：电子工业出版社，2005．

［8］肖军，简彩云．推销理论与技巧［M］．长沙：湖南大学出版社，2005．

［9］晓东．成功推销的99法则［M］．北京：中国经济出版社，2006．

［10］李蔚，黄鹂．推销谋略与技巧［M］．成都：四川大学出版社，2005．

［11］姜维．推销技能［M］．北京：化学工业出版社，2009．

［12］谭一平．现代推销技能与案例分析［M］．北京：中国人民大学出版社，2008．

［13］牛海鹏，屈小伟．专业销售［M］．北京：企业管理出版社，1998．

［14］陈企华．最成功的推销实例［M］．北京：中国纺织出版社，2003．

［15］王孝明．推销实战技巧［M］．北京：经济管理出版社，2004．